Daniela Kobelt Neuhaus (Hrsg.)

Qualität aus Elternsicht –
Gemeinsame Erziehung von Kindern mit
und Kindern ohne Behinderung

Daniela Kobelt Neuhaus (Hrsg.)

Qualität aus Elternsicht –
Gemeinsame Erziehung von Kindern mit und Kindern ohne Behinderung

Kallmeyer'sche Verlagsbuchhandlung

Die Deutsche Bibliothek – CIP-Einheitsaufnahme

Ein Titeldatensatz für diese Publikation ist bei der Deutschen Bibliothek erhältlich

Die Reihe TPS profil wird herausgegeben
von der Evangelischen Bundesarbeitsgemeinschaft
für Sozialpädagogik im Kindesalter e. V. (EBASKA)

© 2001 Kallmeyer'sche Verlagsbuchhandlung GmbH,
30926 Seelze / Velber
Alle Rechte vorbehalten. Ohne schriftliches Einverständnis des Verlages darf kein Teil dieses Werkes in irgendeiner Weise veröffentlicht oder in elektronische Datensysteme aufgenommen und gespeichert werden.
Redaktion: TPS – Theorie und Praxis der Sozialpädagogik

Druck: Hahn-Druckerei, Hannover. Printed in Germany
ISBN 3-7800-5705-0

INHALT

Vorwort   12

Vorbemerkungen der Projektleitung   16

Daniela Kobelt Neuhaus

1.   Qualitätsstandards von Einzelintegrationsmaßnahmen aus Sicht der Nutzer   19

1.	Das Projekt	19
1.1.	Projektziele	20
1.2.	Zielgruppe	20
1.3.	Problemstellung und Hypothesen	21
1.4.	Vorgehen	22

2.   Quantitative Erhebung   23

2.1.	Das Instrument	23
2.2.	Untersuchungsdesign	24
2.2.1.	Anlage der Felduntersuchung	24
2.2.2.	Der Rücklauf	25
2.3.	Zusammenfassung der Trendaussagen aus der quantitativen Befragung	28
2.3.1.	Exemplarische Ergebnisse zu Hypothese 1: Kriterien der Nutzer für die Wahl einer Kindertageseinrichtung	28
2.3.2.	Exemplarische Ergebnisse zu Hypothese 2: Beurteilung des derzeitigen Integrationsprozesses	37
2.3.3.	Exemplarische Ergebnisse zu Hypothese 3: Differenzierung verschiedener Elterntypen	60
2.4.	Diskussion	62

Manfred Gerspach

3.   Qualitative Erhebung   64

3.1.	Zum Aufbau des qualitativen Untersuchungsteils	64
3.1.1.	Methodologische Überlegungen zur qualitativen Forschungsmethode unseres Projektes	64
3.1.2.	Absicht und Hintergrund der qualitativen Befragung	71
3.2.	Die praktische Durchführung der Befragung	73
3.2.1.	Zum Untersuchungsdesign	73
3.2.2.	Grundfragen für den Interviewleitfaden	74
3.3.	Die Ergebnisse der mündlichen Befragung	77

3.3.1.	Auswertung der Interviews entlang der zu prüfenden Hypothesen	77
3.3.2.	Exemplarische Betrachtung von zwei Interviews	81
3.3.3.	Zum Gesamtbild der Untersuchungsergebnisse	91

Elise Weiss, Ilka Riemann
4. Das Bild vom behinderten Kind – Verständigungsprozesse zwischen Eltern und ErzieherInnen — 95

4.1.	Einleitung	95
4.2.	Was Eltern unter Integration verstehen	96
4.2.1.	Erwartungen und Erfahrungen von Eltern	96
	Gute Erfahrungen	
	Widersprüchliche Erfahrungen	
	Schlechte Erfahrungen	
4.2.2.	Verständigungsprozesse zwischen Eltern und ErzieherInnen	103
	Das miteinander kommunizierte Bild vom Kind	
	Umgang mit dem Kind begründet die Beziehung	
	Kommunikation mit der Erzieherin	
	Gelungener Umgang mit Kritik	
	Ein Bild bricht zusammen – Schule als Prüfstein der Verständigung	
4.2.3.	Die Elterngruppe	117
	Kommunikation in der Elterngruppe	
	Integrative Lernprozesse	
4.3.	Was Erzieherinnen unter Integration verstehen	123
4.3.1.	Professionelles Handeln in der Auseinandersetzung mit Behinderung	123
	Varianten professionellen Handelns	
	Ein Fallbeispiel – Integrative Prozesse und Kompetenzzuwachs	
4.3.2.	Die Verständigung der Erzieherinnen mit den Eltern	129
	Ein Fallbeispiel – Das Bild vom Kind	
4.3.3.	Reaktionen der Erzieherinnen auf integrative Prozesse in der Elterngruppe	133
	Stigma-Management im Kindergarten	
	Wie ErzieherInnen integrative Prozesse unter Eltern deuten	
4.3.4.	Wertschätzung im Team als Basis für integrative Prozesse	138
4.4.	Zusammenfassung	140

Corina Frank et al.
5. Ergebnisse aus dem Elternforum — 145

5.1.	Aufgaben und Selbstverständnis des Elternforums	145
5.2.	Das Konzept der idealen Kindertageseinrichtung mit	147

	gemeinsamer Erziehung von Kindern mit und Kindern ohne Behinderung aus Elternsicht	
5.2.1.	Stellenwert und Ziele der institutionellen Pädagogik	147
	Unser Bild vom Kind	
	Rechte der Kinder in der Einrichtung	
	Sonderrechte für behinderte Kinder?	
5.2.2.	Pädagogische und andere Fachkräfte	149
5.2.3.	Der pädagogische Ansatz	150
	Freispiel, Angebote und Lernen im Alltag	
	Pädagogische Planung	
5.2.4.	Soziale Integration	154
	Ausländische Kinder in der Einrichtung	
	Kinder mit Behinderung in der Einrichtung	
5.2.5.	Zusammenarbeit mit den Eltern	156
5.2.6.	Optimierende Rahmenbedingungen	158

Daniela Kobelt Neuhaus, Annette Wenner

6.	**Kinderbeobachtung:** **Kinder nutzen und bewerten integrative Prozesse**	**160**
6.1.	Untersuchungsdesign	161
	Vorgehen	
	Szenische Improvisation und ihre Interpretation	
	Zielsetzungen und Fragestellungen	
6.2.	Untersuchungsstandorte und Zielgruppen	165
	Auswahl der Einrichtungen	
	Auswahl der Kinder	
6.3	Durchführung	168
6.4	Ergebnisse	169
6.4.1	Unterschiedliches Können ist selbstverständlich	170
6.4.2	Ähnliche Interessen begründen Spielpartnerschaften	170
6.4.3.	Ideale Rollenbesetzung	171
6.4.4.	Ausschluss bei Nichtübereinstimmung der Bedürfnisse	171
6.4.5.	Erwachsene sind Modelle für den Umgang mit fremden Situationen	172
6.4.6.	Gelungene Integration aus Kindersicht	173
6.4.7.	Gespräche mit Kindern als Verstehensschlüssel	173
6.4.8.	Reaktionen und Eindrücke	183
6.5.	Schlussfolgerungen	185
6.5.1	Erzieherinnenrollen in Integrationsprozessen	186
6.5.2	Kinderrollen	187

Daniela Kobelt Neuhaus

7.	**Standards für gelingende Integrationsmaßnahmen**	**188**
7.1.	Strukturelle Voraussetzungen (Strukturqualität)	188
7.1.1.	Institutionelle Rahmenbedingungen	188
7.1.2.	Konzeptionelle Rahmenbedingungen	189
7.1.3.	Standards der internen Organisation	190
7.2.	Qualitätsstandards für integrative Prozesse in Kindertageseinrichtungen	191
7.2.1.	Qualitative Grundorientierungen	191
7.2.2.	Entwicklungsfördernde Gestaltung von Beziehungen zu und unter Kindern	191
7.2.3.	Standards zur Gestaltung der Verständigung mit den Eltern von Kindern mit und Kindern ohne Behinderung	193
7.3.	Personale Qualität – Schlüsselqualifikationen für integrative Prozesse	195
7.3.1.	Personale Kompetenzen	195
7.3.2.	Professionelles Handeln und Können	196
7.4.	Trägerbeitrag zur Qualifizierung von Einrichtungen für Integrative Maßnahmen	197
7.5.	Qualifizierung von Einrichtungen für Integrationsmaßnahmen – Aufgabe von Aus-, Fort- und Weiterbildung	200

Daniela Kobelt Neuhaus

8.	**Fazit: Zusammenleben als Normalität – Differenzierung als Anspruch**	**202**
9.	**Literatur**	**204**
10.	**Glossar**	**209**
11.	**Autorinnen und Autoren**	**212**

Anhang		**215**
Anhang 1:	Überblick über den Verlauf des Projektes	216
Anhang 2:	Der Fragebogen	220
Anhang 6:	Die Interviewleitfäden	237
Anhang 8:	Thesen aus den Workshops zum Weiterarbeiten	242
Anhang 3–5, Anhang 7	Statistischer Überblick zur schriftlichen Befragung und Grundauszählung, der Kommentarbogen und die Kommentare (veröffentlicht im Internet siehe www.kallmeyer.de)	

Qualität aus Elternsicht: Gemeinsame Erziehung von Kindern mit und Kindern ohne Behinderung

Sowohl die fachinterne als auch die öffentliche Diskussion zum Thema „Einzelintegrationsmaßnahmen" war von Anfang geprägt von ideologischen Auseinandersetzungen zwischen Befürwortern und Gegnern der wohnortnahen gemeinsamen Erziehung. Gegner von Einzelintegrationsmaßnahmen konnten sich nicht vorstellen, dass Kinder mit Behinderung von Fachkräften mit wenig oder ohne heilpädagogische und therapeutische Kenntnisse genügend gefördert würden. Die Befürworter hingegen versprachen sich von gemischten Kindergruppen eine hohe soziale Motivation, die auch Kinder mit Behinderung zur eigenaktiven und lustvollen Entfaltung anspornen würde. Interessanterweise konnten sowohl die einen als auch die anderen immer entsprechende Eltern vorweisen, die jeweils ihre fachlich begründeten Befürchtungen oder Hoffnungen teilten.

Im Vorfeld der Einführung von Hessischen Rahmenvereinbarungen erteilte das Hessische Sozialministerium dem Arbeitszentrum Fort- und Weiterbildung – afw – in Darmstadt den Auftrag, durch eine Untersuchung folgende Fragen zu beantworten:

⇒ Welche grundlegenden sozialen und pädagogischen Kriterien der gemeinsamen Erziehung von Kindern mit und Kindern ohne Behinderung müssen aus Elternsicht erfüllt sein, damit sie von gelungener Einzelintegration sprechen?
⇒ Welche strukturellen Bedingungen in Kindertageseinrichtungen fördern aus Elternsicht eine gelungene Einzelintegrationsmaßnahme?
⇒ Stimmen die qualitativen Vorstellungen der Eltern mit der erlebten Praxis überein?

216 Eltern von Kindern mit und Kindern ohne Behinderung aus Einrichtungen mit Einzelintegrationsmaßnahmen (ein bis zwei Kinder mit Behinderung in einer Gruppe von 20 Kindern) haben sich per Fragebogen oder in Tiefeninterviews dazu geäußert.

Zu diesem Buch

Die Ergebnisse der Befragung untermauern, was „man" eigentlich schon lange wusste: Kinder ohne und Kinder mit unterschiedlichen Behinderungen fühlen sich nach Aussagen ihrer Eltern in Kindertageseinrichtungen mit Integrationsplätzen wohl. Allerdings nicht bedingungslos. Eltern haben sehr deutliche Vorstellungen über jene pädagogische und prozessuale Qualität, die sie von Kindertageseinrichtungen erwarten und die sie nicht nur für die Kinder, sondern auch für sich selber reklamieren. Trotz ihrer prinzipiellen Zufriedenheit mit gemeinsamer Erziehung machen Eltern deutlich, dass noch einige „Hausaufgaben" zum Thema Integration gemacht werden müssen. Eine davon ist die Differenzierung des Angebotes in der Einrichtung, eine andere die Klärung des Verhältnisses von Heilpädagogik, Therapie und Regelpädagogik im sozialen Lernfeld Kindergarten. Aber auch die Kooperationsfrage zwischen Eltern und Kindergarten wird neu gestellt. Längst bearbeitete Themen wie Verantwortlichkeit, Expertentum und ungewöhnliche Bilder von Kindern müssen erneut neu bedacht werden. Nicht nur die Befragung, sondern auch exemplarische Ausschnitte von Videoaufzeichnungen und Gesprächsmitschnitten zeigen, wie tief Ängste und Unsicherheiten auf beiden Seiten, auf der Seite der Kinder mit Behinderung und ihren Eltern und auf der Seite der Nichtbehinderten, sind.

Das vorliegende Buch präsentiert ausschließlich die kommentierten Ergebnisse der Beobachtungen und Befragungen. Die Zahlen dazu können im Internet unter www.kallmeyer.de nachgelesen werden.

Eine Schlussfolgerung aus den Ergebnissen: Qualität gibt es nicht – sie muss hergestellt werden und zwar immer wieder neu von den an der Integration beteiligten Personen.

Zielgruppen dieses Buches
⇒ Die Auswertung der Ergebnisse richtet sich zum einen an pädagogische Fachkräfte in Einrichtungen mit Integrationsplätzen. Sie erhalten Hinweise auf neue fachliche Lernfelder und auf konzeptionelle Voraussetzungen, die im Zusammenhang mit gemeinsamer Erziehung beachtet werden müssen. Notwendige Veränderungen in der Zusammenarbeit mit Eltern werden genauso begründet wie Forderungen, die unter integrativen Bedingungen an KooperationspartnerInnen, an Träger von Einrichtungen und an politische Gremien gestellt werden müssen.

⇒ Die Untersuchungsergebnisse sind zum anderen wichtig für alle Fachkräfte, die in irgendeiner Form mit Integrationseinrichtungen kooperieren, zum Beispiel in Frühförderstellen oder sozialpädiatrischen Zentren.
⇒ Und besonders bedeutsam sind sie für Aus-, Fort- und Weiterbildungsinstitutionen, die sich curricular mit Integrationspädagogik auseinander setzen wollen.

Vorwort

Von Kindertageseinrichtungen wird die Wahrnehmung präventiver und sozialintegrativer Funktionen erwartet. Sie sollen möglichst allen Kindern zur Ausbildung von Basiskompetenzen und Schlüsselqualifikationen verhelfen, die ihnen die Bewältigung künftiger Lebenssituationen erleichtern. Im Rahmen des Sozialisationsauftrages fällt der Kindertageseinrichtung schließlich die Aufgabe zu, gesellschaftliche Werte und Normen an die nachwachsende Generation zu vermitteln. Nicht zuletzt sollen Kindertageseinrichtungen der gesellschaftlichen Ausgrenzung von Kindern mit besonderen Bedürfnissen entgegenwirken. Hessische Landespolitik war schon sehr früh auch Integrationspolitik. Langjährige Modellversuche gemeinsamer Erziehung von Kindern mit und Kindern ohne Behinderung führten schließlich 1996 zur Etablierung der Rahmenvereinbarung Einzelintegration, die zusätzlich zu den schon lange bestehenden integrativen Gruppen wohnortnahe gemeinsame Erziehung sichern sollte.
Kinder mit Behinderung im Alter von drei bis sechs Jahren haben bundesweit de facto einen doppelten Rechtsanspruch auf einen Kindergartenplatz (KJHG und BSHG). Im Laufe der letzten Jahre wurde diesen Ansprüchen immer mehr und selbstverständlicher entsprochen. Die Sorge um die adäquate Förderung von behinderten Kindern führte bundesweit dazu, schwerer behinderte Kinder eher in integrativen und heilpädagogischen Einrichtungen zu betreuen. Zwar mussten sie manchmal mit langen Anfahrtswegen zur Einrichtung rechnen; als Kompensation versprachen die Einrichtungen gute medizinisch-therapeutische Versorgung innerhalb der Betreuungszeit. Wohnortnahe Einzelintegrationsplätze wurden häufiger von nicht so schwer behinderten Kindern genutzt. Ausnahmen gab es allerdings schon vor der Einführung der Rahmenvereinbarung Einzelintegrationsmaßnahmen, die erstmals flankierende Maßnahmen beschrieb und vorschrieb.
Die Entscheidungen darüber, was Kinder mit Behinderung brauchen und bräuchten, wird bis heute weitgehend unter Ausschluss der Betroffenen und ihrer gesetzlichen VertreterInnen von medizinischen, pädagogischen, juristischen und administrativen Fachkräften getroffen. Diagnosen werden als aussagekräftiger angesehen als emotional belastete Deskriptionen über Entwicklungsprozesse von Kindern.

Vorwort

Die Empfehlung von Fachleuten für diese oder jene Form von Separations- oder Integrationsmaßnahmen erfolgt und erfolgte zweifellos in der erkenntnisgeleiteten Absicht, Kindern eine genügende und geeignete Förderung zukommen zu lassen. Auswüchse solcher ergebnisorientierten und individualzentrierten Fürsorge sind bekannt: Pädagogik wird zur Reparaturpädagogik, Training und Therapie lösen das im Alltag integrierte Handeln ab und Besonderung wird normalisiert.

Verglichen mit den gesetzlich vorgeschriebenen Bemühungen um Verhütung, Beseitigung oder Milderung einer Behinderung wurde Teilhabe an gemeinschaftlichen Bildungs- und Erziehungsprozessen bis zur gesetzlichen Verankerung eines Rechtsanspruchs auf einen Kindergartenplatz zweitrangig behandelt.[1]

Im Jahre 1997 beschloss das damalige Hessische Ministerium für Umwelt, Energie, Jugend, Familie und Gesundheit den fachlichen Blick durch den Nutzerblick zu ergänzen. Vor dem Hintergrund aktuell zunehmender Dienstleistungs- und Qualitätsanforderungen und dem allgegenwärtigen Schlagwort der Kundenorientierung ein dringend notwendiger Schritt.

Das afw – Arbeitszentrum Fort- und Weiterbildung Elisabethenstift Darmstadt – erhielt den Auftrag, Eltern und Erziehungsberechtigte, die Kinder in Einrichtungen mit Einzelintegrationsmaßnahmen bringen, zu befragen. Es sollten Erkenntnisse darüber gesammelt werden, was Nutzer als gelungene Einzelintegrationsmaßnahmen betrachten und unter welchen Bedingungen sie damit zufrieden wären. Im afw hat die interdisziplinäre Auseinandersetzung mit gemeinsamer Erziehung von Kindern mit unterschiedlichsten Fähigkeiten und Fertigkeiten eine langjährige Tradition, so dass die Studie an schon laufende Diskussionen und Untersuchungen anschließen konnte.

Wir möchten nicht verschweigen, dass das Ansinnen des Projektes, Nutzer über ihre Ansichten und Erfahrungen zu Einzelintegrationsmaßnahmen zu befragen, in der Fachwelt nicht nur auf Zustimmung stieß. Die Befürchtungen und Sorgen darüber, dass die Ergebnisse sich als Schuss nach hinten erweisen könnten, führten anfangs von Irritation bis hin zur Ablehnung der Mitarbeit.

Umso positiver sind wir nun überrascht von der Tatsache, dass weder Eltern behinderter Kinder noch Erziehungsberechtigte von Kin-

---

[1] BSHG § 39, 3

Vorwort

dern ohne Behinderung eine getrennte Erziehung wollen – und dies unabhängig von Art und Schwere der Behinderung. Wir können darüber hinaus feststellen, dass die Haltung gegenüber Integrationsmaßnahmen mit zunehmender Erfahrung mit gemeinsamer Erziehung von behinderten und nichtbehinderten Kindern aufgeschlossener und positiver wird. Allerdings fordern Eltern verlässliche Rahmenbedingungen und – wie die Studie belegt – ein hohes Maß an interdisziplinärer professioneller Kompetenz in Betreuung, Bildung und Erziehung von Kindern. Um mit Vorsicht ein geflügeltes Wort zu benutzen, ist es für Erziehungsberechtigte *„normal, verschieden zu sein"*[2], aber sie machen deutlich geltend, dass es bei Verschiedenheit keine „Normalität" an Pädagogik geben kann. Standards können und sollen aus Elternsicht den äußersten Rahmen sichern, innerhalb dessen trotz Gemeinsamkeit eine notwendige Differenzierung stattfinden muss.

Auch wenn die Hypothesen zur Studie vor dem Hintergrund hessischer Verhältnisse entstanden sind, haben die Schlussfolgerungen, die wir aus der Erhebung ableiten, bundesweit Geltung. Sie sollen richtungsweisend sein für die Qualifizierung von Kindertageseinrichtungen mit ihrem integrationspädagogischen Alltag sowie für die Entwicklung von integrationspädagogischen Curricula für Aus-, Fort- und Weiterbildung pädagogischer Fachkräfte. Wir hoffen darüber hinaus, dass die Regierungen von Bund und Ländern sich durch die Aussagen der Nutzer zu gelingenden Einzelintegrationsmaßnahmen gestützt sehen in ihren Bemühungen zur Verbesserung der Chancengleichheit.

Für das Hessische Sozialministerium	Für das afw – Arbeitszentrum Fort- und Weiterbildung Elisabethenstift Darmstadt
Marlies Mosiek-Urbahn Staatsministerin	*Daniela Kobelt Neuhaus* Projektleitung im afw
Wiesbaden, den 1. 12. 00	*Darmstadt, den 1. 12. 00*

---

[2] Richard von Weizsäcker, 1. 7. 1993, Bonn

Vorbemerkungen und Dank der Projektleitung

Das vorliegende Handbuch zur Integrationspädagogik dokumentiert und diskutiert die Ergebnisse der Untersuchung *Qualitätsstandards von Einzelintegrationsmaßnahmen aus Sicht der Nutzer*. Es hat den Anspruch, aus den in Hessen erhobenen Daten bundesweite Impulse und Anregungen zu setzen:
⇒ für das alltägliche und praktische pädagogische Handeln und
⇒ für die Aus-, Fort- und Weiterbildung von (Integrations-)pädagogischen Fachkräften.

Die Untersuchung wurde im Auftrag des Hessischen Sozialministeriums (vormals Hessisches Ministerium für Umwelt, Energie, Jugend, Familie und Gesundheit) durch das afw – Arbeitszentrum Fort- und Weiterbildung am Elisabethenstift Darmstadt – durchgeführt. Unser Dank gilt dem Hessischen Sozialministerium und da vor allem Frau Schlösser, die nicht nur anregte und unterstützte, sondern immer wieder mit hoher Fachlichkeit den Fortschritt des Projektes begleitete. Dass die Ergebnisse nun veröffentlicht werden können, ist wesentlich ihr Verdienst.

Im Rahmen des Projektes wurden Erziehungsberechtigte von Kindern mit und von Kindern ohne Behinderung schriftlich und mündlich zu ihrer Einschätzung über gelungene Integrationsmaßnahmen und zu ihrer Zufriedenheit damit befragt.

Die Befragungen wurden in Zusammenarbeit mit der Fachhochschule Darmstadt (FHD) und der Universität Gesamthochschule Kassel (GHK) realisiert. An dieser Stelle möchten wir besonders Herrn Prof. Dr. Manfred Gerspach (FHD) danken. Er hat wesentlich mit dafür gesorgt, dass das Forschungsvorhaben wissenschaftstheoretisch fundiert umgesetzt und dass die Befragung sowohl bei den Forschenden als auch in einer breiten Fachöffentlichkeit kontrovers diskutiert werden konnte. Herrn Dietrich Giering, Planungsbeauftragter des Landes Hessen, danken wir für sein Know-how, das er bei der Entwicklung des Fragebogens zur Verfügung stellte.

Die statistische Auswertung des Fragebogens verdanken wir Herrn Prof. Dr. Dr. Erwin Lautsch (GHK). Er hat die erhobenen Daten zu-

sammen mit seinem Assistenten Lars Ninke les- und interpretierbar aufbereitet. Herrn Prof. Dr. Adrian Kniel (GHK) hat dankenswerterweise die nordhessische mündliche Befragung vorbereitet und in einem Seminar begleitet. Dank gebührt den Studentinnen und Studenten beider Hochschulen, die sich in Seminaren und bei der Durchführung der Interviews engagiert haben, namentlich Nicole Bergsträßer, Tanja Geibel, Jennifer Göttmann, Sandra Haas, Martin Hartmann, Juliane Hoyer, Iris Heisiep, Birgit Jaeschke, Maria Koepfinger, Doreen Launicke, Elke Meyer, Annette Wenner, Christiane Radimsky, Anke Thienel, Tina Weber und Kerstin Wittenbach-Pfister.
Und ein besonderes Dankeschön den beiden Sekretärinnen, Renate Jany und Rosemarie Pohl, die alle Interviews transkribiert haben!
Die Befragungen fanden anonym in Südhessen (Landkreis Darmstadt Dieburg, Landkreis Groß-Gerau und Stadt Darmstadt) und Nordhessen (Landkreis Waldeck-Frankenberg, Landkreis Bad Hersfeld-Rothenburg und Stadt Kassel) statt. Allen PolitikerInnen dieser Städte und Kreise, die engagiert das Projekt unterstützt haben, den vermittelnden Einrichtungen und vor allem den Erziehungsberechtigten, die sich Zeit genommen haben für die Beantwortung von Fragen sowie den vielen unter ihnen, die sich immer wieder neugierig nach den Ergebnissen erkundigt haben, sei an dieser Stelle gedankt.
In Frankfurt kam es zu einem Begleitprojekt unter der Leitung von Elise Weiss und Dr. Ilka Riemann. Sie befragten exemplarisch Eltern und ErzieherInnen darüber, wie sie rückblickend Integrationsprozesse im Kindergartenalter einschätzen. Die beiden Forscherinnen haben unter Anwendung qualitativer, inhaltsanalytischer Methoden wertvolle Hinweise geliefert, die für künftige Integrationsprozesse nutzbar gemacht werden können. Ihre Untersuchung bestätigte im Wesentlichen jene Schlussfolgerungen, die als Quintessenz aus den Befragungen aktuell betroffener Eltern gezogen wurden.
Besonderer Dank gebührt jenen Eltern (Müttern!), die sich von 1997 bis zum Jahre 2000 als begleitendes, kritisches Elternforum regelmäßig getroffen haben und uns laufend über die Schulter geschaut haben. Corina Frank, Kerstin Haber, Ingrid Hinterthür und Judith Jungmann stellten uns nicht nur ihre Zeit, sondern auch ihre reflektierte Betroffenheit als Mütter von Kindern mit und Kindern ohne Behinderung in Integrationsprozessen zur Verfügung.
Frau Wenner, Studentin an der Fachhochschule Darmstadt, hat nicht nur das Elternforum regelmäßig begleitet, sondern sie hat auch die

Vorbemerkung

Kinder als Nutznießer, oder – wie man heute sagen würde – als Endverbraucher von Einzelintegrationsmaßnahmen per Video ins Blickfeld gerückt. Um nicht nur über, sondern auch mit Kindern als Betroffene gemeinsamer Erziehungsprozesse zu reden, haben wir den Austausch von Kindern im Spiel und im Gespräch mit ihren Erzieherinnen gefilmt und ausgewertet. Den beiden beteiligten Einrichtungen in Winterkasten und Lorsch sei an dieser Stelle gedankt. Sie haben sich nicht nur unseren kritischen Fragen und Anforderungen ausgesetzt, sondern sich auch mit all den Schwierigkeiten im Umgang mit Integrationsprozessen nach außen geöffnet.
Nicht zuletzt haben wir den Teilnehmerinnen und Teilnehmern von drei Fachtagungen bzw. Workshops zu danken, die unsere Arbeit kritisch hinterfragt haben und uns zu neuen Anregungen verhalfen. Darüber hinaus möchte ich meinen ArbeitskollegInnen im afw und auch meiner Familie danken für das Verständnis und die Entlastung, die mir angeboten wurde.

Daniela Kobelt Neuhaus
Projektleitung im afw

Qualitätsstandards von Einzelintegrationsmaßnahmen aus Sicht der Nutzer

1. Das Projekt

Auf dem Weg zum sozialpolitischen Ziel eines flächendeckenden wohnortnahen integrativen Angebots[1] für Kinder mit und Kinder ohne Behinderung wurden in Hessen die Meinungen von Nutzern und Nutznießern institutioneller Betreuung, Erziehung und Bildung[2] in mehreren Teilschritten[3] erfasst.

Projektleitend war die Frage, inwieweit Einzelintegration ein effektives Instrument ist, das den subjektiven Bedürfnissen und Wünschen der Nutzer öffentlicher gemeinsamer Erziehung von Kindern mit und Kindern ohne Behinderung im Vorschulbereich entgegenkommt und qualitative pädagogische Standards der gemeinsamen Erziehung sichert. Wir wollten wissen, wie und von wem Einzelintegration angenommen wird und welche Erfahrungen damit gemacht werden.

Ein Grund für die Untersuchung war die Befürchtung, dass Generalisierungswünsche in Richtung einer flächendeckenden wohnortnahen gemeinsamen Erziehung dazu führen könnten, dass qualitätssichernde Faktoren außer Acht gelassen werden. So schien mancherorts etwa die Erwartung zu entstehen, *alle* Einrichtungen sollten behinderte Kinder integrieren, unabhängig von bereits vorhandenen oder noch zu erreichenden Fach-Kompetenzen oder regionalen bzw. einrichtungsgebundenen Besonderheiten. Natürlich sind wir nicht der Ansicht, *alle* Einrichtungen müssten ab sofort und ohne Vorbereitung Kinder aufnehmen, die behindert sind. Ein solcher Anspruch kann nach all den Jahren von besonderer Betreuung und von personaler und ausstattungsmäßig intensiver Versorgung insbesondere der schwer be-

---

[1] Rahmenvereinbarung Integrationsplatz zwischen dem Hessischen Städte- und Gemeindebund, dem hessischen Städtetag, dem hessischen Landkreistag und dem Landesverband Hessen
[2] Gemäß §22 KJHG (SGB VIII)
[3] Vgl. Anhang 1: Überblick über den Projektverlauf

Das Projekt

hinderten Kinder Ängste und Widerstände bei den Beteiligten (Eltern, Kindern, Trägern, MitarbeiterInnen oder auch anderen Fachkräften und PolitikerInnen) provozieren. Wenn Widerstände nicht beachtet werden, Fachkräfte sich überfordert fühlen oder für grundlegende Auseinandersetzungen mit dem Thema Integration keine Zeit gelassen wird, dann ist gemeinsame Erziehung mit dem Ziel *Zusammenleben vieler Verschiedener* vom Scheitern bedroht.

Auch wenn wir unzweifelhaft vom Antidiskriminierungsgebot von Menschen mit Behinderung auszugehen haben, so sind wir doch unter pädagogischen Gesichtspunkten gehalten, Gütekriterien für das Gelingen der integrativen Erziehung aufzustellen und zu gewährleisten, die sicherlich prozessorientiert zu gestalten sind. Damit nicht ein kontraproduktives Ergebnis erzielt und das bisher auf der Basis der Freiwilligkeit Erreichte in Frage gestellt wird, gilt es zunächst, den bisherigen Prozess auf die Faktoren hin zu überprüfen, die sein Gelingen ausmachen.

1.1. Projektziele

Mit der nachfolgend dargestellten Untersuchung wollten wir
- die subjektiven Erwartungen von Nutzern bzw. Kunden (Erziehungsberechtigte und Kinder im Alter von 3–6 Jahren) an wohnortnahe Integrationsmaßnahmen in Tageseinrichtungen für Kinder (Regeleinrichtungen) in unterschiedlichen Einzugsgebieten erfassen;
- herausfinden, welches die Merkmale (Qualitätsstandards) sind, die Nutzer notwendig finden, damit Integrationsmaßnahmen gelingen können;
- Richtlinien und Empfehlungen zu Händen von Gesetzgebern und Trägern formulieren, die zur Weiterentwicklung von wohnortnahen Integrationsmaßnahmen dienen und
- für die Aus-, Fort- und Weiterbildung von Fachkräften für Integrationspädagogik curriculare Empfehlungen ableiten.

1.2. Zielgruppe

Gegenstand der Untersuchung waren Erziehungsberechtigte, deren drei- bis sechsjährigen Kinder in Gruppen mit Einzelintegrationsmaßnahmen betreut wurden. Die Kinder besuchten eine Gruppe mit Einzelintegrationsmaßnahmen (ein bis zwei behinderte Kinder in einer Gruppe von maximal 20 Kindern) entweder in einer Regeleinrichtung (25 nichtbehinderte Kinder pro Gruppe) oder in einer integrativen Einrichtung, d. h. einer Einrichtung mit mehrheitlich integrativen Gruppen (15 Kinder, davon drei bis fünf behinderte Kinder).

1.3. Problemstellung und Hypothesen

Dem Projekt lagen folgende Fragestellungen zugrunde:
- Was ist in den Augen der Nutzer (Erziehungsberechtigte von Kindern mit und Kindern ohne Behinderung) eine gelungene Einzelintegrationsmaßnahme? Welche grundlegenden sozialen und pädagogischen Kriterien müssen erfüllt sein, damit sie von gelungener Einzelintegration sprechen?
- Welche strukturellen und prozessualen Bedingungen fördern aus Elternsicht eine gelungene Einzelintegrationsmaßnahme?
- Stimmen die qualitativen Ansprüche und Wünsche der Eltern mit der erlebten Praxis überein?

Diese Fragen haben wir in drei Hypothesen zusammengefasst:

Hypothese 1: Kriterien für die Wahl der Einrichtung
Sofern nicht außerpädagogische Aspekte, wie räumliche Nähe oder Öffnungszeiten der Einrichtung, im Vordergrund stehen, wählen Eltern behinderter und nichtbehinderter Kinder eine Einrichtung nicht nach vorformulierten pädagogischen Absichtserklärungen aus, sondern aufgrund der wahrscheinlich zu erwartenden optimalen und fürsorglichsten Unterstützung der Entwicklung ihres Kindes. Eltern orientieren sich in ihren Erwartungen an eigenen bzw. an den Erfahrungen Dritter.

Hypothese 2: Beurteilung des derzeitigen Integrationsprozesses
Die Eltern behinderter und nichtbehinderter Kinder empfinden den von ihnen erlebten Einzelintegrationsprozess überwiegend als zufrieden stellend, weil sie Transparenz in Bezug auf Konzept, pädagogische Zielsetzung, Methoden und alltägliches Zusammenleben erfahren, weil ihr Kind angemessene Entwicklungsfortschritte macht

und weil sie sich von der Einrichtung in der Sorge um ihr Kind entlastet sehen.

Hypothese 3: Differenzierung verschiedener Elterntypen
Biografische, demografische und geografische Lebenszusammenhänge von Eltern behinderter und nichtbehinderter Kinder haben Auswirkungen auf die Zufriedenheit mit Integrationsmaßnahmen.

1.4. Vorgehen

Mittels standardisiertem Fragebogen sollten an sechs unterschiedlichen Untersuchungsstandorten in Hessen Erziehungsberechtigte von Kindern mit und Kindern ohne Behinderung befragt werden. Die ermittelten Tendenzaussagen wurden an den Hypothesen geprüft, um dann als ergänzte und/oder modifizierte Fragestellungen den Ausgangspunkt für die qualitative Befragung der Nutzer von Einzelintegrationsmaßnahmen zu bilden.[4]

Von einer qualitativen Ergänzung zur schriftlichen Befragung erwarteten wir im Sinne von Prengel[5] erhöhte Artikulationsfreude und Aktivität der Interaktionspartner sowie ein erweitertes Verständnis der Aussagen aus ihrer Eigendynamik und aus dem Kontext. Über die Tendenzaussagen hinaus sollte die mündliche Befragung präzisierende und ergänzende Gesichtspunkte notwendiger qualitativer Voraussetzungen für gelungene Integrationsmaßnahmen ermitteln.

Insgesamt waren drei Workshops geplant, um in einer breiteren Öffentlichkeit den Stand der Untersuchung zu beleuchten, kritische Fragen zu stellen, Stolpersteine zu benennen und das Vorgehen weiter zu planen. Die Zusammensetzung des Workshops erlaubte eine interdisziplinäre und trägerübergreifende Absicherung des Projektdesigns. Die Thesenpapiere im Anhang geben einen kurzen Überblick über Richtung und Verlauf der Diskussionen, die auch nach Abschluss des Projekts nicht abreißen.[6]

---

[4] Vgl. Anhang 1: Überblick über den Projektverlauf
[5] In: Deppe-Wolfinger u. a. 1990, 152 f.
[6] Vgl. Anhang 8: Thesen zu den Workshops

Daniela Kobelt Neuhaus

2. Quantitative Erhebung

2.1. Das Instrument

Um möglichst schnell zu Aussagen zu kommen, entschieden wir uns in Absprache mit dem Hessischen Ministerium für Umwelt, Energie, Jugend, Familie und Gesundheit für einen standardisierten Fragebogen als Vorlauf für eine mündliche Befragung von Erziehungsberechtigten. Er sollte – im Bewusstsein um die Unzulänglichkeit eines solchen unflexiblen Instrumentes – schnell zu richtungsweisenden Tendenzaussagen führen.

Eine Kombination von quantitativen und qualitativen Erhebungen findet man in der empirischen Forschung nicht selten vor. Meist beginnt man dort mit einer qualitativen Stichprobe, deren Ergebnisse – als eine Art Trendaussage – man mit größeren Datenmengen zu validieren (s. *Glossar*) sucht. In unserem Fall hat sich der umgekehrte Weg als der bessere erwiesen. Bei der eingehenden Betrachtung der beantworteten Fragebögen fiel uns auf, dass wir über den ganz persönlichen Weg zur Integration noch wenig erfahren hatten. So konnten wir eine präzisere Stoßrichtung für die mündliche Befragung entwickeln.

Das Problem bei der Erstellung von Fragebögen liegt darin, dass ihre Formulierung vorab am Schreibtisch erfolgt. Bei ihrer Auswertung merkt man dann schnell, dass Unklarheiten auftauchen, was gefragt ist bzw. geantwortet wird. Uns war im Vorfeld schon bewusst, dass insbesondere bei einem so heiklen Thema wie der Behinderung von Kindern das vergröbernde Raster eines Fragebogens keinen genügenden Aufschluss über die subjektive Erlebens- und Bewältigungsdimension von Eltern geben würde.[1] Im Gegensatz zu den standardisierten gehen qualitative Verfahren von der Notwendigkeit der Interpretation der Wirklichkeit aus. Sie wollen verstehen, was Menschen im Einzelnen denken und bewegt. Empfindungen, Haltungen, ethische Werte, schließlich die ganz subjektive Konstruktion und Verarbeitung von Welt, las-

---

[1] Befragungen der jüngsten Zeit von Eltern über ihre Sicht der Qualität der integrativen Förderung in Tageseinrichtungen bevorzugen das qualitative Instrumentarium (vgl. Gerspach, Universität-Gesamthochschule Siegen 1999).

sen sich wohl anders nicht begreifen als auf dem Wege einer *hermeneutischen (siehe Glossar) Annäherung*. Diese sollte im Anschluss an die schriftliche Befragung unter Berücksichtigung der Ergebnisse der schriftlichen Befragung intensiv in Angriff genommen werden.

In Kooperation mit Prof. Dr. Gerspach und dem Hessischen Planungsbeauftragten Dietrich Giering wurde noch im Frühjahr 1997 der Fragebogen entwickelt und von 18 Erziehungsberechtigten aus unterschiedlichen Einrichtungen überprüft, bevor er im Herbst 1997 eingesetzt wurde.[2] Bei der Überprüfung des Instrumentes hatten wir einen Kommentarbogen[3] zum Fragebogen als letzte Seite an den Fragebogen angefügt. Die Rückmeldungen auf diesem Bogen waren so interessant, dass wir beschlossen, den Kommentarbogen auch bei der eigentlichen Untersuchung mit zu verschicken. Im Gegensatz zum Fragebogen selber erlaubten die offenen Fragen im Kommentarbogen den Befragten ein Stück persönlicher Beweggründe und Erlebnisse mitzuteilen, was viele dankbar in Anspruch nahmen.

2.2. Untersuchungsdesign

2.2.1. Anlage der Felduntersuchung

Als Untersuchungsstandorte wurden für Hessen repräsentative und vergleichbare Gebiete im Norden und Süden ausgewählt, in denen sowohl Stadt, ländliche Regionen und Mischgebiet vertreten waren:

⇒ In Südhessen: Landkreis Darmstadt-Dieburg
    Landkreis Groß-Gerau
    Stadt Darmstadt
⇒ In Nordhessen: Landkreis Bad Hersfeld-Rotenburg
    Landkreis Waldeck-Frankenberg
    Stadt Kassel

Aus Datenschutzgründen konnten die Erziehungsberechtigten nicht direkt angeschrieben werden, sondern mussten über die Kindertageseinrichtungen angesprochen werden. Einrichtungen mit Einzelintegrationsmaßnahmen ermittelten wir über die jeweils zuständigen Jugendämter, die uns die Listen aller anerkannter Einzelintegrati-

---

[2] Vgl. Anhang 2: Fragebogen
[3] Vgl. Anhang 4: Kommentarbogen und Kommentare

onsmaßnahmen zur Verfügung stellten und uns auch bei allen Anfragen und Anliegen unterstützten.

Jede dritte Einrichtung aus den alphabetisch und nach Trägern geordneten Adresslisten erhielt in der Folge einen Brief des am Untersuchungsstandort zuständigen Jugendamtes und der Projektleitung, in welchem das Vorhaben angekündigt wurde. Keine der Einrichtungen legte im Vorfeld Widerspruch gegen das Projekt ein, so dass ab Oktober 1997 die Fragebogen in einer nach dem Zufallsprinzip ermittelten Anzahl in die Einrichtungen geschickt wurden.

Der Auftrag an die Einrichtungen war, den Fragebogen an alle Eltern von Kindern mit Behinderung zu geben, deren Kind nach §39 BSHG die Kindertageseinrichtung besuchte. Weitere Bogen sollten an Eltern nichtbehinderter Kinder aus der gleichen Gruppe weitergegeben werden. Waren also in einer Einrichtung zwei Kinder mit Behinderung, erhielten deren Erziehungsberechtigte je einen Fragebogen und darüber hinaus je nach Anzahl der Bogen noch ein bis sechs weitere Eltern. Um nicht nur Rückläufe von Eltern nichtbehinderter Kinder zu bekommen, ließen wir „das Zufallsprinzip" walten und variierten die Anzahl der Fragebogen von zwei bis acht Bogen pro Versand.

Verschickt wurden so 300 Fragebogen, davon 181 in Südhessen und 119 in Nordhessen. Uns war bekannt, welche Fragebogennummern Nordhessen und welche Südhessen zuzuordnen waren.

Die unterschiedliche Anzahl verschickter Fragebogen in Nord- und Südhessen entstand durch einen Vergleich der Gesamtanzahl von Einzelintegrationsmaßnahmen in den zu untersuchenden Kreisen. Im Vergleich zu Südhessen waren im Norden etwa ein Drittel weniger Einzelintegrationsmaßnahmen aktenkundig.

2.2.2. Der Rücklauf
Die Befragung wurde Ende November 1998 abgeschlossen.
174 Fragebogen kamen zurück, davon
- von Erziehungsberechtigten mit Kindern mit Behinderung 67
- von Erziehungsberechtigten nichtbehinderter Kinder 107
- aus Südhessen (65 %) 124
- aus Nordhessen (43 %) 46

Vier Fragebogen konnten regional nicht zugeordnet werden.[4] Diese wurden nicht berücksichtigt, wenn es um Nord-Süd-Vergleiche ging.

Für die Gesamtauswertungen sind alle 174 Fragebogen berücksichtigt worden.

Die Fragebögen wurden im Rechenzentrum der Universität Kassel codiert. Die Daten wurden mit den Programmen SPSS für Windows 7.5 und Microsoft Excel 7.0 aufbereitet.

Mehrheitlich fanden die Eltern den Fragebogen gut, übersichtlich, nicht schwierig zu beantworten und vor allem anregend zum Nachdenken.[5] Einige aber bemängelten die fehlende Möglichkeit, persönliche Anmerkungen zu machen, etwas genauer zu erläutern oder zu beschreiben, warum sie dies oder jenes so oder so beurteilten.

Darüber hinaus wurde bezweifelt, dass der Fragebogen für bestimmte Elterngruppen, wie zum Beispiel ausländische oder weniger (schul-)gebildete Menschen, zu beantworten sei, da die Fragen als zu schwierig eingestuft wurden. Es wurde ferner kritisiert, dass die Fragen zu wenig differenzierten zwischen Erziehungsberechtigten von behinderten und nichtbehinderten Kindern.[6]

Auf Widerstand stieß die Untersuchung vor allem in Nordhessen. Sicher ist der unterschiedliche Rücklauf in Süd- und Nordhessen unter anderem darauf zurückzuführen, dass manche Einrichtungen den Fragebogen nicht wie vorgeschlagen an die Eltern weiterleiteten – teilweise auf Anraten von Trägerseite.[7]
Dafür gab es verschiedene Gründe:

- Einige (heil-)pädagogischen Fachkräfte befürchteten, Eltern könnten sich zu positiveren Äußerungen zur Einzelintegration hinreißen lassen als berechtigt. Sie machten sich Sorgen, dass die besonderen Bedürfnisse vor allem schwerer behinderter Kinder zu gering bewertet würden und dass Eltern die lang ersehnte „Normalität" zum

---

[4] Weitere Informationen zum Rücklauf siehe Anhang 3: Statistische Angaben zum erfassten Personenkreis.
[5] Vgl. Anhang 4: Kommentarbogen und Kommentare (s. Internet www.kallmeyer.de)
[6] Vgl. Anhang 4: Kommentarbogen und Kommentare (s. Internet www.kallmeyer.de)
[7] Vgl. Anhang 5: Auszug aus einem Brief

Anlass nehmen könnten, über Jahre hinweg erkämpfte Standards der Behindertenhilfe über Bord zu werfen.
- Andere Fachkräfte sahen die Gefahr positiver Bewertungen durch Eltern eher darin, dass PolitikerInnen sich dadurch veranlasst sehen könnten, herrschende Zustände einzufrieren und die in der Fachwelt immer noch geforderten flankierenden Maßnahmen nicht mehr zu gewähren.
- Noch andere fürchteten ein negatives Urteil der Eltern bezogen auf pädagogische Fachkräfte. Sie äußerten Bedenken, es würde den pädagogischen Fachkräften schlechte Arbeit attestiert und ihr Engagement würde nicht angemessen gewürdigt.

Es ist verständlich, dass solche Befürchtungen geäußert werden. Bisher bestanden ja kaum Erfahrungen mit Nutzerbefragungen. Zwar hatten wir anlässlich des ersten Workshops VertreterInnen aus der Praxis eingeladen. Ihre Argumente hätten eigentlich deutlich machen müssen, dass Eltern keinerlei Interesse an einer Verschlechterung von Standards haben und dass sie sehr genau hinhören, was Fachleute sagen. Aber dieses Angebot kam zu spät. Für andere, die eine ähnliche Untersuchung planen, empfehlen wir regionale Hearings schon im Vorfeld der Felduntersuchung.

Nachfolgend finden Sie nun einige Ergebnisse aus der Fragebogenuntersuchung. Wir haben versucht, Sie möglichst wenig „mit Zahlen zu erschlagen". Einige Zahlen sind aber notwendig. Dafür bitten wir um Verständnis.

2.3. Zusammenfassung der Trendaussagen aus der quantitativen Befragung

Wir präsentieren die Ergebnisse entlang den Hypothesen, die für uns auch handlungsleitend waren:

2.3.1. Exemplarische Ergebnisse zu Hypothese 1: Kriterien der Nutzer für die Wahl einer Kindertageseinrichtung

Die Hypothese
Sofern nicht außerpädagogische Aspekte, wie räumliche Nähe oder Öffnungszeiten der Einrichtung, im Vordergrund stehen, wählen Eltern behinderter und nichtbehinderter Kinder eine Einrichtung nicht nach vorformulierten pädagogischen Absichtserklärungen aus, sondern aufgrund der wahrscheinlich zu erwartenden optimalen und fürsorglichsten Unterstützung der Entwicklung ihres Kindes. Eltern orientieren sich in ihren Erwartungen an eigenen bzw. an den Erfahrungen Dritter.

Ergebnisse
Als die Erziehungsberechtigten den Fragebogen ausfüllten, waren ihre Kinder schon einige Zeit in der betreffenden Kindertageseinrichtung. Sie beurteilten ihr Wahlverhalten somit im Rückblick. Es ist durchaus möglich, dass Erfahrungen in und mit der laufenden Einzelintegrationsmaßnahme die Erinnerungen gefärbt haben – in die eine oder andere Richtung. Wahlkriterien von Eltern, die noch keine institutionelle Erfahrung haben, wären hier zum Vergleich interessant. Bisher ist uns aber keine Untersuchung darüber bekannt.

Drei Fünftel der Eltern wählen die Einrichtung ihrer Kinder aus.

Wahlmöglichkeit
Etwa drei Fünftel der befragten Eltern konnten gemäß ihrer eigenen Aussagen für ihr Kind eine Kindertageseinrichtung auswählen.[8] Die Unterschiede bezüglich der Wahlmöglichkeit in Nord- oder Südhessen sind vernachlässigbar.

---

[8] Vgl. Anhang 2, Frage 25

QUANTITATIVE ERHEBUNG

Diagramm 1/Frage 25[9]:
Hatten Sie eine Wahl, als Ihr Kind in die Kindertagesstätte kam?
Als Wohnorte gaben die Befragten an:

Diagramm 2/Frage 22[10]:
Wo leben Sie mit ihrem Kind?
(Angaben in %)

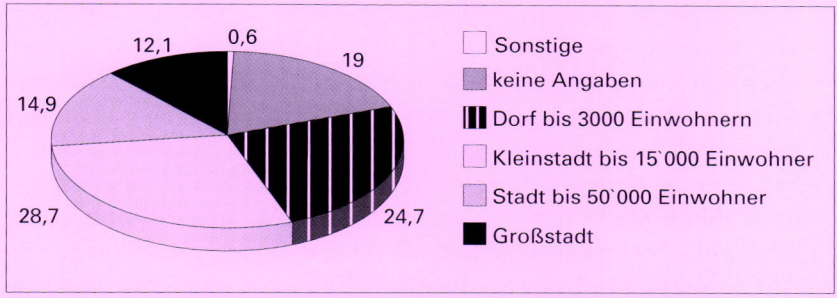

In den Städten ist das Angebot an Kindertageseinrichtungen größer, die Trägerschaft der Einrichtungen vielfältiger und teilweise besteht ein Angebotsüberhang an Plätzen in Kindertageseinrichtungen.[11] Die von uns befragten Erziehungsberechtigten gaben an, dass ihre Kinder folgende Einrichtungen besuchen[12] (s. Tabelle S. 30).

Die höhere Zahl an Nennungen entsteht dadurch, dass Kinder (vor allem Kinder mit Behinderung) zusätzlich zur Kindertageseinrichtung vormittags oder nachmittags weitere Einrichtungen besuchen.

[9] Vgl. Anhang 3, Grundauszählung Frage 25 (s. Internet www.kallmeyer.de)
[10] Vgl. Anhang 2, Frage 22 und Anhang 3, Grundauszählung Frage 22
[11] Kron 1999, 20
[12] Vgl. Anhang 2, Frage 23

Wahlkriterien

Wir haben die Eltern gefragt, welche Gesichtspunkte ihnen wichtig wa-

	Kinder mit Behinderung %		Kinder ohne Behinderung %		Gesamt %	
• Kommunale Kindertagesstätten	34	44,2	54	46,6	88	45,6
• Evang. Kindertageseinrichtungen	25	32,5	33	28,4	58	30,1
• Kath. Kindertageseinrichtungen	5	6,5	7	6,0	12	6,2
• Einrichtungen anderer Träger	10	12,4	14	12,1	24	12,4
Summe der Nennungen	**74**		**108**		**182**	
Zum Vergleich: Gesamtpopulation	67		107		174	

ren, als sie die Einrichtung für ihr Kind auswählten.[13] Diese Frage konnten natürlich nur diejenigen beantworten, die wirklich eine Wahl hatten. Die Antworten der Eltern fielen überraschend homogen aus. Erziehungsberechtigte von Kindern mit Behinderung und von nichtbehinderten Kindern haben ganz ähnliche Gesichtspunkte angegeben, die jeweils für ihre Wahl entscheidend wichtig gewesen waren.

Kinder sollen sich wohlfühlen.

Am bedeutungsvollsten erschien den Eltern, wie nachstehendes Diagramm verdeutlicht, dass ihr Kind sich in der Einrichtung wohlfühlen wird.

Diagramm 3/Frage 27: Wenn Sie die Kindertagesstätte frei wählen konnten, wie wichtig waren Ihnen folgende Gesichtspunkte?[14]
(nach Reihenfolge geordnet, in %)

Sofern die Eltern die Einrichtung nicht empfohlen bekommen haben[15] oder mit Geschwisterkindern Erfahrungen gesammelt hatten[16] vermuten wir, dass die an zweiter Stelle genannten Kriterien, nämlich

---

[13] Vgl. Anhang 2, Frage 27
[14] Vgl. Anhang 3, Grundauszählung Frage 27 (s. Internet www.kallmeyer.de)
[15] Vgl. Anhang 2, Frage 26 und 27 und Anhang 3, Grundauszählung Frage 26/1 und 27/2709
[16] Vgl. Anhang 2, Frage 27 und Anhang 3, Grundauszählung Frage 27/2704

QUANTITATIVE ERHEBUNG

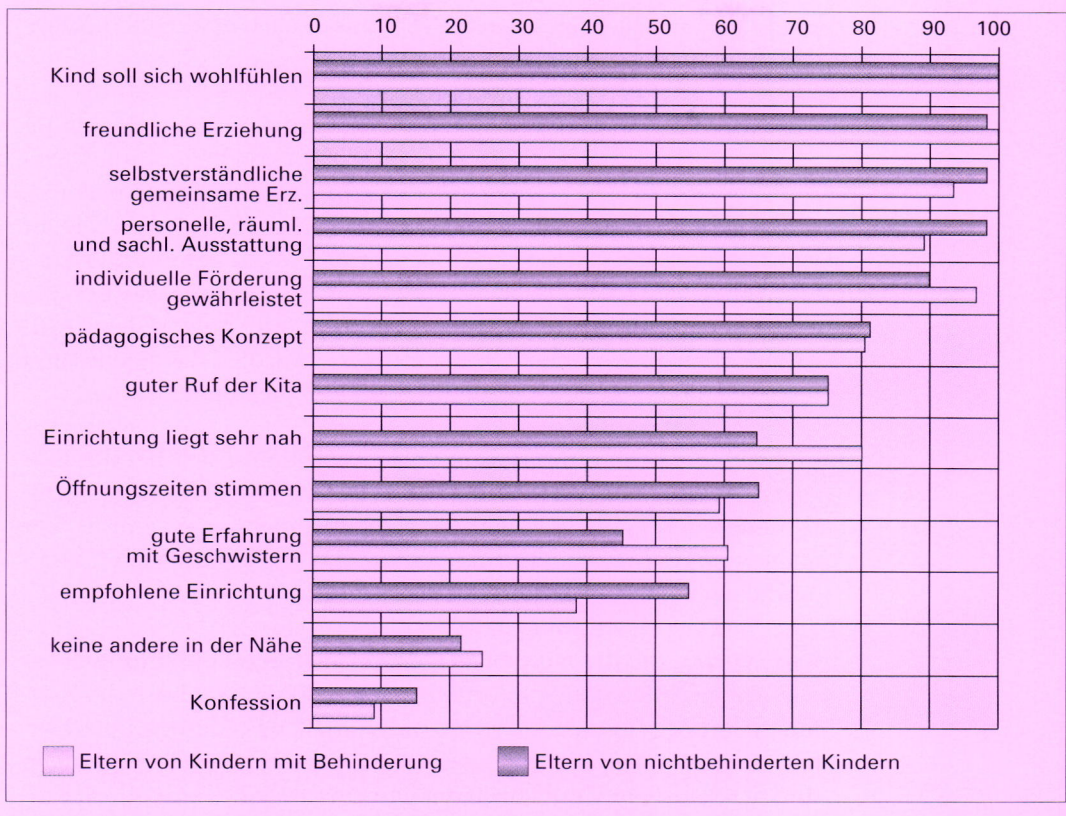

freundliche ErzieherInnen und gute räumliche und sächliche Bedingungen in der Einrichtung die Eltern in ihrer Entscheidung für oder gegen eine Einrichtung wesentlich beeinflussen. Etwas mehr als ein Viertel der Eltern behinderter und nichtbehinderter Kinder haben sich andere und diese Einrichtung vorher angeschaut[17] und sich vor Ort versichern können, dass dort für ihr Kind akzeptable Bedingungen vorzufinden sind.

Freundliche ErzieherInnen

Gute räumliche und sächliche Bedingungen

Die selbstverständliche gemeinsame Erziehung von Kindern mit und Kindern ohne Behinderung[18] ist – sicher nicht überraschend – etwas häufiger von Eltern behinderter Kinder als wichtiger Wahlgesichts-

Gemeinsame Erziehung erwünscht

[17] Vgl. Anhang 2, Frage 26 und Anhang 3, Grundauszählung Frage 26/2
[18] Vgl. Anhang 3, Grundauszählung Frage 27/2713 (s. Internet www.kallmeyer.de)

31

punkt genannt worden, ebenso der Wunsch nach einer guten personellen und sächlichen Ausstattung.[19]

Individuelle Förderung

Den Eltern nichtbehinderter Kinder erscheint eine angemessene individuelle Förderung für ihr Kind etwas mehr von Bedeutung.[20] Dieses Ergebnis überrascht im ersten Moment. Wenn man aber bedenkt, dass wir ausschließlich Erziehungsberechtigte befragt haben, die ihr Kind in einer Einrichtung mit Integration haben, kommt hier vielleicht etwas von der versteckten Angst der Eltern zum Ausdruck, behinderte Kinder würden „das Niveau senken" bzw. so viel Aufmerksamkeit der BetreuerInnen auf sich ziehen, dass das eigene Kind nicht genügend Unterstützung für seine Entwicklung bekäme.

Empfehlungen Dritter

Eltern von Kindern mit Behinderung orientieren sich bei der Einrichtungswahl häufiger an Empfehlungen Dritter als Eltern von nichtbehinderten Kindern (55 % zu 39 %).[21] Die Empfehlungen wurden vor allem von TherapeutInnen und Ärzten (21 %), Freunden (15 %) und amtlichen Stellen (15 %) ausgesprochen.[22]

Wohnortnähe

Jene Nutzer, die die wohnortnächste Kindertageseinrichtung besuchen[23], beurteilen die Wohnortnähe als wichtigen Wahlgrund (87 %), knapp hinter der gewährleisteten individuellen Förderung ihres Kindes, den guten räumlichen, personellen und sächlichen Bedingungen und der Selbstverständlichkeit der gemeinsamen Erziehung von Kindern mit und Kindern ohne Behinderung.

Erziehungsberechtigte von Kindern mit Behinderung äußern sich im Vergleich zu Erziehungsberechtigten ohne behinderte Kinder weniger häufig dahingehend, dass Wohnortnähe für sie ein Kriterium sei (63 % zu 80 %).[24] Hier kann interpretativ gefragt werden, ob Eltern behinderter Kinder es vielleicht noch nicht als selbstverständlich erachten, eine wohnortnahe Betreuung für ihr Kind einzufordern?

[19] Vgl. Anhang 3, Grundauszählung Frage 27/2712 (s. Internet www.kallmeyer.de)
[20] Vgl. Anhang 3, Grundauszählung Frage 27/2708 (s. Internet www.kallmeyer.de)
[21] Vgl. Anhang 3, Grundauszählung Frage 27/2709 (s. Internet www.kallmeyer.de)
[22] Vgl. Anhang 2, Frage 26 und Anhang 3, Grundauszählung Frage 26
[23] Vgl. Anhang 2, Frage 34 und Anhang 3, Grundauszählung Frage 34
[24] Vgl. Anhang 3, Grundauszählung Frage 27/2701 (s. Internet www.kallmeyer.de)

Wenn Eltern in Kindertageseinrichtungen abgewiesen werden, trifft es mehrheitlich Eltern mit behinderten Kindern. Sie müssen zu 23 % nach einer alternativen Einrichtung suchen, während nur 13 % der Eltern von Kindern ohne Behinderung beim ersten Versuch abgewiesen werden.[25]

Abweisung durch die Einrichtung

Von den Erziehungsberechtigten der Kinder mit Behinderung haben 29 (43,3 %) angegeben, nicht die wohnortnächste Kindertageseinrichtung zu nutzen.[26] Aber nur drei davon waren überzeugt, dass sie in der Einrichtung ihrer ursprünglichen Wahl wegen der Behinderung ihres Kindes abgewiesen wurden.[27]

Abweisung vermutlich wegen Behinderungsgrad oder -form des Kindes

Die 57 antwortenden Erziehungsberechtigten, die *nicht* die wohnortnächste Tageseinrichtung für ihre Kinder nutzen und eine freie Wahl hatten, d. h. nicht aufgrund der Behinderung ihres Kindes oder aus Platzgründen abgewiesen wurden, nannten als Grund für ihre Wahl[28]:
⇒ 34 mal die pädagogische Qualität, die wichtiger als die Wohnortnähe sei
⇒ 15 mal die Integrationserfahrung der Einrichtung[29] und
⇒ 12 mal den gemeinsamen Besuch mit der Freundin oder dem Freund

Das pädagogische Konzept rangiert bei allen Erziehungsberechtigten mit freier Wahlmöglichkeit erst an sechster Stelle als Kriterium für die Wahl (81 %), liegt damit aber vor dem Kriterium der Wohnortnähe.[30] Dass den Eltern eine Einrichtung mit Integrationserfahrung wichtig ist, zeigen sie auch dadurch, dass immerhin 63 % aller Befragten eine Einrichtung gewählt haben, die ihres Wissens schon länger Kinder mit Behinderung aufnimmt.[31]

Integrationserfahrung

Knapp die Hälfte der Eltern kann keine Aussagen darüber machen, ob in der Einrichtung nur Kinder mit bestimmten Behinderungen auf-

---

[25] Vgl. Anhang 2, Frage 35 und Anhang 3, Grundauszählung Frage 35 (s. Internet www.kallmeyer.de)
[26] Vgl. Anhang 3, Grundauszählung Frage34 (s. Internet www.kallmeyer.de)
[27] Vgl. Anhang 3, Grundauszählung Frage 36,3 (s. Internet www.kallmeyer.de)
[28] Vgl. Anhang 2, Frage 36: Mehrfachaussagen waren erwünscht
[29] Da es im Fragebogen um Integration geht, ist hier ein Halo-Effekt *(siehe Glossar)* nicht auszuschließen: von Gesamtthema und den einzelnen vorangegangenen Fragen wird suggeriert, dass Integrationserfahrung als wichtiges Merkmal zu empfinden sei.
[30] Vgl. Anhang 3, Grundauszählung Frage 27/2711 (s. Internet www.kallmeyer.de)
[31] Vgl. Anhang 2, Frage 28 und Anhang 3, Grundauszählung Frage 28

genommen werden oder ob alle Kinder unbesehen ihre Fähigkeiten und Fertigkeiten einen Platz bekommen können. Von jenen Eltern, die Aussagen über die Aufnahmekriterien machen, wollen 88 % der Eltern aus Nordhessen wissen, dass nicht alle Behinderungsgrade und -formen in der Tageseinrichtung aufgenommen werden, während in Südhessen diese Vermutung bei 64 % der Eltern besteht.[32]

Nur Aufnahme bestimmter Behinderungsgrade und -formen

Trotz all der Schwierigkeiten, die Eltern von Kindern mit Behinderung bei der Wahl einer Einrichtung haben, bringen sie ihr Kind im Durchschnitt nicht in weiter entfernte Einrichtungen.

Fazit zu Hypothese 1
Im Folgenden fassen wir die Ergebnisse zur ersten Hypothese zusammen.

Die (*kursiv* gedruckten) Anmerkungen sind als Reflexionsgrundlage für die Aus-, Fort- und Weiterbildung von pädagogischen Fachkräften zu verstehen. Einige Anmerkungen richten sich aber auch an Träger von Einrichtungen, die sich verantwortlich zeigen müssen für Rahmenbedingungen, die gemeinsame Erziehung ermöglichen. Wo Eltern keine Möglichkeit haben, sich jene Einrichtung zu suchen, die für ihr Kind in seiner spezifischen Lebenssituation optimal zu sein scheint, da sind weder Eltern noch Kinder oder pädagogische Fachkräfte am Zug, sondern die Einrichtungsträger.

Den Eltern ist wichtig:

Die Ergebnisse der schriftlichen Befragung verdeutlichen, dass Eltern oder Erziehungsberechtigte bei der Wahl einer Tageseinrichtung durch den erwarteten liebevollen und freundlichen Umgang von ErzieherInnen mit ihren Kindern beeinflusst werden. Eltern möchten vorrangig, dass sich ihr Kind wohl fühlt. Zusammenfassend bestätigen damit die Antworten der Eltern die erste Hypothese.

Professionelle Haltung der Erziehungsperson

➢ *Dieser Wunsch der Eltern ist eine deutliche Anfrage an die Person der pädagogischen Fachkraft und an ihre Haltung Menschen gegenüber. Je deutlicher ErzieherInnen ihren professionellen und zugewandten Umgang mit Kindern, ihre eigene Haltung und ihr Bild vom Kind vermitteln können, desto leichter fällt Eltern die Wahl einer Kindertageseinrichtung.*

[32] Vgl. Anhang 2, Frage 29 und Anhang 3, Grundauszählung Frage 29 (s. Internet www.kallmeyer.de)

Eltern verknüpfen den Wunsch nach Wohlbefinden des Kindes mit dem Wunsch nach einer guten personellen und sächlichen Ausstattung einer Einrichtung. Allen Eltern scheint wichtig zu sein, dass Einrichtungen über eine gute Grundausstattung verfügen.

Personelle und sächliche Grundausstattung einer Einrichtung

➤ *Die hohe Übereinstimmung an Nutzer-Einschätzungen ist auch ein Hinweis für Träger von Einrichtungen, die aufgefordert sind, entsprechende Rahmenbedingungen bereitzustellen und entsprechende Personalentwicklung zu betreiben.*

Trägerverantwortung für die Rahmenbedingungen

Hinter dem elterlichen Anspruch auf genügende Förderung für das eigene Kind verbirgt sich der Wunsch, das eigene Kind möge nicht zu kurz kommen und angemessen Erziehung, Betreuung und Bildung bekommen. Eltern denken zunächst vor allem für das eigene Kind. Sie hoffen, dass ihr jeweils eigenes Kind im Blickfeld der Erzieherpersonen bleibt, genügend positive Zuwendung und Unterstützung bekommt.

Das eigene Kind als Ziel pädagogischer Zuwendung

➤ *ErzieherInnen haben zwar einerseits den Auftrag, einzelne Kinder im Blick zu behalten und sie in ihrer Entwicklung zu eigenverantwortlichen Individuen zu unterstützen[33], was dem Wunsch der Eltern sehr entgegenkommt. Der Auftrag der Betreuung, Bildung und Erziehung richtet sich vorrangig auf das einzelne Kind.[34] Darüber hinaus haben pädagogische Fachkräfte auch den Auftrag, die Gruppe nicht aus dem Blick zu verlieren. Um sowohl das jeweilige individuelle Kind und die Gemeinschaft aller Kinder und ihrer Familien angemessen berücksichtigen zu können, brauchen PädagogInnen nicht nur solides pädagogisches Grundwissen. Gerade da, wo viele unterschiedliche Kinder zusammen kommen, werden fundierte entwicklungspsychologische Kenntnisse und Wissen über die Entwicklung von Gruppen und Gemeinschaftsfähigkeit besonders bedeutungsvoll.*

Wissens- und Handlungskompetenzen der pädagogischen Fachkräfte

Die personen- bzw. kindbezogenen Kriterien rangieren zwar deutlich vor den eher strukturellen Gesichtspunkten einer Wahl wie Wohnortnähe, Öffnungszeiten oder pädagogischen Absichtserklärungen der Einrichtungen. Aber immerhin 81 % der Befragten mit Wahlmöglichkeit haben das überzeugende pädagogische Konzept einer

[33] KJHG, § 22, 1
[34] KJHG, § 22, 2

Pädagogische Konzeptionen gewinnen in den Augen der Eltern an Bedeutung, wenn behinderte und nicht behinderte Kinder gemeinsam erzogen werden

Einrichtung als Wahlkriterium genannt. Wenn man berücksichtigt, dass viele Einrichtungen bis heute noch über kein schriftliches pädagogisches Konzept verfügen, sind 81 % ein hoher Prozentsatz an Nennungen! Es mag ein Zeichen dafür sein, dass Einrichtungen, die Integrationsplätze vorhalten, auch bisher schon mehr Wert auf ihr Konzept gelegt haben und es auch Eltern gegenüber zum Thema machten. Es kann aber auch sein, dass Eltern gerade kein Konzept vorgefunden haben und es im Nachhinein für eine Wahl als wichtig erachtet hätten. Besonders Eltern von Kindern mit Behinderung, aber auch andere Erziehungsberechtigte, möchten wissen, was ErzieherInnen im Alltag mit den Kindern machen, wie sie das tun und warum.

Eltern müssen wissen, was sie wählen können.

Von den befragten Nutzern wurde zwar überwiegend gewünscht bzw. nicht kritisiert, *dass* sich die Einrichtungen der gemeinsamen Erziehung verschrieben haben. Um eine bewusste Wahl von Einrichtungen mit gemeinsamer Erziehung zu ermöglichen, bräuchten Eltern deutliche konzeptionelle Hinweise, zum Beispiel auf das Menschenbild und die Philosophie der Einrichtung. Es reicht nicht, dass Eltern eine Wahl haben, sie müssen auch Inhalte zum Wählen haben.

➢ *Das bedeutet, dass pädagogische Fachkräfte in Kindertageseinrichtungen nicht nur ein gültiges Konzept entwickeln und besitzen, sondern es auch transparent machen und „übersetzen" sollten. Ziele und Methoden pädagogischen Handelns müssen kommuniziert werden.*
➢ *Pädagogische Fachkräfte sollten vermehrt Öffentlichkeitsarbeit betreiben und die „pädagogischen Schätze" der Kindertageseinrichtungen nach außen bekannt machen!*

Tendenzergebnis der schriftlichen Befragung ist, dass Qualität wichtiger sei Wohnortnähe. Die Befragungsergebnisse aus Frankfurt zeigen aber ein anderes Bild, nämlich, dass Eltern unbedingt Wohnortnähe wählen würden, wenn sie denn wirklich könnten.

Sind die Ergebnisse geschönt durch beschönigende Rechtfertigung der Eltern vor sich selber? Gibt es vielleicht doch weniger echte Wahl? Vielleicht waren die Fragen zu wenig vertiefend, denn in Gesprächen mit Eltern behinderter Kinder stoßen wir immer wieder darauf, dass die Gruppenreduzierung in der Einrichtung der Wahl nicht möglich war („Behinderte fressen Plätze auf"). Die angeblich „bessere" Einrichtung im Nachbarort verschleiert das nicht vorhandene Angebot oder vielleicht auch Probleme, die Fachkräfte haben, wenn sie sich für Fragen der gemeinsamen Erziehung qualifizieren müssen.

Eltern behinderter Kinder nehmen größere Anfahrtswege in Kauf.

➢ *Nicht nur Eltern haben etwas zu bewältigen, wenn es um die gemeinsame Erziehung von Kindern mit und Kindern ohne Behinderung geht!*[35] *Auch die pädagogischen Fachkräfte sind gehalten, bei sich nach versteckten Abwehrmechanismen und Bewältigungsstrategien von „Unvollkommenheit" zu suchen.*
➢ *Das bedeutet für die Ausbildung von ErzieherInnen, dass der Selbst- und Fremdreflexion ein hohe Stellenwert einzuräumen ist, was wiederum voraussetzt, dass die Lehrer an Fachschulen ihrerseits selbstreflektierte und mit Praxis in enger Kooperation stehende Pädagogen sind.*
➢ *Wenn ErzieherInnen durch die vielfältigen Fragen, die Kinder und ihre Angehörigen stellen, gefordert werden, brauchen sie regelmäßig Begleitung, Praxisberatung und/oder Supervision, die der Träger nicht nur zu sichern, sondern notfalls zu verordnen hat.*

2.3.2. Exemplarische Ergebnisse zu Hypothese 2: Beurteilung des derzeitigen Integrationsprozesses

Die Hypothese
Die Eltern behinderter und nichtbehinderter Kinder empfinden den von ihnen erlebten Einzelintegrationsprozess überwiegend als zufriedenstellend, weil sie Transparenz in Bezug auf Konzept, pädagogische Zielsetzung, Methoden und alltägliches Zusammenleben erfahren, weil ihr Kind angemessene Entwicklungsfortschritte macht und weil sie sich von der Einrichtung in der Sorge um ihr Kind entlastet sehen.

Diskutierte Ergebnisse
Auf die obige Hypothese bezogen sich insbesondere die Fragen[36] nach der Zufriedenheit mit der Einrichtung (Frage 44) und nach der Befindlichkeit des eigenen Kindes (Frage 45).

---

[35] Vgl. Kapitel 3 und 4 in diesem Buch
[36] Vgl. Anhang 2

Ferner stehen mit der Beurteilung des Integrationsprozesses die Antworten auf die Fragen nach der Arbeitsweise in der Kindertageseinrichtung in Zusammenhang (Frage 37), nach der Zufriedenheit mit den pädagogischen Fachkräften (Frage 43) und nach dem persönlichen Kontakt mit der Einrichtung und anderen Eltern (Fragen 46–50).

Ziel von Frage 51 war, die Meinung der Eltern über den persönlich miterlebten Integrationsprozess in Erfahrung zu bringen. Darüber hinaus wollten wir aber auch wissen, wann Erziehungsberechtigte Integration insgesamt als gelungen betrachten (Frage 52) und ob sie trotz erlebter Integration die gesellschaftlichen Vorurteile teilen (Frage 53).

Zufriedenheit mit der Einrichtung

Die Frage 44[37] nach Zufriedenheit oder Unzufriedenheit mit der Einrichtung war deutlich polarisiert in Items mit positiver Konnotation[38] *(siehe Glossar)* und Items mit negativer Bedeutung. Es war vorauszusehen, dass den positiv gepolten Items öfter zugestimmt wird als den eher kritischen Items.

Die meisten Befragten finden demzufolge auch (vgl. Diagramm 4), dass
– ihr Kind genügend Beachtung erhalte
– ihr Kind gut integriert sei
– der soziale Kontakt gut sei
– ihr Kind große Fortschritte mache und
– die Gruppenmischung ausgewogen sei.

Insgesamt sind die Erziehungsberechtigten mit der Einrichtung sehr zufrieden. Eltern von Kindern mit Behinderung zögern etwas, ihre Zustimmung mit guten Fortschritten des Kindes oder einer ausgewogenen Gruppenmischung zu begründen. Die Eltern von nichtbehinderten Kindern sehen trotz geringerer Wahl des Items „genügend Beachtung des eigenen Kindes", dass ihre Kinder Fortschritte machen und die Gruppe insgesamt ausgewogen ist.

Die Unterschiede in den Nennungen sind gering, aber als Tendenz sind sie zumindest nicht zu vernachlässigen. Besonders angesichts der Befürchtungen von Eltern behinderter Kinder, ihr Kind würde in

---

[37] Vgl. Anhang 2, Frage 44 und Anhang 3, Grundauszählung Frage 44 (s. Internet www.kallmeyer.de)
[38] Items 44,1 / 44,3 / 44,4 / 44,7 und 44,10

Einzelintegrationsmaßnahmen nicht genügend gefördert werden, müsste bei den Interviews nochmals auf die subjektive Einschätzung von Fortschritten eingegangen werden.

Diagramm 4/Frage 44:
Sind Sie aus folgenden Gründen zufrieden mit der Einrichtung?
(Angaben in gültigen %)

Jene Antwortvorschläge zur Frage 44 im Fragebogen, die eher Kritik enthalten, wurden fast ausschließlich mit „Nein" beantwortet (Zustimmung < 15 %).

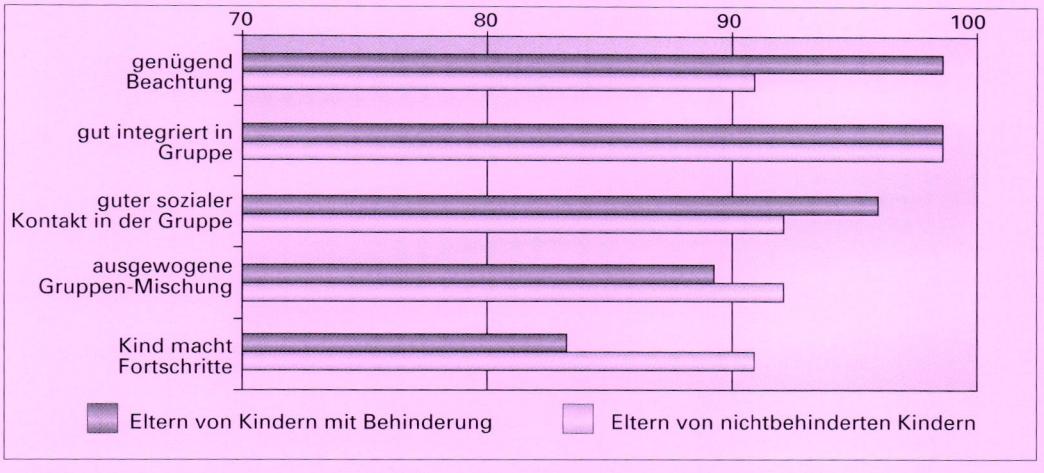

In der deutlicheren Zustimmung von Eltern nichtbehinderter Kinder zum Item „die Kindergruppe ist durch verhaltensauffällige Kinder belastet" ist vielleicht ein Hinweis darauf, dass es nicht behinderte Kinder per se sind, die als Belastung angesehen werden, sondern dass in besonderem Maße Kinder mit Verhaltensauffälligkeiten als störend empfunden werden.

Verhaltensauffällige Kinder werden eher als störend empfunden.

Fünf Eltern, die ihr Kind als Außenseiter wahrnehmen von 52 Antwortenden sind zwar nicht viele, aber im Vergleich zu dem einen nichtbehinderten Kind eben doch eine größere Anzahl gemessen an der Gesamtmenge behinderter und nichtbehinderter Kinder.

**Diagramm 5/Frage 44:
Sind Sie aus folgenden Gründen unzufrieden mit der Einrichtung?**
(Angaben in %)[39]

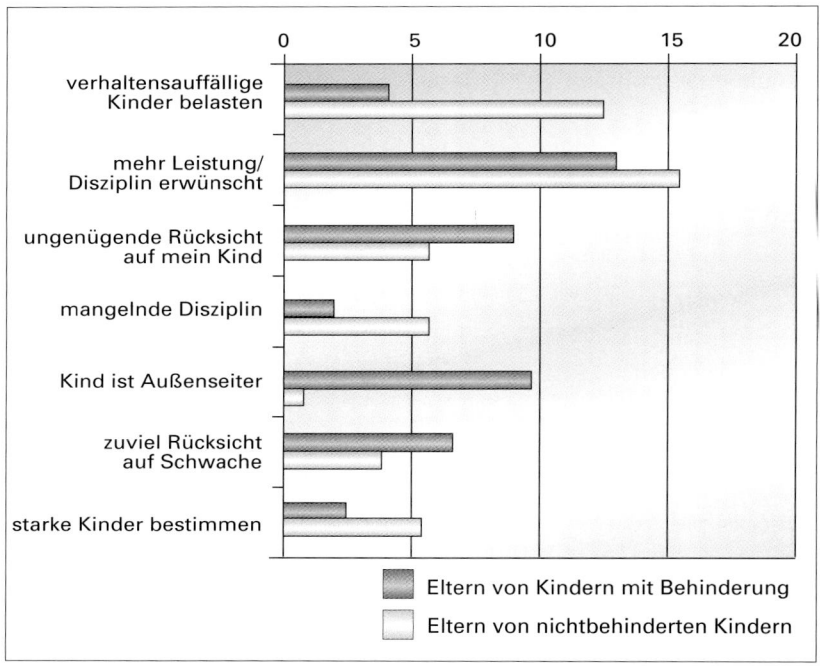

Bei der geringen Anzahl an Nennungen ist es sicher gewagt, Aussagen zu tätigen. Aber als Tendenz wird aus dem Diagramm 5 die Schwierigkeit mit der Balance von zu viel Rücksicht auf schwache Kinder und ungenügende Rücksicht auf das eigene Kind sichtbar und ist im Auge zu behalten.

Insgesamt unterstützt die geringe Zustimmung zu den negativ gepolten Fragen den Gesamteindruck der Zufriedenheit.

Zufriedenheit hat aber nicht nur mit der Entwicklung des sozialen Gefüges und der Entwicklung des eigenen Kindes zu tun, sondern auch mit den von Eltern wahrgenommenen Arbeitsweisen in den Ein-

[39] Vgl. Anhang 2, Frage 44 und Anhang 3, Frage 44 (s. Internet www.kallmeyer.de)

richtungen[40]. Mit den Fragen 37 und 38 wollten wir von den Eltern auch darüber etwas erfahren.

Wie der nachstehenden Tabelle zu entnehmen ist, sind die Eltern überwiegend zufrieden mit der Arbeitsweise der Kindertageseinrichtung, insofern sie zu wissen glauben, wie dort gearbeitet wird.[41]

Die vermutete Arbeitsweise und die Gestaltung des Tagesablaufs ist den Eltern für ihre Zufriedenheit wichtig.

	Zustimmung gültige % mit beh. Kind	Zustimmung gültige % nichtbeh. Kind	Zustimmung	Davon mit dem Konzept zufrieden in %
37,1 Die Gruppe hat einen festen Tagesrhythmus	79,2	68,6	72,4	66,4
37,2 Die Gruppenarbeit lässt Platz, um auf sich ergebende Anlässe einzugehen	98,2	97,9	98,0	87,4
37,3 Die Kinder gehen ihren individuellen Bedürfnissen nach	93,0	91,0	91,7	81,7
37,4 Die Kinder passen ihre individuellen Bedürfnisse dem Gruppengeschehen an	65,7	56,4	60,0	53,3
37,5 Der Gruppenalltag orientiert sich an einem ausgewogenen Verhältnis von individuellen und Gruppenbedürfnissen	96,3	100,0	98,6	90,7

Am häufigsten sind jene Eltern zufrieden, die vermuten, dass in der Einrichtung auf aktuelle Anlässe eingegangen werden kann und die zu erkennen glauben, dass der Gruppenalltag für die Kinder ein ausgewogenes Verhältnis von individuellen und Gruppenbedürfnissen zulässt. Marginal kann man erkennen, dass Eltern von behinderten Kindern eher vermuten, ihre Kinder würden die eigenen Bedürfnisse dem Gruppengeschehen unterordnen. Gleichzeitig korreliert Item 37,4 am wenigsten mit Konzeptzufriedenheit, was schließen lässt, dass Anpassung insgesamt kein überragendes Bedürfnis von heutigen Eltern ist.

---

[40] Vgl. Anhang 2, Fragen 37 und 38
[41] Vgl. Anhang 3, Fragen 37 und 38 (s. Internet www.kallmeyer.de)

Unterschiede zwischen den Antwortenden aus Nord- und Südhessen haben wir nicht feststellen können.

Befindlichkeit des Kindes in der Einrichtung
Die Antworten auf Frage 45[42] nach dem elterlichen Eindruck über die Befindlichkeit des eigenen Kindes im sozialen Gefüge Kindertageseinrichtung haben kaum signifikante Unterschiedes zwischen den Untergruppen der Untersuchungspopulation erkennen lassen.

Tendenzielle Unterschiede zeichnen sich in den Antworten der Eltern von behinderten und von nichtbehinderten Kindern zu Fragen nach dem Kontaktverhalten ihrer Kinder ab, wie im nachstehenden Diagramm dargestellt.[43]

Diagramm 6/Frage 45:
Wie sind Ihre Eindrücke von der Befindlichkeit Ihres Kindes?
(Auszug der Ergebnisse in gültigen Prozentwert, geordnet nach Größe[44])

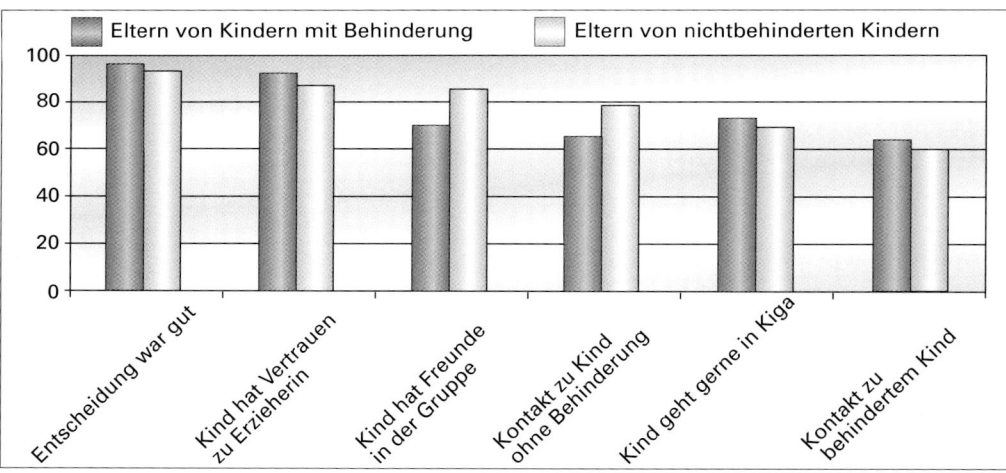

Auch Erziehungsberechtigte von Kindern mit Behinderung sind überzeugt, dass ihre Kinder Freunde in der Gruppe haben. Die Tendenz

[42] Vgl. Anhang 2, Frage 45
[43] Items in der Reihenfolge 45,10 / 45,4 / 45,2 / 45,8 / 45,1 / 45,11
[44] Vgl. Anhang 3, Grundauszählung Frage 45 (s. Internet www.kallmeyer.de)

zeigt jedoch, dass Kinder mit Behinderung (nach Aussagen ihrer Eltern) etwas mehr Kontakt zu anderen Kindern mit Behinderung haben als nichtbehinderte Kinder.

Kinder mit Behinderung orientieren sich an behinderten Kindern.

Insgesamt scheint es nach wie vor für Kinder mit Behinderung schwieriger zu sein, Kontakte zu knüpfen, die außerhalb der Einrichtung weitergehen.[45] Einige Eltern äußern sich besorgt darüber, dass der Kontakt unter den Kindern nach dem Kindergarten sowieso abreißen würde, spätestens mit dem Eintritt in die Schule.[46] Viele Eltern wünschen sich, dass gemeinsame Erziehung zu einer positiven Veränderung im Umgang der verschiedenen Kinder untereinander führen würde[47] und dass Eltern und Kinder einfach irgendwann „normal" behandelt würden.

Wunsch nach Kontinuität und Normalität

Der Mangel an Normalität ist sicher keine Einbildung. Kinder mit Behinderung werden von vornherein – vielleicht unbewusst – als „anders" gesehen und behandelt. Schließlich kommen sie – nicht nur in Hessen – mit anderen Vorzeichen (BSHG) in die Einrichtung. Es ist zu vermuten, dass dieses Stigma sie begleitet und ihnen nur eine begrenzte freie Wahl an Kontaktmöglichkeiten ermöglicht. Keineswegs sprechen wir hier von aktiven Aussonderungshandlungen. Aber unterschwellig spielt die Tatsache einer Behinderung eine Rolle im Umgang miteinander. Die dadurch entstehenden Ausgrenzungstendenzen zu beachten und zu minimieren ist auch Aufgabe von pädagogischen Fachkräften.

➤ *Von pädagogischen Fachkräften wird erwartet, dass sie die Kontakte der Kinder untereinander im Auge behalten und die Gestaltung des gemeinsamen Alltags so planen, dass keine Ausgrenzungstendenzen geschürt werden.*
➤ *ErzieherInnen brauchen Wissen über die individuelle kindliche Entwicklung und über die Gestaltung von integrativen Gruppenprozessen unter Kindern. Sie müssen auch von Stigmatisierungsprozessen und ihrer Bewältigung Ahnung haben.*

Pädagogische Fachkräfte in Einrichtungen mit Integration brauchen sozialintegratives Wissen und integrationspädagogische Handlungskompetenzen.

---

[45] Vgl. Anhang 4: Kommentare G80, G152 (s. Internet www.kallmeyer.de)
[46] Vgl. Anhang 4: Kommentare H35, H52, H122 (s. Internet www.kallmeyer.de)
[47] Vgl. Anhang 4: Kommentare H37, H43, H54, H166 (s. Internet www.kallmeyer.de)

Gruppenzusammensetzung

Mehr als die Hälfte der Befragten möchte ein bis zwei Kinder mit Behinderung pro Gruppe.

Wenn nun Kinder mit Behinderung sich lieber mit ebenfalls behinderten Kindern befreunden (was wir aufgrund unserer Untersuchung höchstens mit der Lupe gesehen als Tendenz erkennen konnten), wäre es ja nahe liegend, mehr Kinder mit Behinderung zusammen in eine Gruppe zu tun, um ihrem Kontaktbedürfnis entgegen zu kommen. Das entspricht dem Vorschlag einiger Verfechter integrativer oder heilpädagogischer Gruppen, die als Gegenmittel gegen Aussonderungsprozesse unter Kindern die Erhöhung der Anzahl behinderter Kinder vorsehen.[48]

Wir haben ausschließlich Erziehungsberechtigte mit Kindern in Gruppen mit Einzelintegrationsmaßnahmen befragt, d. h. in den Gruppen sind nur ein bis zwei behinderte Kinder (92 % der Antworten). Mehr als die Hälfte der befragten Eltern (55 %) ist der Ansicht, dass diese Anzahl beibehalten werden sollte.[49] Aber immerhin ein Drittel der Befragten hätte lieber mehr Kinder mit Behinderung in der Gruppe und dafür kleinere Gruppenstärken. Diese Aussage treffen sowohl Eltern von behinderten als auch von nichtbehinderten Kindern.

Die Relation von personeller Ausstattung einer Einrichtung und der Heterogenität in der Kindergruppe muss stimmen.

In Form von Randbemerkungen haben manche Eltern ihre Aussagen an weitere Voraussetzungen geknüpft.[50] In acht Fragebogen wurde angemerkt, dass die Anzahl der Kinder mit Behinderung von der Schwere der Behinderung abhängen müsse. Acht mal wurde eine angemessene Relation von Personalausstattung und Anzahl der Kinder mit Behinderung gefordert. Vermutlich ist diese Anmerkung zu interpretieren im Sinne von „je schwerer die Behinderung, desto mehr Personal oder desto weniger Kinder insgesamt". Dreimal wurde eine grundsätzliche Erweiterung der Anzahl behinderter Kinder in unterschiedlichen Zahlenverhältnissen vorgeschlagen.

Nicht aus den Fragebogen zu erkennen, aber eine Erfahrung aus den Kindertagesstätten, ist die ohnehin zunehmende Heterogenität in Kin-

---

[48] Dies erscheint uns eine ganz und gar unsinnige Idee, da sie ohne äußeren Anlass der Gettoisierung Vorschub leistet. Schließlich ist nicht überall wo „behindert" draufsteht, das gleiche gemeint. Kinder wählen ihre Spielpartner nicht nach „behindert" oder „nichtbehindert", sondern nach gemeinsamen Interessen und – je nach Situation – nach ergänzenden oder ähnlichen Fähigkeiten und Fertigkeiten (vgl. auch Kapitel 6).
[49] Vgl. Anhang 2, Frage 31 und Anhang 3, Grundauszählung Frage 31
[50] Vgl. Anhang 3, Grundauszählung Frage 31, handschriftlich angebrachte Anmerkungen
(s. Internet www.kallmeyer.de)

dergruppen, die vielfältige und kreative Handlungsansätze von pädagogischen Fachkräften erfordert. Die gemeinsame Erziehung von Kindern mit und Kindern ohne Behinderung vergrößert das Spektrum an Bedürfnissen und Anforderungen der Kinder und ihrer Familien.

> *In Aus- Fort- und Weiterbildung müssen pädagogische Fachkräfte veränderte und der Heterogenität der Gesellschaft angepasste pädagogische Handlungsansätze kennen lernen. Um dem Umgang mit immer wieder neuen und veränderten Situationen in den Einrichtungen Rechnung tragen brauchen ErzieherInnen etwas, was ich mit Integrative Pädagogik der Differenz bezeichnen würde. Ihr Ziel müsste das differenzierte Wahrnehmen trotz ganzheitlicher Sicht sein.*

Heterogenität erfordert Integrative Pädagogik der Differenz.

> *Zentrale Schlüsselkompetenzen sind unter diesen Bedingungen Beobachtung, Situationsanalyse, und kreativer Umgang mit Neuem. Dazu gehören auch Wissen um gruppenspezifische und individuumszentrierte Entwicklungsprozesse sowie die Fähigkeit, ein dialogisches Miteinander zu initiieren.[51] ErzieherInnen müssen nicht selten auch die emotionale Stabilisierung von Kindern und ihren Angehörigen übernehmen oder zum Wohle der Kinder soziale Brücken schaffen.*

Kontakt der Eltern zu anderen Eltern
Bei der Konzeption des Fragebogens sind wir von der Vermutung ausgegangen, dass möglicherweise die Probleme der sozialen Teilhabe behinderter Kinder an Normalität auch auf die Eltern der Kinder einen Einfluss haben oder umgekehrt Scham und Bewältigungsprobleme der Eltern behinderter Kinder sie dazu prädestiniert, zu Außenseitern zu werden. Aus diesem Grunde zielten die Fragen 46 bis 50 auf die Kontakte, die Eltern untereinander haben und gestalten.

Wir vermuteten, dass Vereinzelung weniger ein Kinder- als ein Elternproblem ist und dass die Befürchtungen rund um soziale Teilhabe einen erwachsenen Anspruch auf Kontakt und Beziehung widerspiegeln.

---

[51] Solche Schlüsselqualifikationen von ErzieherInnen haben nicht nur mit Integration zu tun, sondern gehören eigentlich zu den grundlegenden professionellen Kompetenzen, die das pädagogische Handeln erleichtern (vgl. Kapitel 7).

Auf die Frage, wie sie ihren eigenen Kontakt zu anderen Eltern beurteilen würden[52], antwortet ein gutes Drittel der Eltern nichtbehinderter Kinder und etwas weniger als ein Drittel der Eltern behinderter Kinder, dass sie guten Kontakt haben. Ungefähr zwei Fünftel der Eltern geben an, dass sie ausreichend Kontakt zu anderen Eltern haben. 15 % der Eltern nichtbehinderter Kinder und 13 % der Erziehungsberechtigten behinderter Kinder beurteilen ihren Kontakt zu anderen Eltern als schlecht.

**Diagramm 7/Frage 46:
Wie beurteilen Sie Ihren Kontakt zu den anderen Eltern?**

Auffallend ist, dass 12 % der Erziehungsberechtigten von Kindern mit Behinderung – und nur diese – angeben, dass Kontakte mit Eltern

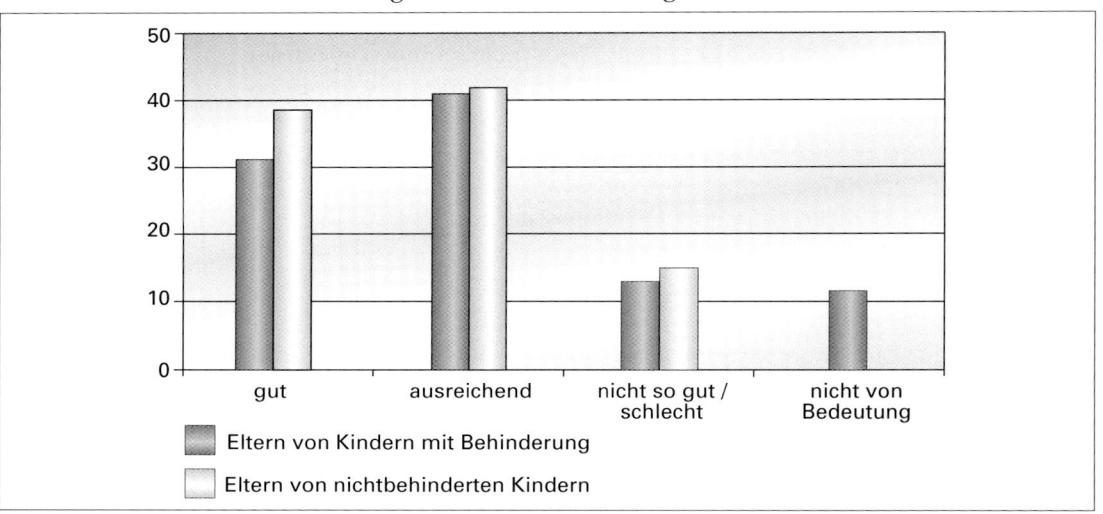

Eltern von Kindern mit Behinderung benennen Kontakte zu andern Eltern als unbedeutend.

nicht von Bedeutung seien. Eltern von nichtbehinderten Kindern ziehen diese Äußerung gar nicht in Erwägung. Auch wenn es zahlenmäßig gesehen nur sieben Eltern von Kindern mit Behinderung von 66 Antwortenden sind, stimmt es doch bedenklich, wenn demgegenüber 108 Eltern von Kindern ohne Behinderung nie sagen, dass Elternkontakte ohne Bedeutung wären.

[52] Vgl. Anhang, Frage 46 und Anhang 3, Grundauszählung Frage 46 (s. Internet www.kallmeyer.de)

➤ *Wenn nur Eltern von Kindern mit Behinderung sagen, dass Elternkontakte nicht von Bedeutung sind, dann liegt die Vermutung nahe, dass hier etwas zurechtgebogen wird, was eigentlich als Mangel wahrgenommen wird.*

Auf die Frage, ob sie viele Eltern kennen[53], geben fast 50 % der Eltern nichtbehinderter Kinder ein klares Ja, während nur knapp 30 % der Eltern behinderter Kinder zustimmen. Und auch bei dieser Frage sind es wieder ausschließlich Eltern behinderter Kinder, die äußern, dass der Kontakt für sie nicht von Bedeutung sei. Den Wunsch nach mehr Kontakt haben immerhin je ein Drittel der Eltern behinderter und der Eltern nichtbehinderter Kinder.[54]

Elternkontakte kommen überwiegend bei Elterntreffen der Kindertageseinrichtung (Elternabende) oder zufällig (beim Bringen und Abholen der Kinder) zustande.[55] Während Eltern nichtbehinderter Kinder am häufigsten beides als zutreffend bezeichneten (über 50 % im Vergleich zu knapp 40 % der Eltern behinderter Kinder), treffen Eltern behinderter Kinder die anderen Eltern eher bei für Eltern organisierten Treffen. Die direkte Ansprache von Eltern durch Eltern aufgrund eines bestimmten Anliegens oder Problems wird kaum als Kontaktaufnahmemöglichkeit genannt und wenn, dann nur als zusätzliche Kontaktmöglichkeit bei Elterntreffen oder beim zufälligen Zusammentreffen.

Kontakte von Eltern mit behinderten Kindern laufen eher über die Organisation der Kita.

➤ *Zunehmend haben ErzieherInnen auch auf der Erwachsenenebene Funktionen zu übernehmen. Elternarbeit ist im Wesentlichen Kooperations- und Beratungsarbeit. Dafür benötigen pädagogische Fachkräfte andere Kommunikationsstrukturen und Kompetenzen als für die Kinderarbeit, die sie bisher in der Ausbildung kaum erwerben konnten.*
➤ *Pädagogische Fachkräfte müssen sich auseinander setzen mit neuen Elternerwartungen. Besonders in der gemeinsamen Erziehung von behinderten und nichtbehinderten Kindern müssen sie etwas wissen über elterliche Sorgen und Probleme, über Bewältigungsstrategien, über Abwehrprozesse und Stigmatisierungsmechanismen[56] und sie müssen über eine hohe empathische Kompetenz verfügen!*

[53] Vgl. Anhang 2, Frage 47, vgl. Anhang 3 Grundauszählung Frage 47 (s. Internet www.kallmeyer.de)
[54] Vgl. Anhang 2, Frage 48, vgl. Anhang 3 Grundauszählung Frage 48
[55] Vgl. Anhang 2, Frage 49
[56] Jonas 1991; Schuchardt 1996; Milani Comparetti 1986; Kapitel 4 in diesem Buch

Fachkräfte müssen mehr über elterliche Sorgen wissen

➤ Die bisherigen Formen der Zusammenarbeit mit Eltern scheinen unter integrativen Gesichtspunkten nicht auszureichen. Die Kommunikation mit Eltern, aber insbesondere mit Eltern behinderter Kinder, verlangt mehr als nur Elternabende.

Fachwissen der Fachkräfte
Können und Wollen der Fachkräfte steht auch bei den Erziehungsberechtigten im Fokus der Aufmerksamkeit.[57] Uns interessierte, was in den Augen der Betroffenen bei den pädagogischen Fachkräften verbessert werden müsste.[58]

Die Antworten der Eltern sind in den beiden nachfolgenden Diagrammen zusammengefasst.

Da die Aussagen der Eltern, deren Kinder nach eigener Einschätzung leicht-, mittel- bzw. schwer behindert sind, sich in manchen Punkten unterscheiden, haben wir sie separat dargestellt.

Diagramm 8 erfasst die Meinungen der Eltern zur Verbesserung von theoretischen Kenntnissen der pädagogischen Fachkräfte in Entwicklungspsychologie und Heilpädagogik und zur Verbesserung der Kooperation mit Dritten.

Diagramm 9 betrifft die in den Augen von Eltern zu verbessernden Fähigkeiten pädagogischen und sozialen Handelns von Erzieherpersonen, die sie im alltäglichen Umgang „hautnah" erleben.

Zu verbessern sind bei pädagogischen Fachkräften:
– heilpädagogisches Fachwissen,
– interdisziplinäre Kooperation und
– Interesse für integratives Arbeiten

63 % der Antwortenden, unabhängig davon, ob sie Kinder mit oder Kinder ohne Behinderung vertreten, halten das heilpädagogische Fachwissen von Fachkräften für unzureichend. Immerhin 55 % sagen, die Zusammenarbeit mit anderen Fachkräften müsse verbessert werden und 40 % halten sogar das Interesse für integratives Arbeiten (vgl. Diagramm 9) bei den Fachkräften für verbesserungswürdig.

---

[57] Kobelt Neuhaus 1998, 11 ff.
[58] Vgl. Anhang 2, Frage 43, vgl. Anhang 3 Grundauszählung zu Frage 43

Diagramm 8/Frage 43:
Wenn Sie einmal von Ihrer Situation ausgehen, was müsste Ihrer Meinung nach bei den Fachkräften verbessert werden?
(Angaben in Prozent)

Die Erziehungsberechtigten leichter behinderter Kinder üben im Vergleich zur Gesamtelternschaft durchgängig Kritik. Vor allem vermis-

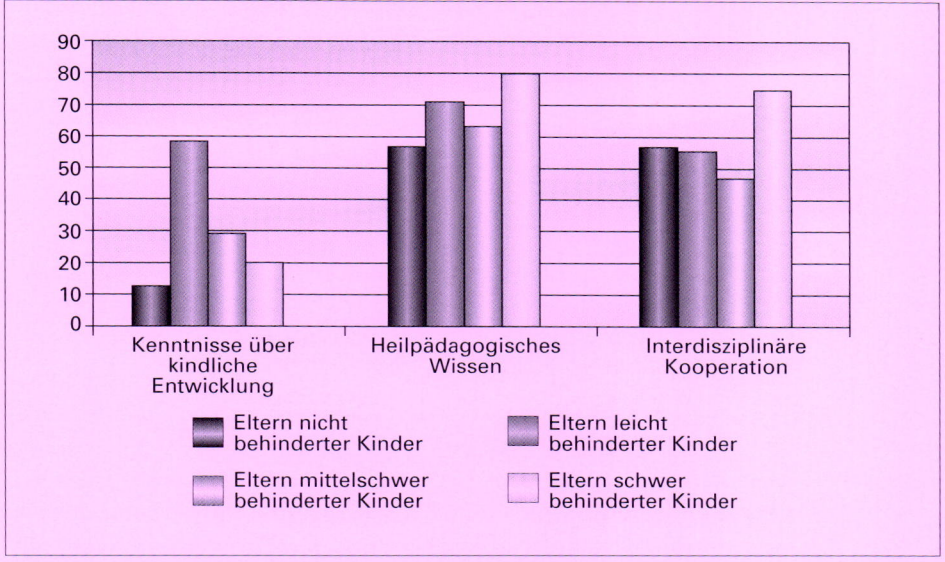

sen sie entwicklungspsychologische Kenntnisse bei den Fachkräften und unterstellen implizit, dass die ErzieherInnen ein mangelndes Interesse am integrativen Arbeiten zeigen und Probleme haben, allen Kindern gleichermaßen gerecht zu werden.

Wir vermuten, dass diese Eltern sich kritisch äußern, weil die „leichte Behinderung" – oft kaum sichtbar – dazu verführt, diese Kinder gar nicht als Behinderte wahrzunehmen und sie vielleicht zu überfordern.

Eltern vermissen entwicklungspsychologische Kenntnisse bei ErzieherInnen.

Diagramm 9/Frage 43:
Wenn Sie einmal von Ihrer Situation ausgehen, was müsste Ihrer Meinung nach bei den Fachkräften verbessert werden?
(Angaben in %)

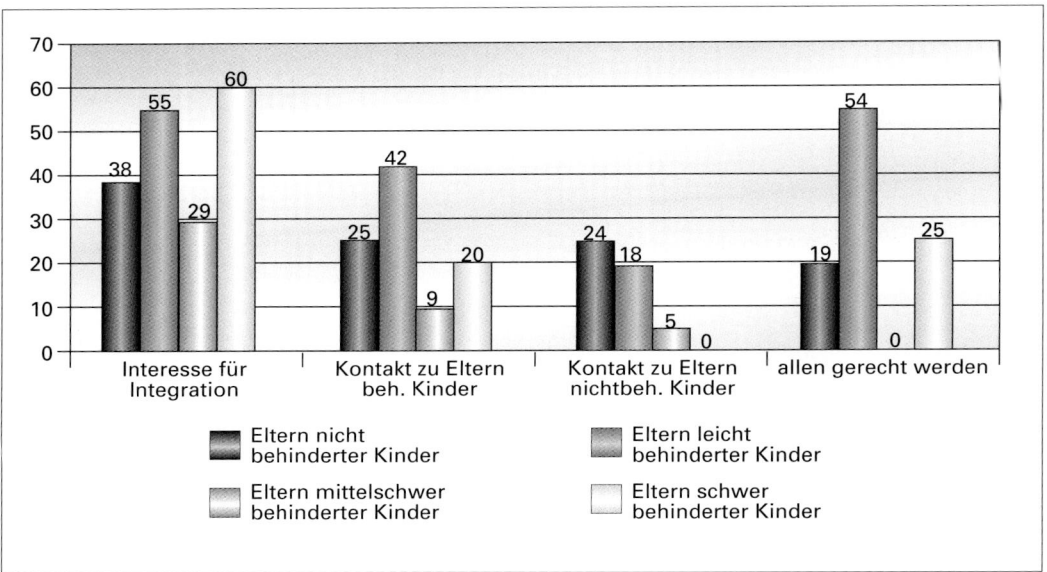

Da Erziehungsberechtigte von schwer und mittelschwer behinderten Kindern mit dem Punkt „allen Kindern gerecht werden" weniger Probleme haben, könnte man daraus schließen, dass ihre Kinder sich entsprechend bemerkbar machen oder dass sie im Gegensatz zu den weniger auffälligen Kindern gar nicht damit rechnen, gleich behandelt zu werden.

Dass Eltern schwer behinderter Kinder besondere Verbesserungswünsche an heilpädagogisches Fachwissen und interdisziplinäre Kooperation haben, erstaunt weniger. Aber auch Eltern nichtbehinderter Kinder monieren das heilpädagogisches Grundwissen und eine verbesserte interdisziplinäre Kooperation.

➢ *Eine flächendeckende wohnortnahe Integration erfordert heilpädagogisches und behinderungsspezifisches Know-how in den Einrichtungen. Dies ist entweder langfristig und dauerhaft bei Fachkräften anderer Disziplinen einzufordern oder die pädagogischen Fachkräfte müssen es sich selber aneignen.*

➤ *Eltern sehen sich durchaus als Experten für ihre Kinder. Sie haben aber keine Lust, immer wieder das Gleiche zu erzählen. Sie erwarten, dass Fachkräfte wissen, was für Kinder mit Behinderung in Gruppenprozessen wichtig ist und was gemeinsame Erziehung von Kindern mit und Kindern ohne Behinderung bedeutet.*

➤ *Es genügt nicht, wenn nur eine Person in der Einrichtung sich mit Integration auseinander setzt. Wenn Integrationskräfte oder Stützpädagogen oder wie sie auch immer heißen mögen mit den Kindern wieder verschwinden, stehen Einrichtungen immer wieder am Anfang der integrativen Arbeit, wenn nicht dafür gesorgt wird, dass das Know-how in der Einrichtung bleibt. Es ist auch für die Kontinuität interdisziplinärer Kooperation und für einrichtungsübergreifende Verständigung wichtig, Kompetenzen nicht nur in einer Person zu kumulieren – schon gar nicht in die Integrationskraft zu investieren, die nur befristet angestellt ist – sondern zunehmend auf gesamt-fortgebildete, im idealen Falle multidisziplinäre Teams zu achten.*

Fachwissen darf sich nicht in einer Person konzentrieren.

Multidisziplinäre Teams sind gefordert.

➤ *Erzieherinnen sind primär für pädagogische Arbeit mit Kindern ausgebildet. Diese Art des Umgangs kann nicht einfach auf die Erwachsenenebene übertragen werden. Erzieherinnen müssen in der Ausbildung oder spätestens über Fortbildung nicht nur auf neue Formen der Kooperation mit Eltern vorbereitet werden, sondern auch auf interdisziplinäre Kommunikation mit anderen Fachdiensten.*

Rückschlüsse der Befragten aus den persönlichen Integrationserfahrungen

Die Frage 51 (Wenn Sie sich die Erfahrungen Ihres Kindes betrachten, wie würden Sie Ihre Meinung bezüglich Integration zusammenfassen?) sollte Aufschluss geben über die Akzeptanz, die Integrationsmaßnahmen derzeit zukommt.[59]

Die Fragen waren so formuliert, dass die Erfahrungen mit gemeinsamer Erziehung umso negativer zu werten waren, je höher die Zustimmung zu den Fragen erfolgte. Viel Zustimmung (und damit gleichzeitig viel kritische Haltung) im Vergleich zum Gesamtbild erfuhren drei Items (vgl. Diagramm 10), nämlich

[59] Vgl. Anhang 2, Frage 51

51,2: Kinder mit Behinderung kommen zu kurz und erleben immer wieder, dass andere vieles besser können.
51,3: Wenn ich feststelle/wir feststellen, dass die Integration in die Gruppe nicht funktioniert, werde ich/werden wir mein/unser Kind herausnehmen.
51,7: In einem Sonderkindergarten werden behinderte Kinder besser gefördert.

Diagramm 10/Frage 51:
Erfahrungen mit und Meinungen über Integrationsmaßnahmen
(Angaben in %)

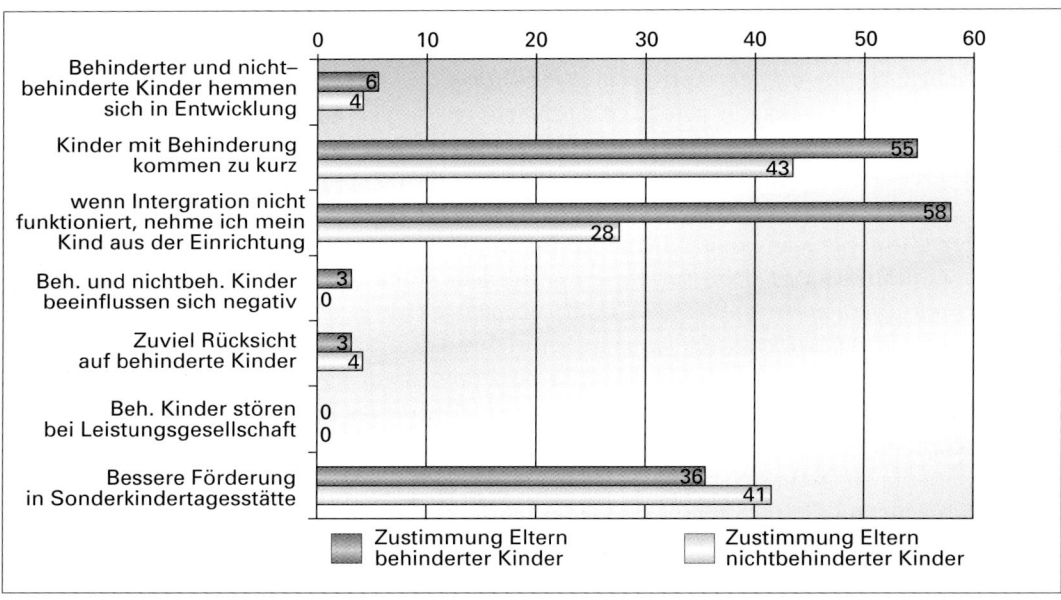

a) Item 51,2: „Kinder mit Behinderung kommen zu kurz."
Dieser Aussage wird am wenigsten von Eltern behinderter Kinder widersprochen. Sie steht aber im Widerspruch zu den Antworten auf die Frage 44,1. Dort haben 79 % der Eltern behinderter Kinder geantwortet, ihr Kind erhalte genügend Beachtung.

Aus den vorliegenden Daten ist nicht zu klären, ob Eltern die Befürchtungen, dass Kinder zu kurz kommen könnten, auf die konkret erlebte Integrationsmaßnahme beziehen und ob sie damit äußern wollen, dass durch Einzelintegrationsmaßnahmen die Benachteiligungen behinderter Kinder nur ungenügend kompensiert werden können.

Auffällig ist, dass Eltern auf konkrete Fragen zum eigenen Kind und zu seinem Erleben von Integration eher positiv antworten.[60] Wenn die Fragen allgemeiner formuliert sind, äußern sich Eltern kritischer. Vielleicht sind wir mit dieser Erkenntnis nur dem auf der Spur, was im Sprichwort „Das Hemd ist mir näher als der Rock" gemeint ist. Aber vielleicht verstecken sich dahinter auch Gefühle, die Kritik nur schwer zulassen, zum Beispiel Dankbarkeit dafür, dass das eigene Kind Integration erlebt oder Selbstzweifel nach einer bereits getroffenen Entscheidung verbunden mit der Frage, ob das denn für das eigene Kind wirklich alles so gut sei mit der Integration.

b) „Wenn Integration nicht funktioniert, nehme ich mein Kind raus."
Zustimmung zu diesem Item macht deutlich, dass es wesentlich auch um „Schutz des eigenen Kindes" geht – um eine Hintertüre, die man sich offen lässt. Immerhin 41 % aller Eltern, die auf die Frage mit „stimmt", „stimmt teilweise" oder „stimmt nicht" geantwortet haben, wären bereit, das Kind aus der Einrichtung/Gruppe zu nehmen, wenn die Einzelintegrationsmaßnahme in ihren Augen nicht funktionieren würde. Es sind jedoch „nur" 28 % der Eltern nichtbehinderter Kinder und demgegenüber 55 % Eltern mit behinderten Kindern, die sozusagen auf der „Hab-Acht-Position" sind und „bereit zum Gehen" überprüfen, ob es ihrem Kind gut geht und ob „ihre" Integration gut verläuft.

Mehr als die Hälfte der Eltern von behinderten Kindern würde ihr Kind aus der Einrichtung nehmen, wenn die Integration nicht klappt.

Die Antworten auf die Fragen im Fragebogen sagen nichts darüber aus, was über die Hälfte der Eltern von Kindern mit Behinderung mit „nicht funktionierender Integration" verbindet.[61] Integration und Separation sind Kopfsache und unterliegen jeweils dem persönlichen Ermessen der Beurteiler.[62] Genauso wenig wissen wir, was Eltern letztlich dazu bewegen würde, ihr Kind aus der Einrichtung zu nehmen.

[60] Vgl. Antworten zur Frage 44: Sind Sie aus folgenden Gründen zufrieden / unzufrieden mit der Einrichtung Ihres Kindes?
[61] Vgl. Anhang 4: Kommentare H53, H122 (s. Internet www.kallmeyer.de)
[62] Kobelt Neuhaus; Spiess 1998, 15 ff.

Sind Eltern von Kindern mit Behinderung einfach besorgter um das Wohlergehen ihres Kindes? Oder fühlen sie sich quasi als „nur Geduldete", als jene, die eigentlich dankbar sein müssten, dass sie überhaupt ihr Kind in die Einrichtung geben dürfen und glauben sie daher, dass sie zu gehen hätten, würde die Maßnahme nicht klappen?

Einschränkend ist hier zu bemerken, dass Eltern trotz aller Bereitschaft, ihr Kind aus einer in ihren Augen missglückten Integrationsmaßnahme herauszunehmen, ganz realistisch sind. Berufstätige Mütter geben zu 68 % an, dass sie ihr Kind *nicht* aus der Einrichtung nehmen würden, selbst wenn sie das Gefühl hätten, die Integrationsmaßnahme funktioniere nicht. Demgegenüber sind Mütter mit mehreren Kindern – und davon noch jüngere – eher bereit, Kinder aus der Kindertageseinrichtung zu nehmen.[63]

Diagramm 11/Frage 51:
Unterschiedliche Zustimmung je nach familiärer Situation
(Angaben in %)

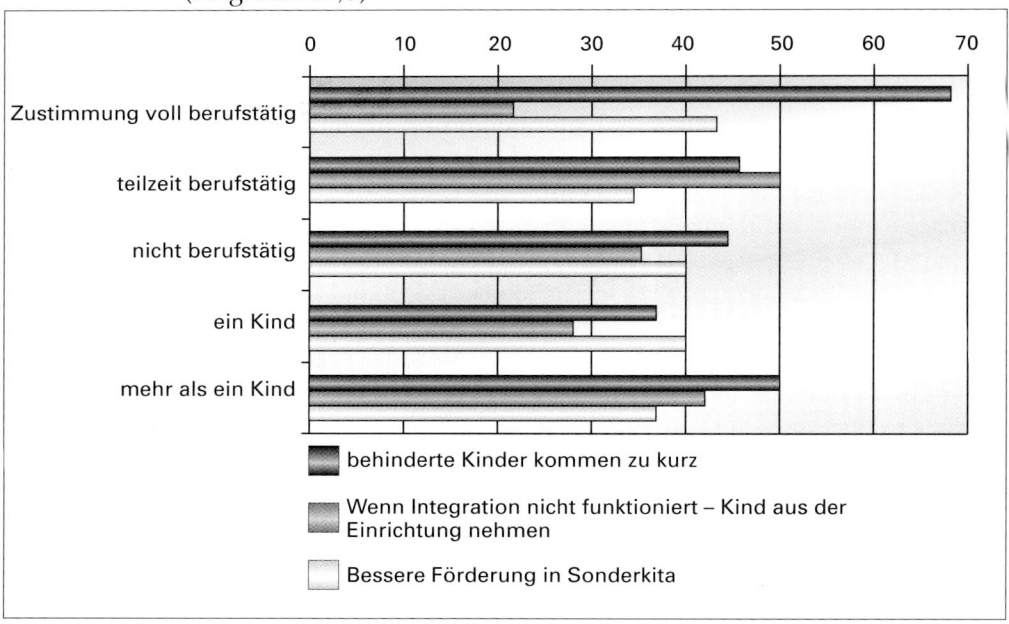

[63] Vgl. Anhang 3, Kreuzvergleich 51/14/17

c) „Kinder mit Behinderung werden in einer Sonderkindertagesstätte besser gefördert."
Angesichts der Tatsache, dass wir Eltern befragten, die ihr Kind in einer Einrichtung mit Einzelintegration untergebracht haben, ist es ein erstaunlich hoher Prozentsatz, wenn 39 % der Eltern vermuten, Kinder mit Behinderung würden in einer Sonderkindertagesstätte besser gefördert.

Im Befragungsgebiet in Südhessen gab es zum Zeitpunkt der Befragung nur eine Sonderkindertagesstätte. Eltern aus Südhessen hatten zwar die Wahl zwischen integrativen Einrichtungen und wohnortnaher Einzelintegration, aber nur begrenzt eine Wahlmöglichkeit für eine Sonderkindertagesstätte. Das bedeutet, dass auch Eltern von schwer behinderten Kindern, bei denen wir am ehesten das Bedürfnis nach großer Unterstützung erwarten, ihr Kind auf Integrationsplätze in Regelkindertagesstätten anmelden. Aus Südhessen stimmen 39 % der antwortenden Eltern zu, dass Kinder mit Behinderung in einer Sonderkindertagesstätte besser gefördert würden.

Diagramm 11/Frage 51:
Wenn Sie sich die Erfahrungen Ihres Kindes betrachten, wie würden Sie Ihre Meinung bezüglich der Integration zusammenfassen?
(Angaben in %)

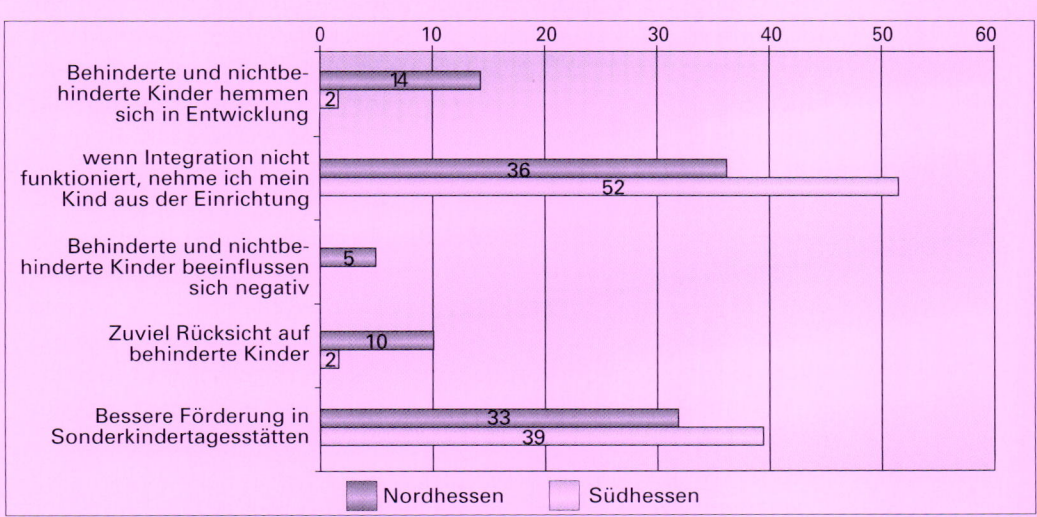

In Nordhessen war die Möglichkeit, Kinder mit Behinderung in Sondergruppen oder nicht wohnortnahen integrativen Gruppen unterzubringen ungleich günstiger. Davon machen vor allem Eltern von Kindern mit schweren Behinderungen Gebrauch. Aus den Einrichtungen in Nordhessen haben wir *nur einen* Fragebogen von Eltern eines schwer behinderten Kindes zurückbekommen. Wenn die Meinung, Kinder würden in Sonderkindergärten besser gefördert, mit der Schwere der Behinderung von Kindern zusammenhängt, ist es nicht erstaunlich, dass in Nordhessen weniger Zustimmung zu erfassen ist.

Von den Eltern, die eine Sonderkindertagesstätte als institutionelle Variante zur besseren Förderung behinderter Kinder in Betracht ziehen[64], sind immerhin 36 % Eltern behinderter Kinder. Im Zusammenhang mit der Kritik an fachlichen, personalen und auch sächlichen Rahmenbedingungen von Einzelintegrationsmaßnahmen glauben wir nicht, dass die Zustimmung zu Sonderkindertageseinrichtungen nur zufällig ist oder nur als mögliche Lösung für andere Kinder und Eltern gesehen wird. Es ist im Gegenteil sogar zu vermuten, dass Eltern auch ihre eigenen Kinder gemeint haben, wenn sie sagen, Kinder könnten in einer Sonderkindertagesstätte besser gefördert werden.

Einzelintegration muss qualitativ besser werden, um vermutete Defizite gegenüber Sondereinrichtungen auszugleichen.

Als Schlussfolgerung könnte man nun sagen, Sonderkindertagesstätten müssten dringend erhalten werden. Genauso gut können wir aber fordern, dass die Qualität, die Sonderkindertagesstätten in den Augen von Eltern haben, gerettet werden müsste und in die Einrichtungen mit Integrationsmaßnahmen transferiert werden müsste. Dann hätten wir einerseits die „Normalisierung" und andererseits die Qualität.

Sonderkindertagesstätten werden für Eltern behinderter Kinder noch so lange Bedeutung haben, bis Einzelintegrationsmaßnahmen flächendeckend als qualitativ gut genug eingestuft werden können, um alle Kinder angemessen zu erziehen, zu betreuen und zu bilden.[65] Für die Eltern nichtbehinderter Kinder werden Sonderkindertagesstätten ihre Bedeutung verlieren, wenn sie zunehmend und qualifiziert begleitet mit behinderten Kindern und ihren Eltern in Kontakt kommen.

[64] Vgl. Anhang 4: Kommentare H158, G52, G113, G122 (s. Internet www.kallmeyer.de)
[65] Vgl. Anhang 4: Kommentar H158 (s. Internet www.kallmeyer.de)

Meinungen zur „gelungenen Integration"

Die persönliche Meinung zur gelungenen Integration lässt sich nicht durch standardisierte Fragen, die nur mit ja oder nein zu beantworten sind, einfangen. Die ursprünglich zu diesem Zweck entwickelte Frage 52 war zusammengesetzt aus positiv gestalteten Items, die geradezu verführten, im Sinne sozialer Erwünschtheit zu antworten.[66]
Nur die Selbstverständlichkeit, mit der in Einrichtungen bestimmte Dinge „nicht gehen", wenn behinderte Kinder anwesend sind (Item 52,2), wurde unterschiedlich bewertet.[67] Man kann sich tatsächlich darüber streiten, ob das „nicht gehen von Dingen" als Kriterium für gelungene Integration überhaupt in Betracht gezogen werden kann. Eigentlich ist es nicht erstaunlich, wenn es Eltern behinderter Kinder nicht so gut finden, dass wegen ihres Kindes „Dinge nicht gehen". Aber auch die Eltern nichtbehinderter Kinder zeigen mit ihrer Antworthäufigkeit, dass sie den Anspruch haben, dass möglichst viel geht.

Diagramm 13/Frage 52[68]:
Wann ist Ihrer Meinung nach Integration gelungen?

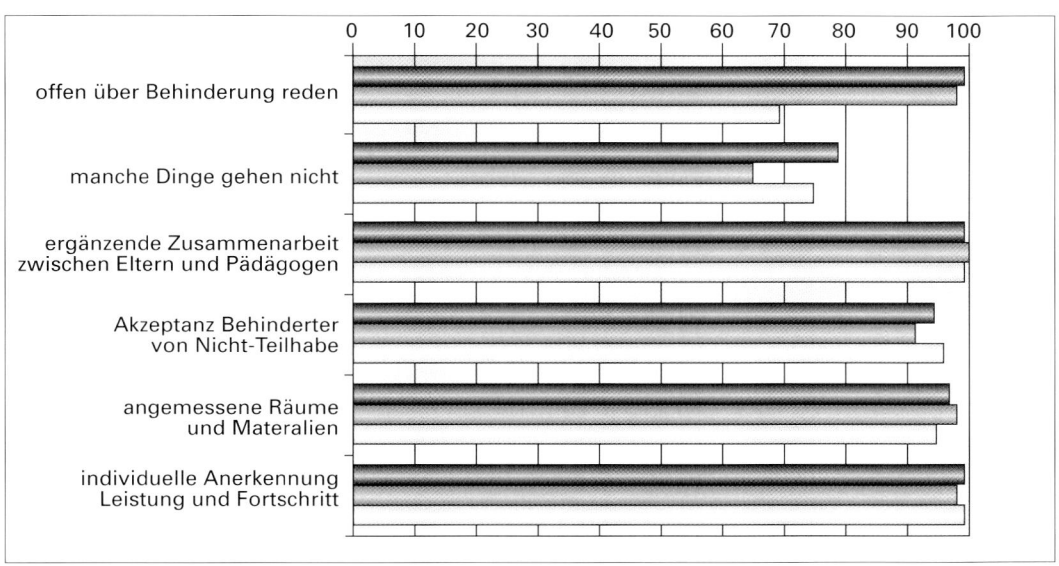

[66] Vgl. Anhang 4: Kommentar H72
[67] Integration ist gelungen, wenn selbstverständlich ist, dass in der Einrichtung manchmal Dinge nicht gehen, weil behinderte Kinder da sind.
[68] Vgl. Anhang 2, Frage 52 und Anhang 3, Grundauszählung Frage 52

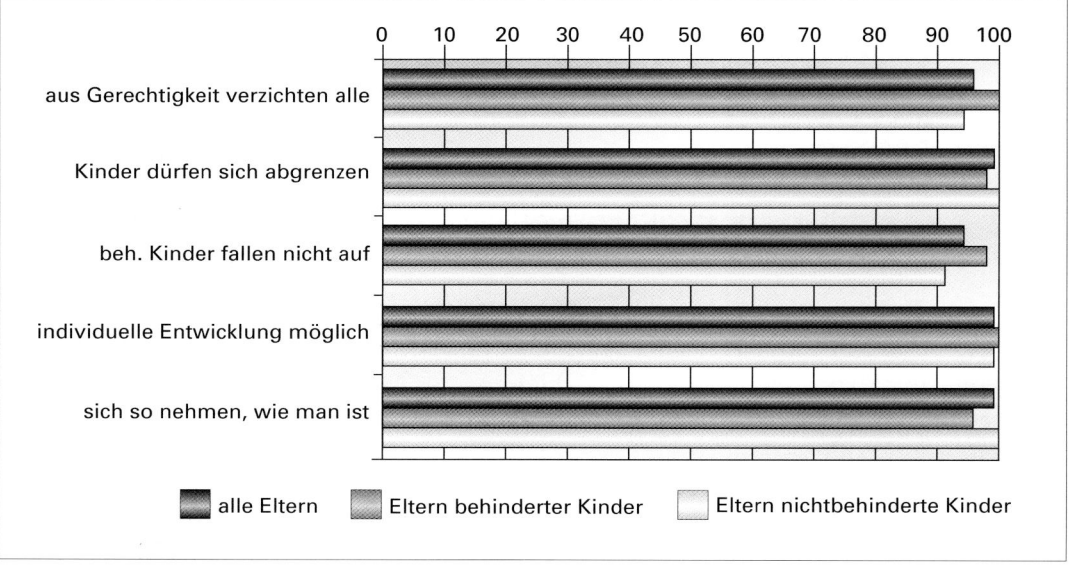

Auseinandersetzung mit gesellschaftlichen Meinungen

Die letzte Frage des Fragebogens konfrontierte die Eltern mit gesellschaftlichen Vorurteilen bzw. landläufigen Ansichten.

Item 53,1 bezieht sich auf das Antidiskriminierungsgebot[69] und enthält die Forderung, aufgrund dieses Gebots sollten alle Einrichtungen zur Aufnahme von behinderten Kindern verpflichtet werden. Nur die Hälfte der Befragten konnte dem zustimmen. Im Kommentarbogen gab es dazu zahlreiche Anmerkungen[70], die den Schluss nahe legen, dass die Stichhaltigkeit dieser These aus verschiedenen Gründen bezweifelt wird (siehe rechts).

Einerseits bestehen bei einigen Befragten generell Vorbehalte gegenüber Verpflichtungen, andererseits gibt es auch Misstrauen, dass jede Einrichtung imstande wäre, Kinder mit Behinderung angemessen zu betreuen.[71]

Eltern von behinderten Kindern sind häufiger der Meinung, dass Einrichtungen verpflichtet werden sollten, behinderte Kinder aufzuneh-

[69] Vgl. Anhang 2, Frage 53 und Anhang 3, Grundauszählung Frage 53
[70] Vgl. Anhang 4 (s. Internet www.kallmeyer.de)
[71] Vgl. Anhang 4: Kommentare H8, G42, G76, G103

men. Wenn man bedenkt, dass sie diejenigen sind, die bei der Wahl einer Kindertageseinrichtung öfter abgewiesen werden, erscheint diese Reaktion verständlich.

Erziehungsberechtigte von Kindern mit Behinderung begrüßen eine Verpflichtung zur Integration.

Diagramm 14/Frage 53:
Sie als Eltern haben Ihre Erfahrungen mit Integration. Geben Sie bitte an, wie Sie zu folgenden Aussagen stehen:
(Angaben in %)

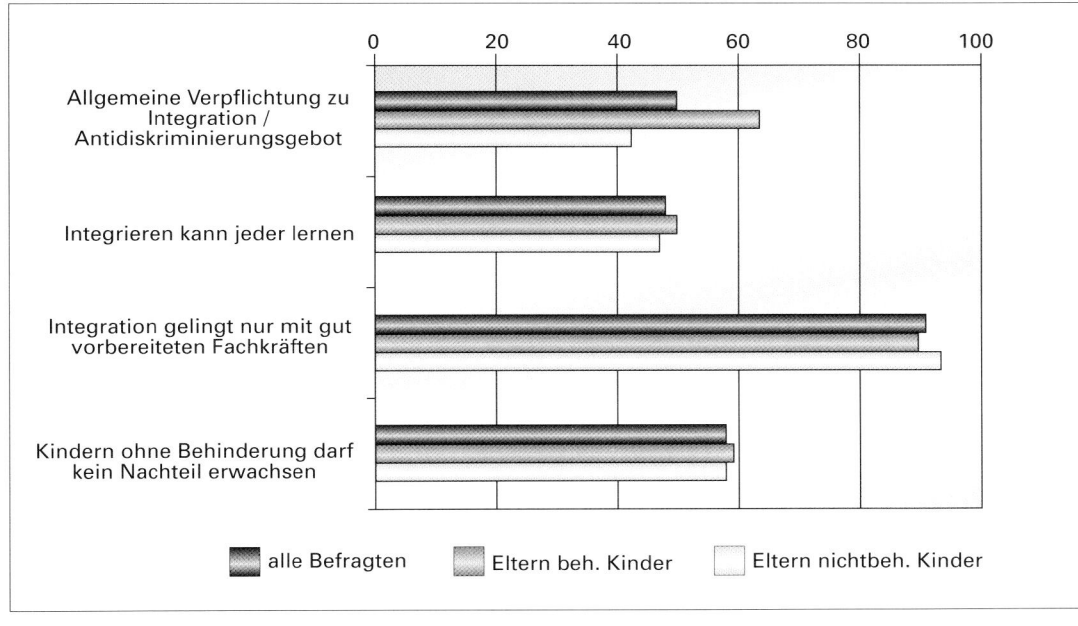

Bezogen auf die Fragen 53,2 und 53,3 sind die Befragten der Ansicht, Fachkräfte müssten für die Arbeit mit Integration besonders vorbereitet sein. Anderseits meint die Hälfte der Befragten, dass jeder integrieren könne, der nur wolle. Dieser scheinbare Widerspruch muss nicht unbedingt einer sein. Vielleicht sind die Eltern ja der Ansicht, dass „wo ein Wille, auch ein Weg" ist und dass man dann, wenn man will, halt noch lernen muss.

Fachkräfte brauchen besondere Vorbereitung zur Integration.

Dass nichtbehinderten Kindern durch Integration auch kein Nachteil erwachsen soll, davon gehen immerhin knapp 60 % der Befragten aus.

2.3.3. Exemplarische Ergebnisse zu Hypothese 3: Differenzierung verschiedener Elterntypen

Die Hypothese
Biografische, demografische *und geografische Lebenszusammenhänge von Eltern behinderter und nichtbehinderter Kinder haben Auswirkungen auf die Zufriedenheit mit Integrationsmaßnahmen.*

Ergebnisse und Diskussion
Wir haben eine gut durchmischte, wenn auch keineswegs repräsentative Gruppe von Eltern befragen können[72], auch wenn
– wir auf MultiplikatorInnen angewiesen waren
– der Fragebogen ein Instrument ist, das insbesondere von fremdsprachigen Personen nicht ohne Unterstützung (und dadurch Beeinflussung) genutzt wird.

Wie wir a. a. O. mehrmals dargestellt haben, gibt es in Hessen ein Nord-Süd-Gefälle in der Erfahrung mit Einzelintegration. Solche Unterschiede sind uns auch bekannt aus Baden-Württemberg, Nordrhein-Westfalen und Bayern. Die unterschiedliche Angebotsstruktur und verschieden lange und intensive Erfahrung mit flächendeckender Integration von einzelnen Kindern wirkt sich natürlich auf die Einschätzung solcher Maßnahmen aus.

Exemplarisch für fast flächendeckend erschlossene Gebiete zeigen Eltern im Süden Hessens auf Grund ihrer Erfahrungen etwas mehr Interesse an der gemeinsamen Erziehung, mehr persönliches Engagement, mehr Zufriedenheit, weniger Bedürfnis nach Problembewältigung.

Auch in Nordhessen sind die Eltern in Einzelintegrationsmaßnahmen mehrheitlich zufrieden. Allerdings werden dort im Rahmen von Einzelintegrationsmaßnahmen mehr leicht bis mittelschwer beeinträchtigte Kinder betreut, während in Südhessen etwa ein Sechstel der behinderten Kinder in Einzelintegrationsmaßnahmen als schwer behindert eingestuft wird.
Dieses Ergebnis steht sicher im Zusammenhang mit der Streubreite von Einrichtungen mit Einzelintegrationsmaßnahmen, die mit der Anzahl abnimmt, je weiter nördlich sie liegen und je ländlicher der Raum ist.

[72] Vgl. Anhang 3: Statistischer Überblick (s. Internet www.kallmeyer.de)

An vielen Orten – vor allem in dörflichen Agglomerationen *(siehe Glossar)* mit oft nur einer Einrichtung für ein ganzes Gebiet – ist die erforderliche Reduktion der Gruppenstärken bei der Aufnahme von Kindern mit Behinderung schwer zu realisieren. Viele Kinder fahren ohnehin mit dem Bus und da fällt es auch nicht auf, wenn ein Kind mit Behinderung ebenfalls gefahren wird.

Die unterschiedliche Bereitschaft, Kinder unbesehen von Art und Schwere der Behinderung in Regeleinrichtungen zu betreuen, steht auch im Zusammenhang mit der Häufigkeit von Empfehlungen von Fachleuten, die die Kinder schon vor dem Kindergarten betreut haben.[73] Wo Beratungsstellen eng mit integrativen und heilpädagogischen Gruppen zusammenarbeiten ist es nahe liegend, dass die betreuten Eltern und Kinder an diese Einrichtungen verwiesen werden. Da Eltern sehr auf Empfehlung von Fachleuten hören, wird ein großer Teil der Kinder lieber in entferntere, aber gemäß der Empfehlung „gute", Einrichtungen gefahren als bei der nächsten Einrichtung anzufragen.

Für berufstätige Frauen ist flächendeckende wohnortnahe Einzelintegration dann ein Vorteil, wenn für das Kind ihren Bedürfnissen entsprechend adäquate Betreuungszeiten und kompetentes Personal in der nächstliegenden Einrichtung vorhanden sind. Dies gilt für alle Eltern, auch für Eltern mit behinderten Kindern.

Unterschiedliche Einstellungen gegenüber Integrationsmaßnahmen, die mit biografischen Aspekten der Befragten zusammenhängen könnten, waren nicht signifikant. Wenn Erziehungsberechtigte unterschiedliche Aussagen machten, taten sie dies kaum auf Grund ihres Lebensalters, ihrer Herkunft, ihrer Berufstätigkeit oder ihres Einkommensstatus.

Die positive Beurteilung von Einzelintegrationsmaßnahmen hängt aber deutlich zusammen mit der Dauer der gemachten persönlichen Erfahrungen: je länger die eigenen Kinder in der Kindertageseinrichtung sind, desto positiver äußern sich die Erziehungsberechtigten zur gemeinsamen Erziehung und desto mehr befürchten sie, dass die „Normalität" mit dem Schuleintritt unterbrochen werden könnte.

Eltern befürchten Abbruch der Integration bei Schuleintritt.

[73] Vgl. Anhang 3, Grundauszählung Frage 26 (s. Internet www.kallmeyer.de)

2.4. Diskussion der Ergebnisse aus der schriftlichen Erhebung

Insgesamt spricht sich die überwältigende Mehrheit aller Eltern für die gemeinsame Erziehung in Kindertagesstätten aus. Wenn es sich ums eigene Kind dreht, sind auch Eltern von Kindern mit gravierenderen Beeinträchtigungen der Auffassung, dass es ihrem Kind gut geht. Sie haben dafür gesorgt, dass es ihrem Kind gut gehen wird, indem sie eine entsprechende Einrichtung gewählt haben. Allerdings glauben sie, dass andere (schwerer) behinderte Kinder zu kurz kommen.

Eltern behinderter Kinder wollen, dass ihr Kind keine Sonderrolle einnimmt und lehnen mehrheitlich Sondereinrichtungen ab. Hingegen sprechen sie sich öfter für die generelle Verpflichtung aller Einrichtungen aus, Kinder mit Behinderung aufnehmen zu müssen.

Eltern nichtbehinderter Kinder wollen, dass ihre Kinder auch behinderte Kinder kennen lernen. Die Kindertagesstätte mit gemeinsamer Erziehung ist gut, um im Alltag die Erfahrung zu machen, dass Menschen, die auf den ersten Blick „anders" sind, dazu gehören.

Eltern zeigen auf breiter Front eine große Zufriedenheit mit Einzelintegration. Übereinstimmend heben sie die gute Entwicklung ihres Kindes hervor. Insgesamt beurteilen sie das eigene Kind weder als unter- noch als überfordert, glauben jedoch, dass andere Kinder sich durchaus schwer tun könnten.
Als verbesserungswürdig sehen sie den Kontakt unter Kindern, den zu und unter Eltern sowie die Kooperation mit und unter Fachkräften. Letztere sollten sich nach Meinung vieler Eltern intensiver mit der gemeinsamen Erziehung auseinander setzen und im pädagogischen Konzept sichern, dass alle Kinder sich gemessen an ihren Bedürfnissen und an ihren Fähigkeiten und Fertigkeiten individuell entfalten und entwickeln können. Dafür brauchen nach Ansicht der Eltern die pädagogischen Fachkräfte nicht nur mehr Wissen, sondern auch gute räumliche und sachliche Bedingungen.
Die hohe Zufriedenheit mit Einzelintegrationsmaßnahmen muss allerdings nicht heißen, dass es ab sofort nur noch Einzelintegration geben muss. Eltern akzeptieren auch mehr als ein bis zwei Kinder mit Behinderung in einer Gruppe, wenn die entsprechenden Rahmenbe-

dingungen gewährleistet scheinen und wenn ihre Anliegen ernst genommen werden.[74]

Im *Kommentarbogen* zum Fragebogen, der ursprünglich als Evaluationselement gedacht war, machen die Eltern darauf aufmerksam, dass sie bisher kaum gefragt wurden. Die standardisierten Fragen reichten bei weitem nicht aus, um den je subjektiven Integrationsweg zu beschreiben oder über die eigene Befindlichkeit und die des Kindes zu erzählen. Der Frust über die Unzulänglichkeit des Instrumentes führte oft zu ganz langen Kommentaren. Erziehungsberechtigte erläuterten, was sie zu manchen Antworten auf unsere Fragen bewegt hatte oder fügten bei, was wir sie hätten fragen sollen. Gleichzeitig waren manche skeptisch und zweifelten daran, dass ihre Äußerungen nun irgendetwas verändern könnten.[75] Die Kommentare der Eltern waren ein beredtes Zeichen dafür, dass Eltern viel zu wenig gefragt werden und auf ihre Bedürfnisse bisher nicht adäquat Rücksicht genommen wurde.

Eltern kritisieren, dass sie bisher kaum befragt werden.

In jedem Fall wurde noch einmal deutlich, was die empirische Forschung längst weiß: Nur wenn wir die Sicht des Subjekts in den Vordergrund stellen[76] treffen wir auf jene Alltagstheorien und Konstruktionen von Wirklichkeit, mit denen die Menschen sich ihre Welt, bzw. den jeweils befragten Gegenstandsbereich, zu erklären suchen. Rein quantitative Erhebungen müssen demgegenüber mit der Art ihrer pauschalierenden und vom Einzelfall abstrahierenden Verfahrensweise die subjektive Zuschreibung von Wirklichkeit eher ausblenden.

Rein quantitative Erhebungen blenden die subjektive Interpretation von Wirklichkeit aus.

Allein die Unmöglichkeit, differenziert oder abweichend von der vorformulierten Fragestellung ein Thema zu behandeln, erzwingt zwangsläufig, an der Oberfläche des Erlebens und Handelns der beforschten Subjekte zu verweilen. Insbesondere latente Strukturen, subjektive und auch unbewusste Sinnbeimischungen bleiben uns auf diesem Wege verschlossen. Dieses Manko machte im Sinne unseres formulierten Vorhabens die Rückkehr zum Mündlichen, zum Einzelfall und zum Lokalen nötig.

---

[74] Vgl. Anhang 3, Grundauszählung Fragen 31 und 32 (s. Internet www.kallmeyer.de)
[75] Vgl. Anhang 4
[76] Flick 1995, 24 ff.

Manfred Gerspach

3. Qualitative Erhebung

3.1. Zum Aufbau des qualitativen Untersuchungsteils

Die qualitativen Verfahren gehen von der Notwendigkeit der Interpretation der Wirklichkeit aus. Sie wollen verstehen, was Menschen im Einzelnen denken und bewegt. Empfindungen, Haltungen, ethische Werte, schließlich die ganz subjektive Vorstellung und Bearbeitung von Welt lassen sich wohl anders nicht begreifen als auf dem Wege einer *hermeneutischen* Annäherung. Dies heißt, sich an der Methode des Verstehens, Nacherlebens sowie der Deutung von Sinnganzheiten der Lebenswirklichkeit zu orientieren.

3.1.1. Methodologische Überlegungen zur qualitativen Forschungsmethode unseres Projektes

Die Art der Fragestellung und insbesondere die diesbezügliche Themenwahl lassen einen qualitativen Zugang zum subjektiven Erfahrungshintergrund geradezu zwingend erscheinen. Um darzulegen, was es damit auf sich hat, erscheint es sinnvoll und notwendig, zunächst nun unser theoretisches Grundverständnis zu skizzieren, mit dem wir der Aufgabenstellung zu Leibe gerückt sind.

Die Behinderung des eigenen Kindes und ihre Bedeutung für Erleben und Bewältigung stellt einen höchst komplexen und gefühlsmäßig mit sehr viel Ambivalenzen aufgefüllten Prozesszusammenhang dar.[1] Dieser Zusammenhang lässt sich nur mit Hilfe einer möglichst offenen Form der Befragung annähernd ‚werkgetreu' verstehen. Erst nachdem dieser Schritt getan ist, können die nötigen Konsequenzen für die pädagogische Alltagspraxis in der Kindertagesstätte gezogen werden.

Mit der quantitativen Erhebung ließ sich die Komplexität dieser persönlichen Horizonte nur begrenzt ausloten. Zwar erhielten wir auf die zentrale Frage, was Eltern an Unterstützung für sich und ihre Kin-

---

[1] Vgl. u. a. Hackenberg 1992, Jonas 1991, Mattner; Gerspach 1997, Schuchhardt 1996, Wöhrlin 1997

der wirklich brauchen, mittels der standardisierten Vorgaben genügend Anhaltspunkte und in vielen Punkten übereinstimmendes Material. Aber eine differenzierte Betrachtung der ‚Einzelschicksale' – die sich dann unter der handlungsleitenden Überlegung zur praktischen Umsetzung vor Ort ebenfalls wieder aufsummieren ließen – konnte so nicht hinreichend gelingen. Vor dem Hintergrund unserer Aufgabenstellung war es deshalb unumgänglich, mit einem qualitativen Instrumentarium zu operieren, um das lebensgeschichtlich, geografisch, politisch usf. *Besondere* angemessen auszuleuchten. Allein auf diesem Wege konnten wir versuchen, den eigentlichen Problemstellungen der Eltern nahe zu kommen, die womöglich aus ihren „(Selbst)-Verständigungsmöglichkeiten (…) ‚exkommuniziert'"[2] waren. Das heißt, wir mussten davon ausgehen, dass sich Eltern nicht immer im Klaren darüber waren, was ihre Schwierigkeiten beim Umgang mit der Behinderung des eigenen oder eines fremden Kindes waren, einfach deshalb, weil sie bislang nicht genügend darüber nachgedacht hatten.[3] Für die Interviews bedeutete dies, ein besonderes Augenmerk auf bestimmte Äußerungen oder Andeutungen sowie Auslassungen an manchen Stellen, bzw. den Kontext des Gesprächsverlaufs insgesamt zu richten. Auf diese Weise sollte es gelingen, die *„privatsprachliche" Bedeutung* der Mitteilungen der Eltern zu erfassen und zu rekonstruieren. Ist ein bestimmtes Lebensthema mit widersprüchlichen und belastenden Affekten und Fantasien aufgeladen, ergibt sich nicht selten ein Spannungsverhältnis zwischen dem manifest Geäußerten und dem latent Gemeinten. Dem Geäußerten kommt dann potentiell Abwehrcharakter zu, den es im Kontext der gesamten Interviewsituation zu entschlüsseln gilt. Die Kunst des Interviewers ist es, sich nicht mit dem Vordergründigen abspeisen zu lassen und so behutsam vorzugehen, dass die wahre Gestalt des Gemeinten sichtbar wird.

> Nicht immer erkennen Eltern, was ihre Schwierigkeiten mit einem behinderten Kind ausmachen.

> Hinter dem Vordergründigen die Abwehr erkennen.

Hier stellt sich auch und vor allem die wichtige Frage: Welcher emotionale Ort wird der Person des Interviewers zugewiesen? Diese Zuweisung erfolgt oft, ohne dass sie den beiden am Befragungsprozess Beteiligten sogleich gegenwärtig wäre – es handelt sich meist um ei-

---

[2] Buchholz 1993, 62

[3] In der Tat erhielten wir schon bei der schriftlichen Befragung eine Reihe von Kommentaren, die uns Hinweise darauf gaben, dass Eltern durch eine Reihe von Fragen dieser Untersuchung ins Nachdenken gekommen waren.

nen *unbewussten* Vorgang. So konnten wir beobachten, wie die Eltern die Gesprächssituation als eine Möglichkeit ansahen, sich endlich einmal angehört zu fühlen. Dementsprechend große Hoffnungen verknüpften sie mit der Untersuchung – sie möchten, dass ihre Auffassungen und Erwartungen in Praxis umgesetzt werden. Damit wird auch deutlich: Die interviewende Person wird unter der Hand zum Hoffnungsträger.

Umgekehrt kommt dem Umgang mit dem Geäußerten häufig nicht weniger Abwehrcharakter zu – weil es Angst macht, wie Hofmann (1998) in Anlehnung an Devereux als generelles Problem der empirischen Forschung aufzeigt: Die Beschäftigung „mit angsterregenden Phänomenen – von Versagenssituationen bis hin zu *schwerer Behinderung* (Hervorhebung des Autors)" verlangt, wenn sie unbenannt bleibt, nach einer ‚Entgiftung'. Affektive Inhalte und persönliche Relevanz des „angsterregenden Materials" werden geleugnet oder gehen als nicht relevante Daten ‚vergessen'.

In der Befragung kann Angst zur Verdrängung und Ausblendung führen.

Besonders, wenn die InterviewerInnen selbst noch über wenig Interview-Praxis verfügen bzw. noch keine reflektierte Erfahrung im Umgang mit dem Thema Behinderung sammeln konnten, laufen sie Gefahr, die eigenen aufkommenden Fantasien und Ängste dazu durch Versachlichung in der Gesprächsführung oder auch anschließenden Auswertung zu neutralisieren. Auf diese Weise kommt es leicht zu Verfälschungen und Ausblendungen. Allerdings sei erneut unterstrichen, dass allein ein qualitatives Verfahren diesem Verdrängungsmechanismus vorbeugen kann. Quantitative Methoden nehmen es erst gar nicht in den Blick, bzw. sind die erfolgreichste Art, das angsterregende Material auf dem Wege des statistischen Hochrechnens zu neutralisieren. In unserem Fall sind wir bei der Auswertung der quantitativen Daten auf eben jene Punkte – etwa das behinderungsspezifische Problem der Bewältigung, den Zweifel an der nötigen und richtigen Förderung in der Kindertagesstätte, die Angst vor gesellschaftlicher Ausgrenzung usf. – gestoßen, die es dann mit Hilfe von persönlichen Interviewsituationen genauer zu betrachten galt.[4]

---

[4] Wir werden am Beispiel der Auswertung zweier Interviews zeigen, wie es zu Ausblendungen und Umdeutungen kommen kann. Diese Erfahrung macht man bei der Begegnung mit Eltern in der Kindertagesstätte allemal. Vor allem Erzieherinnen sind dann gefordert, mit der nötigen Sensibilität und Beharrlichkeit das ‚gefährliche' Thema aufzugreifen. Die bedrängend vorgebrachte Frage „Wird mein Kind genügend gefördert?" kann interpretiert werden als

Im Interview kommt es darauf an, hinter die Dinge zu schauen. Wöhrlin (1997) hebt etwa hervor, dass Eltern behinderter Kinder ihre emotionale Belastung kognitiv unter Kontrolle zu bringen suchen. Sie versuchen auf diesem Wege, ihre seelische Erschütterung bemeistern zu lernen. Wenn diese Bewältigungsversuche noch eher zaghaft zu nennen sind, wird die Rationalität eher als emotionaler Schutzschild dienen, sie steht ganz im Zeichen innerpsychischer Abwehr.[5] Das, was Eltern also rational dominiert zu bestimmten Fragensequenzen äußern, ist womöglich mit einer Tiefenstruktur ausgestattet, die einer einfühlenden Interpretation bedarf. Weisen die InterviewerInnen allerdings aus eben genannten Gründen eine emotionale Barriere auf, die ihnen einen sensiblen Zugang verstellt, werden sie sich womöglich mit den Eltern auf eine Vermeidung heikler Punkte ‚einigen'.

Rationalität kann für innerpsychische Abwehr stehen.

Um einer zu rigiden Gesprächssituation entgegenzuwirken, die sich auf diese Weise ergeben könnte, kommt es in der Vorbereitung darauf an, Möglichkeiten zur Strukturierung des Interviews an die Hand zu geben, aber gleichzeitig zu genügend Flexibilität anzuhalten, den Gesprächsverlauf nicht über Gebühr zu zensieren. Hierfür wählten wir als Mittel die Erarbeitung eines Interviewleitfadens. Ein solcher Leitfaden muss möglichst vier Kriterien genügen:
1. der Interviewpartner soll nicht beeinflusst werden,
2. seine eigene Sicht der Situation ist zu garantieren,
3. die Erfassung des breiten Spektrums der verwendeten Bedeutungen ist zu gewährleisten,
4. Tiefgründigkeit und personaler Bezugsrahmen sind angemessen zu berücksichtigen.

Darüber hinaus sei der je einmalige Verlauf eines Interviews betont und dass es folglich „keine eindeutige Festlegung des ‚richtigen' Interviewerverhaltens" geben kann.[6]

Angst vor Auffälligkeit im Vergleich mit Alterskameraden. Es wäre falsch, wollte man jetzt entweder Eltern beschwichtigen oder das Kind mit übermäßigen Fördermaßnahmen traktieren. Die spräche nur für jenen Versuch, selbst vor der angsterregenden Mitteilung zu flüchten. Viel eher kommt es darauf an, das eigentliche Thema zur Sprache zu bringen. Wenn die Erzieherin davor nicht flüchten muss, erleben Eltern eine psychische Entlastung, sich ebenfalls damit konfrontieren zu können.

[5] Diese Phase der inneren Auseinandersetzung mit der Behinderung des eigenen Kindes ist sehr wichtig. Wir sollten uns hüten, von normativen Vorstellungen auszugehen, was als gelungene Bewältigung zu verstehen sei. Abwehr und Bewältigung stehen immer in einem gedeihlichen Wechselverhältnis (vgl. Hackenberg 1992).

[6] Flick 1995, 95 ff.

Offen in ein Gespräch hinein gehen,

Das meint, möglichst ohne vorgegebene Fragestellung in ein Gespräch hineinzugehen. Denn die Gefahr besteht immer, dass wir nur auf Bestätigungen unserer eigenen Vorüberlegungen lauern, damit dem Gespräch insgeheim eine bestimmte Wendung geben und wichtige Mitteilungen, die nicht in unser Gedankenschema passen, geflissentlich zu überhören. Diese Methode verlangt natürlich nach einer gewissen Erfahrung. Es ist aber schon viel geholfen, wenn man um die eigene Problematik weiß, wie leicht man dem Interviewpartner eine eigene Sicht der Dinge aufzwängt.

um nicht eigene Vorüberlegungen bestätigen zu wollen.

Der Interviewer sollte also möglichst unbefangen auftreten. Der Befragte ist wie ein Geheimnis, das wir enträtseln wollen. Und wir müssen wissen, dass ihm womöglich selbst die Tragweite des anstehenden Themas (hier im Grunde: Integration und Haltung gegenüber Behinderung) nicht gegenwärtig ist. Vielleicht haben wir also ein doppeltes Geheimnis vor uns.

Das, was Eltern bezüglich ihrer Wünsche und Absichten hinsichtlich der Qualität von integrativer Kindertagesstättenpädagogik äußern, muss folglich entlang einer je subjektiven *inneren* Systematik dechiffriert werden, bevor wir auf mögliche objektivierbare Querverbindungen zu anderen Interviewpartnern rückschließen können, wollen wir nicht die diesbezüglich aufschlussreichen „sweet little nothings"[7] *(siehe Glossar)* verschenken und unzulässig vergröbern.

Es wäre anzuraten, anstelle vorgängiger Systematisierungen aus der Forscherperspektive auf das Prinzip der gleichschwebenden Aufmerksamkeit zurückzugreifen, wie es die Psychoanalyse als methodische Grundhaltung des Psychoanalytikers gegenüber allen Äußerungen, auch den scheinbar völlig belanglosen, seines Analysanden verlangt. Erst auf diesem Wege lassen sich bezüglich der Perspektive der Beforschten der latente Sinn bzw. die subjektive Bedeutung hinter den manifesten Äußerungen verstehen. Anstatt sich mit ‚Oberflächenphänomenen' aufzuhalten, verlangen Leuzinger-Bohleber, Garlichs danach, Tiefenstrukturen zu erkennen, d. h. „hinter manifesten Phänomenen latente Sinnstrukturen und Bedeutungszusammenhänge" aufzuspüren.[8]

---

[7] Wolff 1994, 53
[8] Leuzinger-Bohleber; Garlichs 1997, 172

Überdies verweist Wolff[9] auf die Kontextabhängigkeit des Sinns: Worte, Gesten und Verhaltensweisen können in verschiedenen Situationen ganz Unterschiedliches bedeuten. Wo mehr als am Begriff der Behinderung und der ‚Stufe' ihrer Bewältigung könnte das deutlich werden?[10] Wenn man einen betroffenen Menschen nicht gut kennt, ist es doch eigentlich unmöglich, von außen zu beurteilen, wie ‚weit' er mit der Bewältigung dieses Lebensthemas für sich oder sein Kind gekommen ist. Solchen Begriffen ist nichts ‚Natürliches' zu eigen[11], sie stehen auf verschiedenen Stufen von Entwicklung für Verschiedenes. Deshalb sei an dieser Stelle mit Horkheimer und Adorno (1969) eindringlich gewarnt: „Klassifikation ist Bedingung von Erkenntnis, nicht sie selbst, und Erkenntnis löst die Klassifikation wiederum auf."[12]

Niemand weiß, wie weit Eltern mit der Bewältigung des Lebensthemas „Behinderung" wirklich sind.

Das bedeutet, dass wir zwar auf Einstufungsskalen zurückgreifen, um etwa das Ausmaß einer organischen Beeinträchtigung, z. B. einer Körper- oder Sinnesbehinderung, zu erfassen. Aber wir wissen, dass Behinderung in erster Linie eine soziale Kategorie darstellt, die ihren Stellenwert durch das Zusammenleben in der menschlichen Gemeinschaft erhält. Wenn Menschen in der so genannten Leistungsgesellschaft nur nach dem Wert ihrer ausschöpfbaren Arbeitskraft bemessen werden, dann wird sogleich deutlich, dass Behinderung gleichgesetzt ist mit einem geringere Nutzen für den Arbeitsmarkt. Folglich sieht sich der betroffene Mensch als ganzes entwertet und entrechtet. Insofern sind wir gehalten, uns wieder von den organischen Zuschreibungen bzw. Klassifikationen zu lösen. Tun wir es nicht, wenden sie sich in Form von Ausgrenzung gegen den Betroffenen. Auf der Ebene wissenschaftlicher Betrachtung könnte man jetzt sagen: Wir sitzen einer falschen Wahrheit auf.

Behinderung ist eine soziale Kategorie, die im Zusammenleben der Gemeinschaft gedeutet wird.

Für unser Thema bedeutet dies: Die Bewältigung der Behinderung des eigenen Kindes, bzw. die Begegnung mit der Behinderung des fremden Kindes in der Tageseinrichtung und die daraus jeweils abgeleiteten Erwartungen an das pädagogische *Setting (siehe Glossar)*

---

[9] Wolff 1994

[10] Schuchardt 1996

[11] Buchholz; Streeck 1994

[12] Aus neuerer Sicht des *Radikalen Konstruktivismus* werden die vorgenannten Vorbehalte noch verstärkt: Wir erkennen nicht „die Dinge an sich, sondern nur die Dinge, so wie wir sie erleben, d. h. wie wir sie konstruieren". Damit wird die Möglichkeit „subjektunabhängiger wissenschaftlicher Erkenntnis" negiert (vgl. Muckel 1996, 62 f.)

lassen sich nicht ohne weiteres über allgemeine Skalen operationalisieren *(siehe Glossar)*. Zwar können wir nun eine ganze Reihe wichtiger Eckdaten bezüglich der institutionellen Standards formulieren, aber was zuallererst nötig erscheint – und das zeigen uns die gewonnenen Untersuchungsergebnisse – ist eine flexible Haltung auf Seiten der Erzieherinnen, ist ihre Offenheit für das Besondere und ihre Prozessorientierung bezüglich der Entwicklung des einzelnen Kindes bzw. der Gruppe.

Die nämlichen Kriterien gelten für die qualitative Forschung: Nicht mit vorgefertigten Menschenbildern und skalierten Erwartungen werden wir erfahren, was Eltern wirklich bewegt. Auch und gerade hier bedarf es der nötigen Feinfühligkeit, verbunden mit einer Grundfähigkeit zur Strukturierung des Interviews, um zu verwertbaren Ergebnissen zu gelangen. Darüber hinaus ist die Interviewsituation selbst als begriffsbildend und reflexionsanregend zu erachten. Sie verhilft den Befragten zu einer vertieften Einsicht in ihre Situation und führt letzten Endes dazu, dass sie ihre Forderungen an eine qualitativ hochstehende Arbeit in der Kindertagesstätte besser formulieren können. Noch immer erleben sich Eltern behinderter Kinder eher als Bittsteller und Geduldete, das hat auch unsere Untersuchung noch einmal bestätigt.

Noch immer erleben sich Eltern Behinderter als Bittsteller.

Die Interviewsituation offenbart sich uns als ein struktur- wie erkenntnisbildender Prozess. Soziale Tatsachen sind grundsätzlich als interaktive Leistungen zu behandeln. Das bedeutet, dass wir keine bereits existierenden sozialen Fakten auffinden, sondern diese erst im Gesprächsverlauf selbst ihre Kontur erhalten. Interviewer und Interviewte erarbeiten gemeinsam eine Position zu einer bestimmten Fragestellung, hier zum Thema „Qualitätsstandards von Einzelintegrationsmaßnahmen". Forschung selbst entpuppt sich damit als „Resultat situationsbezogenen interaktiven Handelns"[13]. Gerade die Analyse von Störungen kann als wichtige Informationsquelle dienen und bedeutsame Einsichten zutage fördern.[14] Die Befragung wurde sozusagen zur pädagogischen Veranstaltung.

---

[13] Wolff 1994, 48
[14] Friebertshäuser 1997, 377

Zudem werden die Beobachter von den Beobachteten beobachtet. Somit erzeugen sie gemeinsame Effekte: Mitteilungen der Teilnehmer in einer Forschungsinteraktion werden demgemäß nicht als „Veräußerlichung der Gedanken des jeweiligen Sprechers betrachtet, sondern als gemeinsame Konstruktion von Wissen und Deutungen in einer konkreten Situation und in einem aktuell gegebenem Kontext"[15]. Die Untersuchung einer Beobachtung enthüllt vor allem die Eigenschaften des Beobachters, deshalb sind wir gehalten, zwischen Wahrnehmung und Sinnzuschreibung zu unterscheiden.[16] Nach Buchholz erzeugt die Art der Interviewenden die „Informationen, die nachträglich interpretiert werden sollen (…), objektivierende Ansätze verlieren gerade die interessierende subjektive Dimension"[17].

Eine Untersuchung enthüllt vor allem die Eigenschaften des Beobachters.

Für ein tiefenhermeneutisches Herangehen empfehlen sich in Anlehnung an Buchholz, Streeck (1994):
- eine Konversationsanalyse: eine Analyse darüber, wie sich die Beteiligten gegenseitig anzeigen, in welcher Form sie kommunizieren und wie sie die Situation interpretieren, in der sie sind.
- eine Metaphernanalyse: Aussagen werden nicht nach ihren „natürlichen Eigenschaften" sortiert, sondern in ihrem subjektiven Sinn im Kontext des lebensgeschichtliches Ortes („Behinderung des eigenen oder eines fremden Kindes und ihre Bedeutung im Kindertagesstättenalltag") zu verstehen gesucht.

3.1.2 Absicht und Hintergrund der qualitativen Befragung

In unserer Untersuchung geht es vornehmlich um die subjektive Bedeutung des Themas „Einzelintegration in der Kindertagesstätte" im Erleben der Eltern (sowohl behinderter wie auch nicht behinderter Kinder). Diese subjektive Bedeutung kann nur interpretativ aus dem Kontext der einzelnen Interviews geschlossen werden. Im Sinne Bittners (1998) gehen wir von Verknüpfungsregeln, d. h. von interpretierten Tatsachen aus, nicht – was immer das sei – von empirischen Fakten. Wir bemühen uns um ein Nacherleben, um ein Verstehen der Bedeutungszusammenhänge der befragten Eltern bezüglich des Themas Behinderung in der Kindertagesstätte, und müssen bei einem

Die qualitative Untersuchung bemüht sich um das Verstehen der Bedeutungszusammenhänge.

[15] Heeg 1996, 44 f.
[16] Watzlawick 1994, 47 ff.
[17] Buchholz 1993, 59

dementsprechenden tiefenhermeneutischen Vorgehen auch und vor allem ihren (unbewussten) Fantasien und (unbewältigten) Konfliktthemen nachspüren.

Das Besondere des Einzelfalles darf nicht im Allgemeinen untergehen.

Damit muss das Besondere des Einzelfalles vor der statistischen Reduktion auf das quantifizierbar Allgemeine bewahrt werden. Die subjektiven Bedeutungen sind meist sehr latenten Charakters und also empirisch nicht auffindbar. Diese Dechiffrierung für den Einzelfall zu leisten ist eben die Aufgabe qualitativer Sozialforschung. Erst darüber lassen sich dann gemeinsame Themen (z. B. Bewältigung von Behinderung, angemessene Förderung, pädagogische und Gruppenkonzepte, Elternarbeit, Fortbildung, Supervision usf.) erkennen und pädagogische Wege aufzeigen, die entsprechende Hilfestellung geben. Will man also Standards für eine Pädagogik gelungener Einzelintegration aufstellen, müssen beide Aspekte berücksichtigt werden: Es geht sowohl um die Formulierung allgemeiner Grundsätze als auch um besondere Entwicklungs- und Bewältigungsprozesse bei Kindern und Eltern; letzteres ist immer ein eigenständiger und einmaliger Prozess des Subjekts. Diesen Prozess der Selbstgewahrwerdung sollen wir Pädagogen unterstützen.

Erzieherinnen und Institutionen hatten große Angst vor Kritik.

An dieser Stelle sei auf die Schwierigkeiten verwiesen, die wir damit hatten, genügend Eltern in Kindertageseinrichtungen zu finden, die an der Untersuchung teilnehmen wollten. Offensichtlich steckt gerade in der Betonung der subjektiven Bewertungsmaßstäbe genügend Zündstoff. Wir stießen auf eine weit verbreitete Angst der Erzieherinnen und der Institutionen vor Kritik. Teilweise wurden die Gespräche in den Einrichtungen bzw. im Beisein Dritter geführt, um – siehe oben – das angsterregende Material zu entgiften. Viele der befragten Eltern, die wir erreichen konnten bzw. die sich zur Verfügung stellten, waren sehr engagiert und interessiert, womit wir uns natürlich eine gewisse Schieflastigkeit einhandelten; es ist beileibe nichts Repräsentatives dabei herausgekommen. Allerdings haben wir viele überzeugende, dichte und komplexe Aussagen erhalten, die diesen Vorbehalt wieder relativieren.

3.2. Die praktische Durchführung der Befragung

3.2.1. Zum Untersuchungsdesign

Von Juni bis Dezember 1998 wurde die mündliche Befragung durchgeführt. Ziel war die qualitative Erfassung der subjektiven Einschätzungen von Erziehungsberechtigten von Kindern mit und ohne Behinderung. Parallel dazu erfolgte die exemplarische Befragung einer kleinen Gruppe pädagogischer Fachkräfte aus Kindertagesstätten mit Einzelintegration.

Ein Problem ergab sich aus den beiden weit auseinander liegenden Standorten Darmstadt und Kassel, was eine Koordination der Vorbereitung, Durchführung und Auswertung ein wenig erschwerte. Denn die InterviewerInnen waren durchweg Studierende der Gesamthochschule Kassel bzw. der Fachhochschule Darmstadt. Sie mussten auf ihre Aufgabe vorbereitet und während der Arbeit angemessen begleitet werden. Vor allem in Darmstadt wurde großer Wert auf eine genügende Sensibilisierung für die Durchführung offener Interviews gelegt.

Zusammen mit den InterviewerInnen wurde ein Leitfaden für die Aktion erarbeitet, der die wichtigsten Fragen enthielt. Aufbau und Inhalt werden im Folgenden behandelt. Er sollte aber flexibel gehandhabt werden, nicht trennend zwischen den InterviewerInnen und den Eltern stehen. Es wäre fatal, wenn man sich als Befragender nicht vom Redemanuskript frei machte. Auf diese Weise könnte ein Gespräch nur schleppend und unergiebig verlaufen.

Ein Interview sollte nicht länger als eine Stunde dauern. Die Studierenden wurden angehalten, auf ihre eigenen Reaktionen, Empfindungen, Gedanken und Fantasien zu achten, die dabei aufkamen, und dies als integrierten Teil der Untersuchung zu verstehen und im Anschluss zu protokollieren. In Kassel verlief die Vorbereitung nicht nach den gleichen Standards, so dass dort halb offene Interviews geführt wurden: den Eltern wurde am Ende eine verkürzte Version der schriftlichen Befragung präsentiert.

3.2.2. Grundfragen für den Interviewleitfaden

Es musste zunächst geklärt werden, welche Stoßrichtung die mündliche Untersuchung haben sollte. Den InterviewerInnen wurde der erarbeitete Leitfaden an die Hand gegeben, mit dessen Hilfe sie das Gespräch, wenn nötig, zu strukturieren vermochten, und der alle entscheidenden Fragen bündelte. Bei der Sammlung dieser Grundfragen gerieten drei fundamentale Themen in den Vordergrund:
1. die Behinderung des Kindes,
2. die Perspektiven für die Familien- bzw. Elternlebenslage,
3. die Erfahrungen, Wünsche und Erwartungen bezüglich der integrativen Erziehung.

Es sei an dieser Stelle ausdrücklich hervorgehoben, dass es sich um keine ausschließliche Befragung der Eltern behinderter Kinder handelt. Uns interessierten *beide* Gruppen – Eltern von Kindern mit und ohne Behinderung. Leider wurde flächendeckend das Ziel nicht erreicht, ein jeweils etwa gleich großes *Sample (s. Glossar)* von Befragten zu erreichen. Nur im Darmstädter Raum wurde diese Absicht annähernd umgesetzt.

Auf folgende Fragestellungen, so lehrten uns die Antworten aus den Fragebögen, musste besonders geachtet werden:
- das Wohlergehen des eigenen Kindes,
- Kriterien für die Wahl der Einrichtung,
- Wissen über das Ausmaß der Zufriedenheit mit der Einrichtung,
- persönliches Interesse (u. a. Engagement oder Kontakte zu den anderen Eltern).

Konkret bezog sich diese Schwerpunktbildung auf die nachfolgend (leicht verkürzt) aufgeführten Fragen des ersten Teils der Untersuchung:

Frage 18: Welcher Behinderungsgruppe kann Ihr Kind zugeordnet werden?

Frage 19: Ihrer Einschätzung nach ist die Behinderung Ihres Kindes ❏ leicht ❏ mittel ❏ schwer ❏ ohne Angaben.

Frage 37: Was wissen Sie darüber, wie in der Gruppe gearbeitet wird?

Frage 40:   Welche Erziehungsziele verfolgt die Einrichtung?

Frage 43:   Sind Sie mit den Fachkräften zufrieden?

Frage 44:   Sind Sie mit der Einrichtung zufrieden?

Frage 45:   Wie geht es Ihrem Kind in der Einrichtung?

Frage 46:   Wie sind Ihre Erfahrungen mit der Integration?

Frage 47:   Wann ist Integration gelungen?

Frage 48:   Wie erleben Sie den Kontakt zu den anderen Eltern?

Darüber hinaus waren eine Reihe zusätzlicher Fragestellungen zu berücksichtigen:

Vornehmlich ging es bei der Befragung um eine Sensibilisierung für die Bewältigungsprozesse auf Elternseite. Wie also schlugen sich diese im Kommunikationsprozess mit den Erzieherinnen nieder? Wurden die Erfahrungen mit der gemeinsamen Erziehung/der Bewältigung von Behinderung so in diesem Austausch thematisiert, dass befriedigende Ergebnisse entstehen? Was kann in diesem Zusammenhang als befriedigendes Ergebnis bezeichnet werden? Heißt Zufriedenheit: Ich werde nicht mit unangenehmen Themen konfrontiert, bzw. kann ich das Thema an die Einrichtung delegieren? Kommt es zu gelungenen Einigungen oder aber gar zu gegenseitigen Schuldzuschreibungen, Projektionen und Sich-gegenseitig-Schlecht-Machen?

Was verstehen Eltern unter gelungener Integration, bzw. was glauben sie, was Erzieherinnen darunter verstehen? Wie erleben sie integrative Prozesse? Wie wird von ihnen Qualität der Einzelintegration bezüglich der Rahmenbedingungen, der erfahrenen Begleitung sowie der Beteiligung von Eltern und Erzieherinnen am (gemeinsamen) Prozess der Integration verstanden? Es kann durchaus vorkommen, dass Eltern sehr zufrieden sind, aber keine Ahnung davon haben, was in der Einrichtung tatsächlich geschieht. Nun wussten wir bereits, dass es keine breite Basis für eine feindliche Haltung den Einrichtungen gegenüber gab, so dass eine stabile Basis der Zusammenar-

Es kann vorkommen, dass Eltern zufrieden sind, ohne zu wissen, wie die Einrichtung arbeitet.

beit garantiert war. Von der mündlichen Befragung war eine Bestätigung dieses Trends zu erwarten: Eltern sind mit der Entwicklung ihres Kindes zufrieden, daraus resultiert ihre Akzeptanz der Integration. Diese einfache Tatsache spricht für eine gelungene Integration, nicht aber ein bemüht abgespultes ‚Programm'.

Weitere grundsätzliche Fragen schlossen sich an: Welchen Stellenwert hat die gemeinsame Erziehung für das spätere Leben, wie werden diesbezüglich Unterschiede für nichtbehinderte und behinderte Kinder gesehen? Beißt sich Integration mit der Leistungsgesellschaft und ihren härter werdenden Ausleseverfahren? In welchem Verhältnis stehen Gemeinsamkeit und Differenz von Kindern mit und ohne Behinderung? Gibt es einen wachsenden Entsolidarisierungseffekt? Gibt es Angst vor der Zukunft bezüglich der behinderten Kinder, bzw. die Hoffnung auf ein Abfedern sozialer Ausgrenzungsgefahren durch Integration? Gibt es die Angst, dass nichtbehinderte Kinder durch die behinderten Kinder in ihrer Entwicklung gehemmt werden? Ist der Kontakt der behinderten und nichtbehinderten Kinder außerhalb der Kindertagesstätte schlecht?[18]

Wie lässt sich Beziehungs- und Persönlichkeitsarbeit messen?

Am Ende sollte eine Perspektive aus Elternsicht stehen: *Was würde ich brauchen?* Sollte man also die bisherige Praxis fortsetzen und über garantierte Mindeststandards der Rahmenbedingungen absichern? Oder war das Bisherige nicht das Richtige und musste fundamental verändert werden?

3.2.3. Der Aufbau des Interviewleitfadens
Die Befragung wurde schließlich auf drei Säulen gestellt:
1. Kind,
2. Einrichtung,
3. persönliche Einschätzung.

Die InterviewerInnen wurden angehalten, darauf zu achten, dass alle wichtigen Fragen berücksichtigt wurden, ohne dass der Fragenkatalog zwanghaft abgearbeitet wird. Sprünge zwischen den drei Berei-

---

[18] Hier taucht ein ganz eigenes methodisches Problem auf, das allerdings für unser Forschungsvorhaben eher randständig war: (Wie) lässt sich Beziehungs- und Persönlichkeitsarbeit im Sinne der Herstellung von Beziehungsfähigkeit messen? Viele Eigenschaften persönlichen Erlebens stehen für einen ganz subjektiven Entwicklungsprozess und lassen sich nicht operationalisieren. Es bleibt uns nichts als interpretativ, eben hermeneutisch verstehend, vorzugehen.

chen waren also durchaus möglich. Die InterviewerInnen sollten imstande sein, das Interview „problemorientiert" zu leiten, ohne den Gedankengang ihres Gegenübers unnötig oder zu früh zu unterbrechen.[19]

3.3. Die Ergebnisse der mündlichen Befragung

3.3.1. Auswertung der Interviews entlang der zu prüfenden Hypothesen

Insgesamt wurden 36 Interviews durchgeführt, davon 20 im Raum Darmstadt und 16 im Raum Kassel (siehe auch den statistischen Überblick im Anhang 7). Im Raum Darmstadt wurden 11 Eltern eines behinderten und 9 Eltern eines nicht behinderten Kindes befragt. Es antworteten ausschließlich die Mütter, in einem Fall die Großmutter. Im Kasseler Raum gab es ein größeres Missverhältnis: Hier antworteten 14 Eltern eines behinderten und nur 2 Eltern eines nicht behinderten Kindes, auch hier überwiegen die Mütter. In einem Fall wurde die Adoptivmutter befragt, einmal der Vater, zweimal antworteten die Eltern gemeinsam.

Danach ging es darum, ausgehend von den Ergebnissen der schriftlichen Befragung nach Gemeinsamkeiten, Bestätigungen oder Abweichungen zu suchen. Dazu musste ein Raster entwickelt werden, um die, gemessen am Untersuchungsdesign des standardisierten ersten Durchganges unsystematischen Antworten aufeinander beziehen zu können. Allerdings sollte die Eigendynamik des einzelnen Interviews dadurch nicht zunichte gemacht werden. Rückblickend lässt sich unumwunden sagen, dass diese Verallgemeinerung der wichtigsten Ergebnisse der mündlichen Befragung als auch die Berücksichtigung der Besonderheit des Einzelfalles durchaus als gelungen bezeichnet werden kann.

Nachdem die Interviews durchgeführt waren, ging es daran, sie in ihrer je eigenen Logik zu lesen als auch jene typischen Themenkomplexe zu filtern, die sich aus der Formulierung unserer Aufgabenstellung ergab. Es ging also darum, sie zu den drei Grundhypothesen der Ausgangsfragestellung in Beziehung setzen.

[19] Vgl. Anhang 6: Interviewleitfaden

Jeder erzählt seine eigene Geschichte: Mütter von sich und ihren Kindern. Die Interviewerinnen folgen ihrem Auftrag – ... und überhören manches.

Sowohl anhand der mündlichen Rückmeldungen durch die InterviewerInnen als auch der dann vorgelegten Abschriften der Interviewtexte wurde sogleich klar: Jeder erzählt seine eigene Geschichte. Mütter erzählen von sich und ihrem Kind. Die InterviewerInnen folgen ihrem ‚Auftrag', der sie manches – im falsch verstandenen Sinne des „Thema verfehlt", wenn Eltern eben ihre Geschichte erzählen – überhören oder sie zuweilen eher rigide reagieren oder auch verstummen lässt. Hier wurden auch große konzeptionelle Unterschiede zwischen Kassel und Darmstadt offenkundig.

Wo auf der einen Seite mit einem *halbstandardisierten (s. Glossar)* Instrumentarium zu Werke gegangen wurde, was zuweilen zum Bruch eines bis dato interessanten und flüssigen Gesprächskontextes geführt hat, wurde auf der anderen Seite eine völlige Offenheit der Situation herzustellen gesucht, einschließlich der nachträglichen Thematisierung eigener Fantasien und Empfindungen, was selbstredend auf Grund mangelnder Erfahrung auch eine Reihe von Verunsicherungsmomenten (auf beiden Seiten) produziert hat. Auf alle weiteren Unterschiede der Befragung soll ebenfalls noch näher eingegangen werden. Generell lässt sich feststellen, dass in einigen Fällen auf Grund eines überschießenden Mitteilungsbedürfnisses auf Elternseite als auch methodischer Unsicherheit auf der Interviewerseite die eigentliche Fragestellung verloren ging, und eines wird rasch klar:

Es geht immer ums Wohlbefinden bzw. die (auch überzogenen) Erwartungen an die Förderung des eigenen Kindes, nicht aber um allgemeine pädagogische Standards oder Integrationsprogramme.

Eingedenk der eingangs gemachten Vorbehalte war es bei der Sichtung und Auswertung der Interviews unsere vordringliche Aufgabe, auftragstypische Fragestellungen zusammenzufassen und in ein *Kategorialsystem (s. Glossar)* einzupassen. Bei der Fülle des gewonnenen Materials waren wir natürlich gezwungen, zu schematisieren und zu vereinfachen. Durch die zuvor erlangten Einsichten aus den Fragebögen hatten wir eine Richtschnur, an der wir uns orientieren konnten. Im Übrigen ergaben sich große Übereinstimmungen mit dem quantitativen Teil der Untersuchung. Insgesamt lassen sich aus den Interviews keine gravierenden Unterschiede zwischen Eltern behinderter und nichtbehinderter Kinder herauslesen (etwa nach dem Motto: Eltern behinderter Kinder sind unzufriedener, anspruchsvoller oder identifizieren sich mehr mit der Idee gemeinsamer Erziehung).

Darüber hinaus war aber auch von Interesse, welche Behinderungsarten (in den Einrichtungen mit Einzelintegration) vertreten waren und wie sich diese regional verteilten. Die Behinderungen verteilten sich wie folgt (siehe auch Anhang 7):

Raum Darmstadt (N=11):
geistige Behinderung:	2
Körperbehinderung:	2
Entwicklungsverzögerung:	2
Sprachbehinderung:	0
Sinnesbehinderung:	1
Mehrfachbehinderung:	
(davon 1 schwer behindert)	4
unbekannt:	0

Unter den nicht behinderten Kindern befand sich ein Neurodermitiker.

Raum Kassel (N=14):
geistige Behinderung:	1
Körperbehinderung:	3
Entwicklungsverzögerung:	4
Sprachbehinderung:	1
Sinnesbehinderung:	0
Mehrfachbehinderung:	3
unbekannt:	2

Fasst man die geistigen und Mehrfachbehinderungen zusammen, so ergibt sich ein Anteil an den Behinderungen von 55 % in Darmstadt (6 von 11) und 29 % in Kassel (4 von 14). Verbunden mit den Ergebnissen der quantitativen Befragung wird damit die Tendenz bestätigt, im Süden auch schwerere Formen zu integrieren.

Der nächste Schritt der Auswertung bestand darin, Passagen aus den einzelnen Interviews, die zu diesen Themenblöcken passten, dort zuzuordnen und zu einem Gesamtergebnis ‚hochzurechnen'. Insgesamt neun große Themenblöcke ließen sich aus den Interviews herausfiltern. Die dazu gehörigen Stellungnahmen, Sichtweisen, Einschätzungen und Problemstellungen von Elternseite tauchten, wenn vorhanden, natürlich in ganz unterschiedlicher Form, immer wieder an zentraler Stelle in den Interviews auf. Nachfolgend sind die Themenschwerpunkte anhand der aufsummierten Antwortsegmente aufgelistet und erläutert (siehe auch Anhang). Es sei erneut betont, dass es sich auf Grund der methodischen Vorbehalte bezüglich der Durchführung der Untersuchung um keine repräsentativen Ergebnisse, sondern einzig um Trendaussagen handeln kann.

Wohnortnähe:	in der Summe überwiegend gewährleistet
Pädagogisches Interesse:	überwiegend ausgeprägt
Persönliches Engagement:	fast ein Viertel der Befragten ist in der Einrichtung aktiv bzw. vom Fach
Zufriedenheit mit der Einrichtung:	mit annähernd 90 % ausgesprochen hoch
Kritik:	Die pädagogische Arbeit selbst wird recht selten kritisiert. Es gibt Vorbehalte gegen die Integration schwerer behinderter Kinder und vor allem Angst vor verhaltensauffälligen Kindern. Auch der Wunsch nach mehr Elternkontakten wird geäußert.
Interesse am Wohlergehen des eigenen Kindes:	Ausgangspunkt der Elternsicht ist mehr oder weniger deutlich immer das Wohlergehen des eigenen Kindes („mein Kind")
Sozialer Status der Familie:	überwiegend Mittelschicht
Einstellung „pro Integration":	die Hälfte ist deutlich dafür, die andere Hälfte offen, nur ganz am Rande eine ablehnende Haltung
Probleme mit dem eigenen Kind:	die Verarbeitung der Behinderung des eigenen Kindes ist nicht leicht, aber auch bei Kindern ohne Behinderung tauchen Probleme auf (z. B. Neurodermitis, Geschwisterrivalität)

Das Gesamtergebnis der mündlichen Befragung lässt sich danach wie folgt komprimieren:

1. die individuellen Ausprägungen einer Behinderung sind im Süden stärker, d. h. hier werden mehr Kinder mit geistiger Behinderung oder einer schwereren Form integriert;
2. eine generelle konzeptionelle oder pädagogisch formulierte Erwartung als Vorbedingung für die Wahl eines Kindergartens lässt sich nicht ausmachen. Wohl aber haben Eltern behinderter Kinder größere Probleme, einen wohnortnahen Kindergartenplatz zu finden (siehe auch die Ergebnisse der quantitativen Erhebung: freie Wahl etwas über 60 %; Wohnortnähe Norden 43 %, im Süden 67 %), die Erfahrungen im Süden mit Integration sind bessere (siehe auch die Ergebnisse der quantitativen Erhebung); immer geht es um „mein Kind";
3. es gibt kaum generell ablehnende Stimmen gegenüber der Integration, wohl aber Einschränkungen bezüglich der Art der Behinderung (was nicht zuletzt eine Frage von Alltagstheorien ist, die nicht auf konkreten Erfahrungen, sondern eigenen Phantasien beruhen);
4. die Ablehnung einer Verpflichtung zur Integration korreliert offensichtlich mit einem höheren sozialen Status (wobei wir fast ausschließlich Angehörige der Mittelschicht und argumentationsfreudige Eltern erreichten);
5. Eltern sind sehr zufrieden mit der Arbeit im Kindergarten, und dies unabhängig davon, ob das Kind behindert ist oder nicht (allerdings suchen sie <diskret> nach Hilfestellung und Ansprache, was sowohl von den InterviewerInnen als auch den Erzieherinnen oft geflissentlich überhört wird);
6. bei aller Zufriedenheit taucht eine Reihe von Anfragen an die personelle und strukturelle (Mindest-)Ausstattung auf;
7. Eltern (gerade der behinderten Kinder) sind oft unzufrieden über den Kontakt zu anderen Eltern.[20]

Gesamtergebnisse der mündlichen Befragungen

3.3.2. Exemplarische Betrachtung von zwei Interviews

Die Interviews erscheinen in ihrer eigenen Logik sehr aufschlussreich. Implizit teilen uns die Eltern sehr viel mehr mit, als z. B. aus den Fragebögen ersichtlich würde. Genau diese (interpretationsbedürftigen) Mitteilungen sind das Salz in der Suppe dieser Untersuchung, sie eignen sich allerdings nur bedingt für verallgemeinernde Aussagen über

---

[20] Dieser Punkt müsste als Qualitätsmerkmal in die Standardliste für gelungene Integrationspädagogik aufgenommen werden.

Standards. Exemplarisch sollen zwei Interviews etwas näher beleuchtet und kommentiert werden. Sie enthalten die Kernfragen zum Thema Einzelintegration und offenbaren uns, wo wir in der pädagogischen Praxis ansetzen müssen.

Fall 1:
Es handelt es um einen fünfjährigen, blinden Jungen. Die Mutter ist Türkin mit schlechten deutschen Sprachkenntnissen, deshalb ist eine Dolmetscherin anwesend. Überdies springt der Junge im Zimmer herum, so dass die Interviewerin sich befangen fühlt, was die Formulierung bestimmter Fragen betrifft.

Wir treffen hier auf ein doppeltes Integrationsthema: türkische Mutter mit blindem Kind. Interessant am Interview sind vor allem die Rahmen- und Randbedingungen, die ein bezeichnendes Licht auf das gesamte Thema und den Umgang damit werfen. Solche Mütter erhalten noch immer zu wenig institutionelle Unterstützung; vor allem sind sie es nicht gewohnt, dass man sie nach ihren Problemen und Wünschen befragt (vgl. Jonas 1991). Vieles, was die Mutter bewegt und beschäftigt, muss ‚zwischen den Zeilen' interpretativ erschlossen werden. Dies liegt zum einen an sprachlichen Verständigungsschwierigkeiten, aber wohl auch an einer nicht zustande gekommenen affektiven Übereinstimmung zwischen den am Interview Beteiligten. Insofern sind die Reflexionshinweise der Interviewerin und vor allem ihre persönlichen Anmerkungen über ihre eigene Befindlichkeit während des Gesprächs sehr aufschlussreich.

Die Mutter hat Angst vor dem Treffen. Schon bei der telefonischen Kontaktaufnahme ist sie sehr zurückhaltend und zögerlich: Sie könne nur schlecht deutsch und habe, da sie berufstätig sei, nur wenig Zeit. Offensichtlich weiß sie nicht so recht, worauf sie sich da einlässt. Sie schaltet eine Dolmetscherin ein, die während des Interviews anwesend ist. Eine dritte Person bietet ihr Schutz vor dieser ‚fremden Situation'. Dennoch möchte sie das Ganze schnell hinter sich bringen. Als die Interviewerin erscheint ist die Wohnung nicht vorbereitet. Die Mutter hatte wohl gehofft, dass die Interviewerin nicht erscheine. Diese fühlt sich wie ein Eindringling, ein Gefühl, welches bis zum Schluss nicht weichen sollte. Die Mutter setzt sich ganz weit weg, was die Interviewerin selbst verunsichert. Beide sind – aus unterschiedlichen Gründen – nervös vor dem Gespräch. Zudem verschwindet die Mutter sogleich, als es um die „Normalität" ihres Kindes geht, um sich eine Zigarette anzuzünden. Zwar betont sie, dass ihr Sohn „ganz normal" sei, und zwar im Sinne der Abgrenzung gegen geistig behinderte Kinder – aber ihre Fluchtreaktion offenbart diesbezüglich große Ängste. Sie weiß sehr wohl, welche Gefahren und Probleme für einen blinden Menschen existieren, es ist ihr „Sorgenkind". Die Interviewerin verliert allerdings den Faden, was dem Abwehrwunsch der Mutter, sich nicht zu weit auf dieses Thema einzulassen, korrespondiert.

Der Mutter war und ist es wichtig, dass ihr Kind mit nicht behinderten Kindern gemeinsam erzogen wird, mit dem Begriff der Integration kann sie aber nichts anfangen, was nicht zuletzt am mangelnden Pendant in der türkischen Sprache zusammenhängt. An vielen Stellen weist sie den Begriff Behinderung, der in ihren Augen mit geistiger Behinderung identisch ist, zurück. Dies erleben wir häufig, dass eine Abgrenzung ‚nach unten' zur eigenen Stabilisierung und Beruhigung von Schuldgefühlen gesucht wird. Allerdings findet sie in ihrer Schlichtheit geradezu bemerkenswerte wie präzise Formulierungen: „Ich habe gedacht, besser normaler Kindergarten, nicht spezieller"; „Kind ist Kind"; „Reden und Spielen, das lernt er ja von den Kindern und nicht von der Erzieherin".

Gleichzeitig ist ihre tiefe Betroffenheit in dem Moment zu spüren, da es um die (schulischen) Zukunftsperspektiven des Kindes geht – sie beginnt zu weinen. Die Interviewerin entwickelt daraufhin Schuldgefühle, mit ihrer Frage „Salz in die offene Wunde gestreut zu haben". Sie wird verlegen und möchte als ungeliebte Gesprächspartnerin schnellstens das Weite suchen. Sie sieht sich außerstande zu trösten – womit eine zentrale Aufgabe der Elternarbeit im Kindergarten offen gelegt wäre: Eltern bedürfen der Anteilnahme, Ansprache als auch Konfrontation mit dem leidigen Thema „Behinderung", was Erzieherinnen (zunächst) nicht immer angemessen leisten können. Die Mutter fühlt sich sehr unter Druck bezüglich der normativen Erwartungen an sich selbst als auch ihr Kind. Sie braucht einen Halt, den ihr in diesem Gespräch die Dolmetscherin, die sie dann in den Arm nehmen kann, gibt. Und in diesem Moment setzt sich ihr Sohn, der vorher im Zimmer umhergelaufen war, auf ihren Schoß und legt sei-

> *Eltern bedürfen der Anteilnahme, was Erzieherinnen nicht immer angemessen leisten können.*

ne Arme um sie, er hat die Beunruhigung der Mutter, die mit ihm zu tun hat, erspürt. Diese Szene hat nach Einschätzung der Interviewerin sowohl etwas Schutzsuchendes wie Beschützendes, sie zeigt aber auch eine sehr große, um nicht zu sagen zu große Nähe der beiden – zumal die Mutter ihrem Sohn gestattet, beim Gespräch zugegen zu sein. Die Interviewerin versagt es sich, dies zu thematisieren bzw. ihren Wunsch nach einem möglichst ungestörten Gesprächsverlauf zu äußern.

Die Irritationen auf vielerlei Ebenen – es gibt Sprachschwierigkeiten, eine Dolmetscherin ist nötig, der Junge ist zugegen, die Tochter erscheint kurz, es klingelt mehrmals an der Tür, so dass die Mutter hinausgeht usf. – bleiben bis zum Schluss erhalten. Die Interviewerin mutmaßt nicht zu Unrecht, dass die Mutter Angst hatte, sich zu tief auf das Thema einzulassen. Dies hat vielfältige Gründe und umreißt den integrationspädagogischen Auftrag an die Kindertagesstätten bezüglich einer sensiblen begleitenden Elternarbeit. Hierzu eine kleine Sequenz aus dem Interview: Während die Mutter den übersetzten Begriff „Normalität" nickend bestätigt, wirkt sie zugleich ängstlich – es zeigt ihre allgemeine Zerrissenheit zu diesem Thema. Sie erwartet offensichtlich, dass sie die Interviewerin – und damit letzten Endes die Erzieherin – in ihrem Ansinnen bestärkt und in ihrer Sorge entlastet.

> *Eltern möchten von der Erzieherin emotional entlastet werden.*

Nicht zuletzt auf Grund der angespannten Gesprächssituation fällt der „aber nichts Passendes ein", was wiederum fatale Auswirkungen auf die Mutter haben könnte: Ihr fehlt die nötige Spiegelung von Seiten ihrer Gesprächspartnerin, was sie in ihren heimlichen Befürchtungen bestärken mag, wie ‚schlimm' es sei, dass ihr Kind behindert ist. Auf die Situation in der Kindertagesstätte bezogen könnte dieser Mangel bedeuten: Die Annahme von der Pathologie beim eigenen Kind – im Sinne der oben genannten subjektiven Konstruktion von Wirklichkeit – wird durch das Schweigen der Erzieherinnen zementiert.

Am Ende sei erwähnt, dass ein ganz zentraler Punkt, der für Einzelintegration spricht, auch beleuchtet wird: Für die berufstätige Mutter ist es eine große Arbeitserleichterung, dass ihr Kind den Kindergarten „gleich um die Ecke" besuchen kann.

Fall 2:
Es handelt sich um einen sechseinhalbjährigen Jungen mit einer Cerebralparese und daraus resultierenden spastischen Lähmungen. Das Interview wird mit Vater und Mutter gemacht, die sich beide sehr ausführlich äußern.

Ich möchte zunächst eine kurze Zusammenfassung des Interviews geben, um meine nachfolgende Interpretation plausibel werden zu lassen. Die gesamte Gesprächszeit betrug zweieinhalb Stunden, was zunächst einmal das rege Interesse der Eltern belegt. Der Vater arbeitet als Krankenpfleger, die Mutter macht eine Ausbildung zur Erzieherin, worin ihr Engagement für gesundheitliche und pädagogische Themen zum Ausdruck kommt. Die Ausführlichkeit, mit der die Eltern über die Zeit ihres Kindes in der Kindertagesstätte, seine Entwicklung und Befindlichkeit reden, ist aber auch von einer sehr akribischen Sorge um sein (späteres) Schicksal getragen. Gleich zu Beginn spricht die Mutter davon, dass ihr Kind auf sie und sie auf ihr Kind fixiert sind. Der Junge ist zudem ein Einzelkind. Bezüglich seiner – wie sie sagen – Defizite, seines Sozialverhaltens, seiner motorischen Fähigkeiten werden von beiden hohe Erwartungen an eine gezielte Förderung formuliert. Sie haben Angst, dass etwas versäumt werde und dass die Erzieherinnen nicht alles Nötige und Mögliche getan haben könnten. Die Rede ist vom Sonderstatus des Jungen in der Kindergruppe, wobei im nächsten Satz die Äußerung fällt, dass er ein beliebtes Mitglied war und auch oft von anderen Kindern eingeladen wurde. Im Fortgang des Gespräches wird von den Eltern offenbart, dass das Kind sich selbst unter Druck setzt, sein körperliches Handicap kompensieren zu müssen, es bleibt aber unklar, ob es sich dabei nicht eher um den elterlichen Druck handelt. Allerdings bekunden die Eltern auch eine eher fortschrittliche Grundhaltung, wenn sie davon sprechen, dass Andersartige und Andersdenkende nicht abgesondert werden sollten.

Ein Konfliktthema ist die Haltung der Erzieherinnen. Auf der einen Seite bescheinigen die beiden Eltern ihnen Engagement und Mut, mit der gemeinsamen Erziehung etwas Neues ausprobiert zu haben, auf der anderen Seite wird der Vorwurf laut, sie seien nicht genügend auf das Kind eingegangen und hätten z. B. mehr intervenieren müssen, wenn es sich in sich zurückzog. Insgesamt werden diese Themen in großer Ausführlichkeit behandelt.

Die körperliche Beeinträchtigung des Kindes nimmt breiten Raum im Erleben der Eltern ein. Sie sind sehr besorgt, für seine weitere Entwicklungsförderung das jeweils Richtige zu tun, was aber gleichzeitig mit einem Hang zur überfürsorglichen Kontrolle verbunden ist, die das Kind unter Druck setzt und seinen latenten Widerstand herausfordert. Pädagogische Situationen werden sehr genau durchgeplant, um eine optimale Förderung zu gewährleisten, gleichzeitig entsteht Enttäuschung, weil sich die Erzieherinnen nicht gemäß dieser elterlichen Wünsche verhalten. Offensichtlich spürt der Junge die Probleme, die die Eltern mit seiner Behinderung haben, auch wenn diese nicht offen kommuniziert werden, sondern hinter dem beständigen Nachdenken über den richtigen Weg zur Entwicklungsförderung eher larviert zum Ausdruck kommen. Da Kinder es nur schwer ertragen, wenn ihre Eltern mit ihnen unzufrieden sind, möchten sie es ihnen möglichst recht machen. Auf Seiten des Jungen kommt es durch diese doch sehr hohen (und enttäuschten) Erwartungen seiner Eltern zu einer inneren Kompromissbildung: Einerseits gilt er als „pflegeleicht", andererseits aber entpuppt er sich als ein schlechter Esser, und er versucht seine Autonomie zu behaupten, indem er sich weigert, so wie die Eltern es wollen, zur Toilette zu gehen. Hier ist die Kindertagesstätte gefragt, die Sorgen der Eltern ernst zu nehmen, aber auch alles dafür zu tun, dass Kinder sich eigenständig gemäß ihrer eigenen Vorstellungen und Möglichkeiten entwickeln dürfen.

Manchmal entsteht Enttäuschung, wenn sich die Erzieherinnen nicht gemäß der elterlichen Wünsche verhalten.

Das Ganze kann man unter die Überschrift „Abwehr und Bewältigung in der Auseinandersetzung mit Behinderung" stellen und ist sehr typisch zu nennen für das, was uns in der Praxis begegnet (vgl. dazu Hackenberg 1992)[21]. Ausgehend von diesem einzelnen Interview lassen sich paradigmatisch Konsequenzen für eine erfolgreiche Integrationspraxis in Kindertagesstätten ableiten. Im Einzelnen finden wir hier vor:
- eine schwere persönliche Belastung der Eltern; sie empfinden die körperliche Beeinträchtigung ihres Kindes als schweren Schicksalsschlag;

---

[21] ‚Abwehr' ist nicht per se pathologisch, sondern erfüllt zunächst eine psychische Schutzfunktion. Falls eine nachfolgende Auseinandersetzung mit dem heiklen Thema der Behinderung des eigenen Kindes nicht zu umgehen gesucht wird, dient die Abwehr einer intrapsychischen Regulation. Mit ihrer Hilfe wird die Integration bedrohlicher Gefühle, die sich um die Behinderung ranken, vorbereitet. Abwehr ist das Gegenstück zur Bewältigung. Das sehr ausführliche Gespräch zeigt das Bedürfnis, aber auch die Bereitschaft der Eltern, sich mit dem Problem zu konfrontieren.

- ihre Abwehr unerwünschter Regungen bezüglich der Behinderung ihres Kindes, verknüpft mit dem subjektiven Erleben eines unlösbaren Konfliktes;
- Hintergrund der Abwehr sind: Erschrecken, Angst, eigene Hilflosigkeit; Belastungen des Selbstgefühls/der narzisstischen Projektionen aufs Kind; Rigidität in der Beziehungswahrnehmung und den normativen Erwartungen ans Kind; Verkehrung der Aggression in besonders ausgeprägte Fürsorglichkeit;
- eine „perverse Allianz" von Eltern und Fachleuten (vgl. Milani Comparetti 1986)[22]; das Streben nach Normalität kann im Dienste der Abwehr stehen;
- auch Erzieherinnen entwickeln Abwehrformen: zu große Nähe, bzw. zu große Distanz zum behinderten Kind; Vermeidung des Kontakts zu den Eltern; Vermeidung sich mit dem Thema und den eigenen Fantasien zu konfrontieren;
- einen längeren Prozess der Auseinandersetzung im Dienste der intrapsychischen Regulation (= Bewältigung);
- die Polarisierung von Abwehr und Bewältigung erschwert die Integration bedrohlicher Gefühle, fördert Größenfantasien bezüglich des Annahmepostulats (vgl. Schuchardt 1998), das Kind irgendwann unumwunden lieben zu sollen. Beide, Abwehr und Bewältigung, ergänzen sich und müssen gleichzeitig ablaufen. Erst dann kann tatsächlich die Ambivalenz der Gefühle soweit ausgehalten werden, dass sie im Sinne einer liebevollen Annäherung ans Kind in das eigene Selbsterleben zu integrieren ist.

Abwehrformen und Bewältigung in der Auseinandersetzung mit Behinderung

Abwehr erfüllt zunächst eine psychische Schutzfunktion.

Im Folgenden sollen anhand der Interpretation des Interviewgeschehens diese Aspekte von Abwehr und Bewältigung, die zentral sind für eine gelingende Integrationspraxis und nicht nur auf die Eltern, sondern auch auf das Fachpersonal zutreffen, eingehender beleuchtet werden. Integration heißt dabei zweierlei: die gemeinsame Erziehung von Kindern mit und ohne Behinderung als auch die ‚gesunde' Verarbeitung unerwünschter Selbstanteile, die uns, egal ob wir Eltern oder PädagogInnen sind, abverlangt wird. In beiden Fällen handelt es sich um ein prozesshaftes Geschehen. Kindertagesstätten sind gehalten, und dies ergibt sich zwingend aus unseren Ergebnissen, äuße-

---

[22] Damit ist gemeint, dass aus der Enttäuschung über die Behinderung eine Aggression entstehen kann, die sich in einer regelrechten Fördermanie auf seiten von Eltern und Fachleuten äußert. Die Aktivitäten, denen das Kind ausgesetzt wird, dienen dann letztlich nur den Erwachsenen.

re Rahmenbedingungen zu garantieren, damit dieser Prozess auf den verschiedenen Ebenen ablaufen kann:
- auf der innerpsychischen Ebene,
- in der Gruppe,
- in der Institution,
- in der Gesellschaft.[23]

1. „Abwehr" bei den Eltern:

Beständig ist im Interview von Defiziten des Kindes die Rede, die im Kindergarten nicht genügend bearbeitet werden. Zudem habe das Kind einen Sonderstatus im Kindergarten durch seine Defizite. Es gibt eine Erleichterung, dass der Junge „geistig nichts hat". Gleichzeitig bestehen sehr rigide normative Entwicklungs- bzw. Erziehungserwartungen, verkoppelt mit einer großen Besorgnis im Sinne eines Impulses von Überbehütung, ob das Kind richtig versorgt wird. Es brauche „mehr Aufmerksamkeit". Zudem ist die Mutter unzufrieden, dass die Erzieherinnen nicht intervenieren, wenn sich der Junge zurückzieht, was für einen nicht unproblematischen Förderaktivismus im Sinne Milani Comparettis spricht.[24]

Förderaktivismus ist eine Form von Abwehr

Die Eltern reden vom Kind, meinen aber oft sich selbst bzw. ihre eigene *(projektive) (siehe Glossar)* Zuschreibung, was mit dem Kind sei und was es brauche. Die Rede ist davon, dass es „durch seine Behinderung ein bisschen mehr isoliert als andere Kinder" sei, gleichzeitig geben sie an, selbst „gar keinen Kontakt zu Nachbarn" zu haben, bzw. dass das Kind selbst bis zum Eintritt in den Kindergarten zu Hause isoliert war. An anderer Stelle heißt es, man müsse „immer viel mit ihm kämpfen". Die Eltern haben hoch gesteckte Ziele für seine För-

---

[23] Klein u. a. 1987, 41

[24] Häufig haben Eltern Angst davor, dass ihr behindertes Kind nicht die altersgemäßen Leistungen erbringt. Sie erleben oder fantasieren es zu passiv im Vergleich zu den Alterskameraden und hoffen, die tatsächliche oder vermeintlich geringere Aktivität des Kindes durch vermehrte eigene Aktivität auszugleichen. Über gezielte Förderprogramme soll dieses Defizit kompensiert werden. Für diese Absicht werden dann oft die Erzieherinnen eingespannt. Die Gefahr besteht, dass verstärkte Bemühungen auf Seiten der Erwachsenen eine einseitige Bestimmung der Interaktion mit dem Kind nach sich zieht. Wo der Dialog scheitert, weil er zur Dominanz des einen Dialogpartners führt, kann Entwicklung nicht ungetrübt vonstatten gehen (vgl. Weiß 1986). Wenn man sich aber sehr zwanghaft auf die Kompensation eines bestimmten ‚Defektes' konzentriert und z. B. anfängt, das Kind zu beturnen, dann wird meist als eine gesunde Reaktion seine Entwicklungsverweigerung sichtbar: Je mehr die Umwelt agiert, umso mehr reagiert das Kind mit Passivität. Deshalb verlangt Milani Comparetti, dass man auf isolierte Übungen verzichtet und statt dessen Erfahrung zulässt. Wo besser als im normalen Alltagsleben einer Kindertagesstätte könnten ungezwungene Erfahrungen möglich werden?

derung und sind dementsprechend – obgleich nicht durchgängig – unzufrieden.

2. „Bewältigung" bei den Eltern:

Die Eltern haben ihr Kind in eine integrativ arbeitende Gruppe gegeben, um ihm eine Möglichkeit zu bieten, „gesamtheitlich mit Menschen" zurechtzukommen – was den Verzicht auf den beschützenden Charakter einer Sondereinrichtung markiert. Sie sprechen sich dezidiert dagegen aus, Behinderte in Gettos abzuschließen, gleichzeitig wird Integration massiv eingeklagt. Die spricht für die Dialektik von Abwehr und Bewältigung in ihrem Prozess der Auseinandersetzung und wieweit sie damit bereits gekommen sind.

Begünstigt durch die doch guten Erfahrungen im Kindergarten wird implizit mehr von der positiven Entwicklung des Jungen geredet als von seinen Mängeln. Offensichtlich ist die mythische Bindung an die Behinderung in einer Sondereinrichtung einer *alle* Eltern verbindenden dominanten Phantasie von ‚Schicksalhaftigkeit' geschuldet, während in einer Regeleinrichtung diese Schwere tendenziell behoben wird, weil es in erster Linie Raum für andere Themen gibt. Dies mag eine Erklärung liefern für diese Beobachtung.

Eine Reihe von Kritikpunkten in Richtung der Erzieherinnen mag mit der unbewussten Erwartung im Sinne Milani Comparettis (1986) zusammenhängen, dass das ‚Böse auszutreiben' sei.[25]

Gleichzeitig aber sind eine Reihe von Vorwürfen sachlich offensichtlich gerechtfertigt: der gemeinsame Dialog stockt, das Thema Integration bzw. Behinderung wird nicht (genügend) aufgegriffen – der Vater zieht hier dezidiert einen Vergleich zur Supervision – es fallen „Standardsprüche", und die Elternabende laufen „sehr steif" und zu sehr „nach Schema F" ab.

---

[25] Dies meint, dass es bei der Betrachtung des Kindes insgeheim zu einer Aufspaltung in gesunde und kranke Teile kommt und psychische Abwehrmaßnahmen gegen die eigene Angst vor dem Leid und dem dadurch verkörperten ‚Bösen' kommt. Man ist dann leicht versucht, das als krank Identifizierte – die Behinderung – gesund zu machen. Man greift zu wilden Rehabilitationsmaßnahmen, um damit die Behinderung zu bekämpfen und übersieht die Kreativität und den autonomen Lebenswillen des Kindes, sich selbst aufzubauen.

3. „Abwehr" bei den Erzieherinnen

Es bleibt unklar, inwieweit sich die Erzieherinnen auf das Thema Integration innerlich wirklich eingelassen haben. Sie fühlen sich offensichtlich von den Eltern unter Druck gesetzt und reagieren trotzig. Die Eltern werfen ihnen mangelnde Ehrlichkeit vor und dass sie Fehler nicht einräumen. Hier mangelt es an der Fähigkeit zur offenen Auseinandersetzung.

4. „Bewältigung" bei den Erzieherinnen

Sie haben sich auf das Thema Einzelintegration eingelassen, die organisatorischen Voraussetzungen geschaffen und offenbar auch eine Weiterbildung besucht. Auch vom Engagement ist die Rede. Sie haben für sich einen Weg gefunden, mit den mütterlichen Wünschen nach Überbehütung umzugehen – schließlich erfüllen sie nicht ungefiltert diese unbewusste Delegation, sondern haben ihre eigene Art entwickelt, mit dem Kind umzugehen, was diesem sichtlich gut tut. Sie kämpfen nicht mit dem Jungen, wie es die Mutter implizit verlangt.

5. „Abwehr" bei der Interviewerin

Die Interviewerin umgeht es, die unerfüllten Erwartungen und normativen Ansprüche als solche aufzugreifen, bzw. Probleme, die dem Kind angeheftet werden, *auch* als Probleme der Eltern zu thematisieren. Sie übernimmt mit eigenen Worten solche elterlichen Erwartungen, wenn sie z. B. vom nicht stattfindenden Toiletten*training* spricht, so als sei dies pädagogischer Konsens. Am Ende würgt sie das Gespräch ab, indem sie ihre vorbereiteten Standardfragen loswird – sehr zum Leidwesen des Vaters, der den Gesprächsfaden gern noch weiter gesponnen hätte. Nach der Dichte des Vorangegangenen wirkt das wie eine kalte Dusche.

6. „Bewältigung" bei der Interviewerin

Sie hat den Eltern viel Raum gewährt, um sich zu ihrem Thema zu äußern. (Eltern sind immer froh, wenn man sie endlich einmal fragt.) Sie hat wenig interveniert, aber dennoch einen roten Faden des Gesprächs gewährleistet. Immerhin muss man bedenken, dass es bezüglich der Strukturierung solcher Gespräche keine großen Vorerfahrungen gab. Sie hat damit etwas bewerkstelligt, was im Kindergarten noch aussteht.

Das Schema im Prozess der Abwehr und Bewältigung muss von den Erzieherinnen besser erkannt werden.

Zusammenfassend lässt sich folgende Wechselwirkung beobachten:

Abwehr/ Überbehütung der Eltern	unbewusste Delegation von Erwartungen an die Erzieherinnen	„Trotz" der Erzieherinnen als Gemenge positiver und negativer Pädagogik	reale Kompetenzmängel	berechtigte Kritik von Elternseite
⇒	⇒	⇒	⇐	⇐

Ziel formulierter pädagogischer Standards zur Einzelintegration muss es sein, auf der Ebene der Interaktion der beteiligten Erwachsenen die ‚Zwangsläufigkeit' solcher Zuschreibungsprozesse zu erkennen, zu thematisieren und damit zu einem gesunderen Verhältnis von Abwehr und Bewältigung beizutragen.

3.3.3. Zum Gesamtbild der Untersuchungsergebnisse

Wenn wir nun eine abschließende Bewertung der Untersuchung vornehmen wollen, so fällt zunächst die große Übereinstimmung des quantitativen und qualitativen Teil auf. Es lässt sich unzweifelhaft durch die Interviews eine Bestätigung der Ergebnisse aus der Fragebogenaktion ersehen. Bezüglich der zu überprüfenden Hypothesen ergibt sich im Einzelnen folgendes Gesamtbild:

Zur Hypothese 1:
Das Wohlbefinden des eigenen Kindes, verknüpft mit dem Anspruch seiner genügenden Förderung (der zuweilen auch überzogenen Erwartungen entspringt – siehe dazu die Ausführungen zur Hypothese 2), und die freundliche und liebevolle Hinwendung der Erzieherinnen zum Kind sind praktisch zu hundert Prozent oberste Ziele der Eltern bei der Wahl einer Kindertagesstätte. Sie rangieren vor der Wohnortnähe, eigenen Vorerwartungen oder pädagogischen Absichtserklärungen der Einrichtungen. Auch dass sich die Einrichtung der gemeinsamen Erziehung verschrieben hat, wird überwiegend gewünscht, bzw. zumindest nicht kritisiert.

Wünsche der Eltern: Wohlbefinden des Kindes

Eltern behinderter Kinder wollen, dass ihr Kind keine Sonderrolle einnimmt und lehnen mehrheitlich Sondereinrichtungen ab. Eltern nichtbehinderter Kinder wollen, dass ihr Kind auch behinderte Kinder kennen lernt, um im Alltag die Erfahrung zu machen, dass Men-

Keine Sonderrolle für das Kind

schen, die auf den ersten Blick „anders" sind, dazu gehören. Außerdem gibt es Hinweise, dass sie hoffen, von den günstigeren Bedingungen in einer Einzelintegrationsgruppe zu profitieren. Allen gemein ist der Wunsch, dass ihr Kind nicht zu kurz kommt. Eine weitere Gemeinsamkeit liegt in einer häufig geäußerten Vermutung, dass bestimmte Kinder (z. B. geistig behinderte oder schwerstmehrfachbehinderte Kinder) nicht integrierbar seien. Allerdings beruhen diese Auffassungen auf so genannten Alltagstheorien über diese behinderten Kinder und sind faktisch nicht belegt. In keinem Fall wurde diese Kritik anhand realer Erfahrungen laut. Wo eine derartige Erfahrung vorlag, war dies kein Thema.

Erzieherinnen müssen die Philosophie der Einrichtung offensiv vertreten, damit sie Eltern beraten können.

Aus diesen Ergebnissen ergibt sich zum einen die Forderung, dass Erzieherinnen es lernen müssen, das Konzept bzw. das ihm zugrundeliegende Menschenbild sowie die ‚Philosophie' ihrer Einrichtung offensiv zu vertreten, um Eltern bei der Wahl der Einrichtung überzeugen zu können. Zum andern muss die pädagogische Qualität einer Einrichtung mit dem Prinzip der Wohnortnähe (welches gerade für berufstätige Eltern sehr wesentlich ist) in ein ausgewogenes Verhältnis gesetzt werden: Qualität geht vor Wohnortnähe, es muss nicht immer die nächste Einrichtung sein, es darf aber kein unnötiger Transportaufwand entstehen. Die Mitarbeiterinnen in den Einrichtungen müssen dementsprechend genügend für die gemeinsame Erziehung qualifiziert werden.

Zur Hypothese 2:
Eltern zeigen auf breiter Front eine große Zufriedenheit mit den erreichten Standards der Einzelintegration. Übereinstimmend heben sie die gute Entwicklung ihres Kindes hervor. Kritik entzündet sich in Einzelfällen an mangelnder Transparenz bzw. fehlender Flexibilität, mit dem Thema Integration umzugehen. Gleichzeitig sticht eine defizitäre Sicht bezüglich der Entwicklungs- bzw. Fördererwartungen beim eigenen Kind hervor. Erzieherinnen müssen diese Wünsche ernst nehmen, dürfen sich aber gleichzeitig nicht instrumentalisieren lassen. Die Umsetzung jeweils angemessener, d. h. kindorientierter Förderkonzepte ist ihr genuiner pädagogischer Auftrag.

Kritik entzündet sich an mangelnder Transparenz.

Erzieherinnen dürfen sich nicht instrumentalisieren lassen.

Insgesamt spricht sich die überwältigende Mehrheit aller Eltern für die gemeinsame Erziehung in Kindertagesstätten aus. Wenn es sich ums eigene Kind dreht, sind auch Eltern von Kindern mit gravierenderen Beeinträchtigungen der Auffassung, dass es ihrem Kind gut geht, allerdings glauben sie, dass diese Kinder im Allgemeinen zu kurz kommen.

Bezüglich einer möglichen Forderung nach verbesserungswürdigen pädagogischen Standards kann man davon ausgehen, dass Eltern nichts mehr verlangen, als sie unmittelbar kennen gelernt haben. Sie reagieren nur dann mittelbar rebellisch, wenn Mindeststandards (etwa bei unzureichender Betreuung der Kinder) unterlaufen werden.

Zur Hypothese 3:
Eltern der Mittelschicht, die offensichtlich mehr an pädagogischen Fragen bezüglich der Arbeit in den Einrichtungen ihrer Kinder interessiert sind, zeigen mehr Bereitschaft, sich für die Interviews zur Verfügung zu stellen als Eltern unterer sozialer Schichten. Sie offenbaren deutlich Erwartungen an die Förderung ihrer Kinder, ohne allerdings mit der Praxis unzufrieden zu sein.

Es gibt ein Nord-Süd-Gefälle in der Erfahrung mit Einzelintegration bezüglich der Angebotsstruktur als auch der Integration von Kindern mit schwereren Behinderungen, welches sich auch auf die Einschätzung auswirkt: Eltern im Süden zeigen auf Grund ihrer Erfahrungen etwas mehr Interesse an der gemeinsamen Erziehung, mehr persönliches Engagement, mehr Zufriedenheit, weniger Bedürfnis nach Problembewältigung.

Fazit:
Die moderne Pädagogik der Kindertagesstätte ist subjektzentriert. Dies gilt bezüglich der Arbeit mit dem Kind wie der Arbeit mit den Eltern. Sie müssen da abgeholt werden, wo sie stehen. Insofern widersetzt sich eine adäquate Förderung des Kindes bzw. Unterstützung und Begleitung der Eltern einem instrumentellen Verständnis anhand vorgestanzter Klassifikationsmuster. Dies gilt für die Abkehr von altersnormierten Entwicklungsrastern ebenso wie für eine schematisierte Betrachtung, wie weit der Bewältigungsvorgang im Falle einer Behinderung gediehen sei. Bezüglich des Umgangs mit dem Thema Behinderung ist Abschied zu nehmen von objektiven Kategorisierungen und Etikettierungen.

Eltern und Kinder sind da abzuholen, wo sie sind. Es darf keine normierten Entwicklungsraster geben.

Gute Arbeit in der Kindertagesstätte lässt sich nicht normativ quantifizieren.

Gute pädagogische Arbeit in der Kindertagesstätte lässt sich nicht normativ quantifizieren. Individuelle Entwicklungsprozesse und integratives Gruppengeschehen sind einmalig und unumkehrbar. Dies zu erkennen und angemessen intervenieren zu können, und das zeigen die Wünsche und Vorstellungen der Eltern unserer Untersuchung sehr deutlich, sind pädagogische Basiskompetenzen. Daher sind unter dem Gesichtspunkt von Strukturqualität stabile Rahmenbedingungen zu gewährleisten, die vor allem einer optimalen Prozessorientierung zugute kommen.[26]

Die Untersuchung stützt die landläufige Praxis der Einzelintegration: Eltern sind damit zufrieden. Vor dem Hintergrund der elterlichen Sorge ums eigene Kind erscheint auf Seiten der Erzieherinnen die Frage des Verhältnisses von Regel- und Heilpädagogik klärungsbedürftig. Methodischer Ausgangspunkt und pädagogisches Dach der gemeinsamen Erziehung in der Kindertagesstätte ist der Gruppenbezug (Regel-Pädagogik). Aus dieser Perspektive sind heilpädagogische Kompetenzen entlang der Frage umzusetzen: Welche zusätzliche heilpädagogische Förderung braucht gegebenenfalls das einzelne Kind? Diese Frage ist nicht immer auf Kinder mit Behinderungen allein zu beschränken. Die Dialektik von Regel- und Heilpädagogik gestaltet sich so, dass die gemeinsame Erziehung primär im Sinne sozialen Lernens in der Gruppe zu konzipieren ist und vor diesem Hintergrund die förderungswürdigen Interessen des einzelnen Kindes angemessen zu berücksichtigen sind.

---

[26] Tietze 1998, 21 ff

Elise Weiss, Ilka Riemann

4. Das Bild vom behinderten Kind – Verständigungsprozesse zwischen Eltern und ErzieherInnen

4.1. Einleitung

Mit dieser Studie wollen wir herausfinden, wie Eltern von Schulkindern die Einzelintegration ihres Kindes im Kindergarten im Nachhinein einschätzen. Zugleich interessiert uns, wie ErzieherInnen[1] abgeschlossene integrative Prozesse in ihrer Gruppe rückblickend beurteilen. Wir gehen von der Annahme aus, dass der Prozess der Integration wesentlich durch die Qualität der Kommunikation zwischen Eltern und ErzieherIn erfolgreich gestaltet oder erschwert wird. Weiter nehmen wir an, dass die Beziehungen zwischen den beteiligten Personen und Gruppen von ihren innerpsychischen, auf die Behinderung bezogenen Prozessen mitbestimmt wird.[2]

Integration wird von der Qualität der Kommunikation zwischen Eltern und Erzieherin bestimmt.

In der Familie entsteht ein „gemeinsames Bild vom Kind"[3], das die Beziehungen von Eltern und Professionellen prägt. Es trifft im Kindergarten auf das Bild, das die Professionellen aber auch die anderen Eltern mitbringen. In Austauschprozessen zwischen Eltern und ErzieherInnen mit Annäherung und Abgrenzung entsteht die Einigung auf ein „kommunizierbares Bild vom Kind"[4].

Gehen in diese Kommunikation die Erwartungen und Erfahrungen von Eltern mit dem behinderten Kind gleichberechtigt ein, entsteht ein Bild, in dem die Entwicklungshoffnung der Eltern für das Kind aufgehoben ist. Eltern und ErzieherInnen können sich so der Realität verträglich und entwicklungsförderlich im Dialog annähern.

---

1 Angehörige der Berufsgruppe werden mit ErzieherIn gekennzeichnet, konkrete Personen nach ihrem Geschlecht.
2 Klein, G. u. a. (1987): Integrative Prozesse in Kindergartengruppen. Über die gemeinsame Erziehung von behinderten und nichtbehinderten Kindern. Weinheim und München. Sie beschreiben integrative Prozesse auf vier Ebenen: neben der innerpsychischen die interaktionelle, die institutionelle und die gesellschaftliche Ebene. S. 39 ff.
3 Gidoni, E. A. (1986): Die Familie und das behinderte Kind. In: Paritätisches Bildungswerk e. V. (Hrsg.): Von der Behandlung der Krankheit zur Sorge um Gesundheit … Konzept einer am Kind orientierten Gesundheitsförderung von Prof. A. Milani Comparetti. Dokumentation einer Fachtagung. Frankfurt a. M., S. 19 ff.
4 Mündliche Mitteilung H. v. Lüpke April 1999

Wir befragten sechs Eltern und fünf Erzieherinnen zu abgeschlossenen Integrationsverläufen unter folgender Fragestellung[5]:
- Was verstehen Eltern und ErzieherInnen unter Integration und woran messen sie deren Erfolg?
- Auf welche Weise wirken sich innere Bilder vom Kind im Kommunikationsprozess von Eltern und ErzieherInnen aus?
- Werden die Erfahrungen mit Integration im Austauschprozess von Eltern und ErzieherInnen so thematisiert, dass integrative Prozesse zu befriedigenden Ergebnissen führen?

4.2. Was Eltern unter Integration verstehen

Eltern von Kindern mit Behinderungen berichten 1998 in Interviews, wie sie die Einzelintegration ihres Kindes im Kindergarten rückblickend einschätzen. Das Verständnis von Integration dieser Eltern, deren Kinder zum Zeitpunkt des Interviews ein bis drei Jahre eingeschult waren, hilft durch den Einbezug ihrer Schulerfahrungen Anspruch und Wirklichkeit von integrativer Erziehung zu überprüfen.

Es stellten sich fünf Mütter und ein Elternpaar zu ausführlichen Interviews zur Verfügung. Sie stammen aus dem Umfeld einer hessischen Stadt. Die Erfahrungen mit der Einzelintegration liegen zum Zeitpunkt des Interviews bei allen Eltern mindestens ein Jahr zurück. In allen befragten Familien leben beide Eltern mit ihrem behinderten Kind zusammen. Vier der sechs behinderten Kinder wachsen mit einem Geschwister auf. Die befragten Familien gehören unterschiedlichen Schichten und Kulturen an: drei Familien können der unteren Mittelschicht, zwei der gehobenen Mittelschicht und eine Familie als der Unterschicht zugehörig betrachtet werden. Namen und identifizierbare Angaben wurden anonymisiert.[6]

4.2.1. Erwartungen und Erfahrungen von Eltern

Eltern, deren behinderte Kinder in Regel-Kindertageseinrichtungen integriert sind, wählen absolut vorrangig den Kindergarten und die

---

5 Die Eltern und Erzieherinnen wurden mündlich nach einem teilstandardisierten Leitfaden befragt. Die Interviews wurden strukturanalytisch ausgewertet (Laatz 1993, Mayering 1994).
6 Die im Text als Belegstellen eingefügten Interviewsequenzen sind mit Nummerierungen in Klammern (z. B. 25 A) gekennzeichnet.

Integrationsform Einzelintegration deshalb, weil sie wünschen, ihr Kind möge so uneingeschränkt wie möglich am Leben von Kindern in ihrer Wohnumgebung teilhaben. Gerade der Besuch des wohnortnahen Kindergartens verspricht ihnen weitgehende Normalität des Lebens und geringe frühe Ausgrenzungserfahrung für ihr Kind. So wünscht sich auch Frau Adam für ihren Jungen:

„Hauptsächlich, dass er eben mit den normalen und gesunden Kindern zusammen sein soll. Das war der Hauptausschlagpunkt." (28/156–161)

Eltern fordern, ihr Kind solle „möglichst normal groß werden", „einfach mit anderen gleichaltrigen Kindern zusammenkommen". Sonderausstattungen oder spezifische Förderprogramme für das behinderte Kind werden von ihnen teilweise als isolierend eingeschätzt und negativ beurteilt. Eine bessere, aber vom Normalen abweichende Personalausstattung der Integrationsmaßnahme, die die Sondersituation des behinderten Kindes deutlich macht, wirkt deshalb beispielsweise auf Frau Dorburg zwiespältig.

An der Normalität teilhaben

„Manches Mal sind es mir fast zu viele Erzieher." (30/34–35).

Ihre Normalitäts-Erwartung lässt sie wünschen, ihr Kind solle nicht ‚überfördert' werden.

Nur scheinbar widersprüchlich stehen die Erwartungen der Eltern an größtmögliche Normalität ihrem Wunsch nach Akzeptanz des Andersseins des behinderten Kindes gegenüber. Eltern wollen ihr Kind so unauffällig wie möglich im Kindergarten erscheinen lassen. Ausgehend von dieser Vorstellung wird gelegentlich sogar ein besonderer Förderbedarf geleugnet. Der Einsatz von „fertigen Programmen" wird beispielsweise von Frau Fichte-Berek ausdrücklich verneint. Eltern wünschen sich, ErzieherInnen sollen das Kind, statt es an Normen anzupassen, in seiner Einzigartigkeit kennen lernen und so nehmen wie es ist.

Anderssein akzeptieren

Eltern ist es stattdessen vorrangig, dass ErzieherInnen das Kind behutsam und achtungsvoll in seiner Individualität kennen lernen. Das heißt unseres Erachtens auch, abwarten zu können und die Selbstaktivität des Kindes zu fördern. Das Kind stellt sich über sein „Geheim-

Behutsamkeit und Achtung

nis"[7] als Person auch über Unausgesprochenes dar. Es steckt seine Grenzen ab und baut seine Identität innerhalb der achtenden Beziehung auf.

Selbstbild des Kindes stärken

Wird die Einmaligkeit jedes einzelnen Kindes im Kindergarten bewahrt und Voraussetzungen für nicht isolierende Förderung im Kindergarten geschaffen, treten Eltern selbstbewusst für ihre und die Rechte ihres behinderten Kindes ein. Dann wünschen Eltern sich auch, wie Frau Dorburg, ihr Kind „solle sich im Kindergarten ausleben" und mit seiner Behinderung „sich behaupten können".

Gute Erfahrungen
Einzelintegration wird als gute Möglichkeit für Kind und Eltern erinnert.
Auf das einzelne Kind wurde eingegangen, und es konnte individuell gefördert werden.

„Gut fand ich, dass es auf jeden Fall nicht so eine Massenabfertigung war, sondern doch auf die einzelnen Kinder eingegangen werden konnte ... Einzelintegration finde ich ... sehr von Vorteil." (28/714–716; 740–743)

Überwiegend positive Erfahrungen sind den Eltern von der Integration im Kindergarten und insbesondere in Anbetracht ihrer Erfahrungen mit Schule in Erinnerung:

„Ja. Es war schon ein ganz schön anderes Leben so damals. Und jetzt mit der Schule, das ist sehr viel anders geworden und für mich persönlich auch eher schwieriger." (30/873–875)

Die Entwicklung des Kindes im Kindergarten und sein soziales Akzeptiert-Sein dort stärkt die Hoffnung von Eltern auf ein menschenwürdiges Leben ihres Kindes.

Erlebte Nachteile der Einzelintegration

Fehlen des Erfahrungsaustausches unter Eltern

Manche Eltern, die das Konzept Einzelintegration bejahen und sagen, den gleichen Weg würden sie wieder wählen, vermissen nachträglich die Erfahrung ihres behinderten Kindes im Umgang mit anderen behinderten Kindern.

---

7 Milani Comparetti, A. (1985): Von der ‚Medizin der Krankheit' zu einer ‚Medizin der Gesundheit' a. a. O., S. 26

Das bestätigt auch Frau Dorburg, die über Erfahrungen mit mehreren behinderten Kindern in der Einrichtung verfügt. Sie findet Integration eines einzigen Kindes deshalb nicht gut, weil sie selbst den Austausch mit anderen Eltern behinderter Kinder vermissen würde: „Da hätte ich mich als Eltern verlassen gefühlt …" (30/737)

Widersprüchliche Erfahrungen
Familien mit Erfahrung sozialer Ausgrenzung bewerten die Integration ihrer Kinder nicht nur positiv. Frau Begovic, die bei Aufnahme ihres Kindes in den Kindergarten erst seit einem Jahr in Deutschland lebte, beschreibt, wie fremd ihr das Wahlrecht von Eltern und die Integration als Betreuungsform waren gegenüber den Erfahrungen mit den Sondereinrichtungen im Herkunftsland:

Kultur des Kindergartens bleibt fremd.

„Ich habe gedacht, dass die Kinder mehr an die Erwachsenen gebunden sind, das war meine sehr, sehr große Überraschung, dass hier viel mehr Freiheit ist. Ich war oft sehr überrascht, wenn ich gesehen habe, dass das Kind schmutzig ist. Es war mir unangenehm. Es war für mich neu, wenn das Kind z. B. etwas nicht machen will, dann muss es das nicht machen." (29/143–149)

Trotzdem ist ihr das Zusammensein mit Nichtbehinderten für ihr Kind auch lieber (29/107-117). In diesem Widerspruch spiegelt sich sowohl der beginnende Integrationsprozess in die Gesellschaft des aufnehmenden Landes wie auch die mitgebrachte Erwartung wider. Einer inneren Überzeugung entspricht Integration noch nicht ganz, denn Frau Begovic wünscht gleichzeitig die ihr bekannte Förderung von Behinderten:

„Nach meiner Meinung muss man den Kindern mehr lehren oder etwas mit ihnen spielen, so wie es bei uns im Heimatland war." (29/149–151)

Die Ambivalenz dieser Mutter gegenüber Integration entspricht nach unserem Verständnis ihrem Stand zwischen den Kulturen – „nicht mehr ganz dort und noch nicht ganz hier".

Kulturelle Differenz wird häufig als zusätzlich belastend und isolierend in der Verarbeitung der Erfahrung von Behinderung begriffen. Der Hinweis auf die ethnische Zugehörigkeit beantwortet für uns die unterschiedlichen Wahrnehmungen und wie sie verarbeitet werden

Interkulturalität und Behinderung

alleine nicht. Frau Begovic wirkt überrascht über den anderen Umgang mit Behinderung im Kindergarten. Statt hierin eine kulturelle Differenz zu sehen, ist es für uns bedeutsamer, ob Eltern in ihrem bisherigen Leben Erfahrung in der Wahrnehmung ihrer Rechte und Möglichkeiten des Wählens hatten. Können sie ohne solche Vorerfahrungen den Prozess des Suchens und Einigens bei der Wahl zwischen verschiedenen Angeboten von Kindergartenerziehung für behinderte Kinder in unserer Gesellschaft überhaupt als positiv empfinden? Oder sind sie aufgrund ihrer Sozialisation – wie Familie Begovic in einer autoritären Gesellschaft – damit möglicherweise überfordert?

Stigmatisierungserfahrungen

Auch als Angehörige unserer Gesellschaft finden nicht alle Eltern Zugang zu sozialen Austauschprozessen und gesellschaftlicher Infrastruktur. Sie stellen dann nicht „selbstermächtigend" Ansprüche für sich und ihr Kind. Interviewte Eltern, die Subkulturen innerhalb unserer Gesellschaft mit Erfahrungen aus sozialer Randständigkeit und drohender Stigmatisierung angehören, leugnen während des Interviews den Umfang der Behinderung ihres Kindes.

„Die anderen Kinder waren ganz normal und haben ihn normal behandelt … Die Behinderung bei dem Z. war nicht so drastisch. Wenn es vielleicht eine andere Behinderung gewesen wäre, wäre das vielleicht anders gewesen." (25 A/302–309)

Das Bedürfnis, die Behinderung abzumildern, ist hier bei Familie Christiansen spürbar. Die Einschränkung ihres Jungen wird gegenüber anderen möglichen Behinderungen als gering bewertet und im Umgang der Kinder untereinander als eher bedeutungslos eingeschätzt. Der Prozess der Auseinandersetzung mit Behinderung verbindet sich verletzend mit der eigenen stigmatisierenden Vorerfahrung sozialer Ausgrenzung. Es kann innerpsychisch ‚überlebenswichtig' werden, Realität auszublenden und für sich verträglich zu gestalten.

Vermittlungsaufgabe

Wie wir durch die interviewten Eltern erfahren, führt Behinderung von Kindern im Kindergartenalter allein nicht mehr zu sozialem Ausschluss und Diskriminierung. Jedoch ist es von Erhalt oder Rückgewinnung kommunikativer und sozialer Kompetenzen der Eltern abhängig, wie sie für ihre Kinder und sich Lebens- und Entwicklungsbedingungen gestalten. Das hängt wesentlich von ihren Zugängen zu sozialen und kulturellen Einrichtungen sowie der ihnen zur Verfügung gestellten Infrastruktur ab. Dabei kommt dem Kindergarten eine wichtige Vermittlungsfunktion zu. Ob es dem Kindergarten gelingt, Eltern bei der Überwindung innerer wie äußerer Barrieren zu unterstützen, ihnen Zugänge zu Informationen und Sozialen Diensten zu erschließen und zu vermitteln, bestimmt im wesentlichen, ob Eltern mit Einzelintegration zufrieden sind. Familie Christiansen erfuhr in der Vergangenheit soziale Ausgrenzung und Randständigkeit. Ihre Zufriedenheit misst sich daran, wie ErzieherInnen sich für sie und ihr Kind engagieren:

„Die Erzieherin hat sich so engagiert für den Z. Die hat sich für alles engagiert, wenn ich mal Probleme hatte. Und dann später auch einen Hort zu finden, hat sie mir wesentlich geholfen." (25 A/640–644)

Ihnen gelingt es mit Hilfe des Kindergartens, sozial kompetent für die Rechte ihres Kindes einzutreten und die Wiederholung eigener Benachteiligung über den Zugang zu einer angemessenen schulischen Förderung zu vermeiden.

Schlechte Erfahrungen
Eindeutig negativ beurteilt allein Familie Einsele Einzelintegration. Nach einer ersten abgebrochenen Einzelintegration fanden sie einen anderen Kindergarten mit erfahrenen ErzieherInnen und engagierten Eltern. Dieses Zusammensein schätzen sie noch heute. Das Bild der Integration im Kindergarten bleibt jedoch von der ersten Erfahrung geprägt. Der dortigen ‚Normalität' kann nichts abgewonnen werden.

„Es war ein gravierender Fehler, U. nicht von Anfang an in eine richtige Einrichtung getan zu haben, also nicht so etwas, wo überhaupt keine Erfahrungen im Umgang mit Behinderten sind. Man selbst hat ja auch keine, das kommt dazu. Wir sind auch zu wenig offensiv aufgetreten, man denkt immer, man muss sich für das Anderssein seines Kindes entschuldigen und muss irgendwie gucken, dass das Kind so wird, wie die anderen. Bis man das überhaupt gerafft hat, dass das gar nicht so werden kann, das dauert lange. Da haben wir überhaupt keine Hilfestellung bekommen vom Kindergarten. Null!" (25 B/260–269)

Unerfahrenheit

Diese gescheiterte Einzelintegration ist von Unerfahrenheit der ErzieherInnen und des Trägers gekennzeichnet. Die Rahmenbedingungen der Einzelintegration sind noch weitgehend ungeregelt. Die Folge ist: die Eltern werfen sich nachträglich selbst mangelnde Erfahrung und ihre Zurückhaltung vor. Anfänglich wünschten sie, ihr Kind unter anderen Kindern als Kind wie andere zu erleben. Aber bitter war für sie das Scheitern dieser Hoffnung. Diese Erfahrung stellt eine Ausnahme unter den von den Eltern erzählten Integrationsverläufen dar. Trotzdem muss aus ihr gelernt werden.

Gescheiterte Einzelintegration

Die Kindertageseinrichtung, die das Kind U. als erste besuchte, konnte sich nicht kompetent auf die neue Aufgabe einstellen.

Kind erhält zu wenig Zuwendung.

„Das Kind lief irgendwie so nebenher. Es wurde nicht besonders darauf eingegangen. Es hat ewig gedauert bis da überhaupt mal jemand eingestellt wurde ..., also es kamen dann noch längere Krankheiten dazu bei der Erzieherin und Wechsel bei den anderen Erzieherinnen. Es war zum Teil nur eine Erzieherin für diese 20 Kinder vormittags da. Es sollte immer noch einmal jemand eingestellt werden, da lief aber überhaupt nichts. Zwei Monate war die neue Erzieherin da, dann hat man erklärt, man könnte mit ihr nicht zusammenarbeiten. Ihr wurde gekündigt. Vielleicht ging es im Team nicht. Also wir kamen gut mit ihr klar. Unser Kind kam auch gut mit ihr klar. Aber die Kündigung wurde uns auch nicht groß vorher mitgeteilt, es hieß plötzlich, es geht nicht mehr. Schluss, Aus, Punkt!" (25 B/142–154)

Personalkarussell und Teamkonflikte

Der Vorgang: Erst fehlt Personal, dann war es „dauerkrank", danach wird die eigens eingestellte Erzieherin vom Team nicht akzeptiert, bleibt für Frau Einsele unannehmbar. Das Kind scheint die Spannungen im Team und die Be-‚Fremd'ung der Institution gegenüber der neuen integrativen Aufgabe zu spüren und fremdelt nun selbst. Es lehnt in der Folge einzelne ErzieherInnen ab. Team und Leitung wiederum ‚lösen' den Personalkonflikt durch Ausschluss der neuen Mitarbeiterin aus dem ErzieherInnenteam. Das ist für Eltern mit großen Selbstzweifeln und Sorgen über die richtige Betreuung für ihr behindertes Kind unverträglich. Über die fehlende Kompetenz des Teams fühlen die Eltern sowohl sich als auch ihr Kind nicht wertgeschätzt, sondern mit abgelehnt und ausgestoßen.

Obwohl das Kind die Einrichtung wechselt und Eltern wie Kind danach eine positive integrative Erfahrung machen, bleibt die Skepsis dieser Eltern gegenüber Einzelintegration deutlich:

„Also diese Einzelintegration … vielleicht ist sie geeignet, bei leichteren Behinderungen? Bei anderen Kindern, die ihr ganzes Leben lang Hilfe brauchen werden und die nicht eigenverantwortlich ihr Leben führen können, also da weiß ich nicht, ob man ihnen einen Gefallen damit tut. Für solche Kinder auf gar keinen Fall eine Einzelintegration." (25 B/1068–1081)

<small>Lebenslange Perspektive Behinderung</small>

Durch die unzulänglichen Bedingungen des Kindergartens und nichttragenden Beziehungen zu den ErzieherInnen tritt verstärkt die lebenslängliche Perspektive des Behindertseins ins Bewusstsein, welche die Eltern mit niemanden innerhalb des Kindergartens teilen können. Die negativen Erfahrungen mit Einzelintegration vermitteln Ohnmacht und verstärken Hoffnungslosigkeit von Eltern. Die Schutzfunktion einer engagiert arbeitenden Sondereinrichtung wird für sie wichtiger als der Wunsch nach Normalität.

<small>Wunsch nach Schutz</small>

Die Ablehnung dieser Eltern gegenüber Integration im Kindergarten ist gut nachvollziehbar, hat aber weit reichende Folgen. Ihnen bleibt nicht längerer ein innerer Spielraum, der die Wahl zwischen den Modellen wohnortnaher Integration oder Betreuung in Sondereinrichtungen auch nur in Gedanken zuließe. Bereits in den frühen Lebensjahren des Kindes sind sie gezwungen, sich für eine Option zu entscheiden, ohne zwischen unterschiedlichen Erfahrungsräumen und Lebensentwürfen offen zu bleiben. Integration ist entwertet und muss verworfen werden. Ein entschiedenes Eintreten für das Leben in der Sondereinrichtung vermeidet für diese Eltern zukünftig die Ambivalenz von Entscheidungskonflikten. Ihre Fähigkeit zur Auseinandersetzung mit der Differenz wird jedoch nicht gestärkt und in unserem Verständnis bleiben innere integrative Prozesse verkürzt.

<small>Entscheidungsfolgen: Verlust der Wahlmöglichkeit</small>

4.2.2. Verständigungsprozesse zwischen Eltern und ErzieherInnen

Gelingende Beziehungen zwischen Eltern und ErzieherInnen werden wesentlich davon bestimmt, ob es gelingt, ein Bild vom Kind miteinander zu kommunizieren. Das Bild vom behinderten Kind ist nach unserer Auffassung ein sozial vermitteltes, das zwischen Menschen reproduziert wird. Dort, wo Menschen füreinander bedeutsam werden, ist es zwischen ihnen veränderbar.

Das miteinander kommunizierte Bild vom Kind

Das Bild von Kindheit ist im steten Wandel begriffen. In das Bild vom Kind und somit auch vom behinderten Kind fließen sowohl individuelle wie gesellschaftliche Vorstellungen ein. Diese Bilder bestimmen die Entwicklung des Kindes, den Raum seiner Selbstgestaltung und das Geflecht seiner Beziehungen mit. So ist das Bild des behinderten Kindes in unserer Gesellschaft noch immer defizitär und mit dem eines zu therapierenden Kindes identisch. Das Bild vom Kind im Bewusstsein von Eltern ist Träger der elterlichen Hoffnung auf weitgehende Normalität. Darüber stellt es einen Entwicklungsanreiz für das Kind dar, wenn das Bild zu seinen Möglichkeiten nach und nach ins Verhältnis kommt. Kann das Bild der Eltern und der ErzieherInnen im Kindergarten miteinander kommuniziert und förderlich in den Dialog mit dem Kind eingebracht werden, verhilft es dem Kind die Behinderung als Teil seines Selbst zu integrieren.

ErzieherInnen und ihr Bild vom Kind

Professionelle arbeiten gleichzeitig auf den zwei Ebenen des Bildes vom Kind, der Realitätsebene wie der Fantasieebene, sowohl im Professionellenteam wie der Familie des behinderten Kindes.[8] Die Auseinandersetzung mit dem inneren Bild des behinderten Kindes auf Seiten der ErzieherInnen schließt die Auseinandersetzung mit den eigenen und berufsspezifischen Mechanismen der Angstbewältigung vor Behinderung ein: wie beispielsweise eine Einordnung von Kindern nach Diagnosen, die unbewusst eine emotionale Begegnung mit dem Kind vermeiden helfen. ErzieherInnen haben die Gestaltung der ‚Maßnahmen' auch auf die in ihnen verborgenen institutionellen Rituale und Angstbündnisse zwischen Institutionen und Professionellen hin zu untersuchen, die den gesellschaftlichen Umgang mit dem Anders-Sein im Kindergarten reproduzieren. Wechselseitiger Austausch über die inneren Bilder zwischen den Beteiligten im Kindergarten ermöglicht, deren unterschiedliche Bedeutungen kennen zu lernen und ein gemeinsames Bild miteinander im Dialog zu entwickeln.

8 Gidoni, E.A. (1985): Die Familie und das behinderte Kind. In: Paritätisches Bildungswerk e. V. (Hrsg.) a. a. O., S. 19 ff.

Umgang mit dem Kind begründet die Beziehung
Aus unseren Interviews ist erkennbar, wie ErzieherInnen behutsam und respektvoll die Eigenart des Kindes achten und darüber mit seinen Eltern in eine förderliche Beziehung eintreten. ErzieherInnen tragen das zum Teil von großem inneren Schrecken und Furcht vor sozialer Deklassierung geprägte Bild der Eltern mit. Und es gelingt dann den ErzieherInnen über ihre persönlichen Beziehung zur Familie, die Akzeptanz des behinderten Kind zu unterstützen und zu helfen, sein ‚menschliches Antlitz' wahrzunehmen.

Frau Adam schildert eindrücklich eine Szene aus dem Beginn der Einzelintegration, in der sie erfuhr, wie selbstverständlich der Kindergarten einem Kind mit besonderen Anforderungen begegnete:

„Dann war er ja auch noch nicht sauber am Anfang, das kam noch dazu. Was ist, wenn er dann in die Hose macht? Läuft er dann drei Stunden rum und stinkt sozusagen oder …? Ich hab da mehr Angst gehabt, was alles schief gehen könnt, aber das ist nicht eingetreten. Auch wenn mal was daneben ging, als er keine Windel mehr trug später und er dann mal was in die Hose machte. Ja, dann ist er umgezogen worden! Die hatten dort jede Menge Klamotten da. Es hieß dann immer nur leise, wenn ich ihn abgeholt habe: „Da hängt wieder ein Tütchen." (28/207–215)

Das Bild dieser ErzieherInnen schließt selbstverständlich ein Kind mit Problemen beim Sauberwerden mit ein. Dafür haben die ErzieherInnen vorgesorgt. Einnässen und Einkoten wird zum kleinen Malheur, das im Kindergarten passieren kann. Diskret weisen sie auf das „Tütchen" hin. Durch diese Unaufgeregtheit, diesem Betonen der Normalität, kann die Mutter ihre Angst vor dem so anderen Kind, dem sozial Auffälligwerden und dem Ausgestoßensein verringern.

Die Akzeptanz und Wertschätzung, die ErzieherInnen dem behinderten Kind entgegen bringen, scheint der ‚Türöffner' zu den Müttern und Eltern zu sein. Wie die ErzieherInnen mit den Eltern zu kommunizieren vermögen, entscheidet mit darüber, welche Bedeutung diese dem Kindergartenbesuch, der Bindung des Kindes an die Erzieherin und damit einer die Entwicklung fördernden anderen Erfahrung geben können.

Wertschätzung des Kindes ist Türöffner zu den Eltern.

Integration in der Familie und Empowerment

Das mit den ErzieherInnen kommunizierte Bild macht die Ängste und Zweifel, die das verinnerlichte Bild vom behinderten Kind in der Familie auslöst, milder und erträglicher. So gelingt es Eltern allmählich, innerpsychisch noch nicht Überwundenes abzubauen und nach und nach sich mit der Realität auseinander zu setzen.[9] Müttern werden über diese Erfahrung mit den ErzieherInnen ermutigt, sich am Ende der Kindergartenzeit mit anderen Eltern zu verbünden, um miteinander für die Rechte ihres Kindes auf Leben in der Gemeinschaft einzutreten.

Kommunikation mit der Erzieherin

Aus den Äußerungen von Eltern zur Kommunikation mit den ErzieherInnen werden Merkmale sichtbar, die den Aufbau von gelingenden Beziehungen oder auch ihre Erschwernisse charakterisieren. Als untrennbar von den Aussagen zur Kommunikation mit den ErzieherInnen erweist sich, wie die Eltern sie im Umgang mit ihrem Kind wahrnehmen.

Merkmale gelingender Beziehungen

Frau Begovic, die wenig im Kindergarten integriert erscheint, erlebt den freundlichen Umgang mit ihrem Kind als für sich unterstützend.

„Es war gut für mich, wie die Erzieherin zu meiner Tochter war. Sie waren alle sehr nett, und das war für mich hilfreich." (29/166–167)

Eltern beschreiben ErzieherInnen als unvoreingenommen, humorvoll und warmherzig. Sie loben ihr Engagement und ihre Anteilnahme. Zwischen Eltern und ErzieherInnen entsteht im Verlauf der Integration eine Partnerschaft, in der die Professionellen zu „ganz engen Miterzieherinnen" werden.

Für Frau Einsele baut sich durch die positive Einstellung der ErzieherInnen zum Kind auch gegenüber den Eltern keine „negativen Emotionen" auf.

Offenheit, Humor und Warmherzigeit im Umgang mit dem Kind

„So die Art gefiel mir, wie die mit dem Kind umgingen. Auch regelten sie sehr viel mit Humor, generell war da Warmherzigkeit und sie waren nicht

---

9 Siehe hierzu die Empowermentdiskussion u. a. Weiss, H. (1992): Annäherungen an den Empowerment-Ansatz als handlungsorientierendes Modell in der Frühförderung. In: Frühförderung interdisziplinär. S. 157–169.

so verbiestert, wenn unsere Tochter irgendetwas angestellt hatte." 25 B/935–937)

Die ErzieherInnen waren bereit, sich mit dem Kind auseinander zu setzen und blieben unvoreingenommen gegenüber dem in seinem Verhalten oft schwierigen und schwer einschätzbaren Kind:

„Dass immer so die Bereitschaft war, sich auseinander zu setzen mit dem Kind. Sie machten mit ihr auch weiter, guckten, wo kann es weitergehen. Sie konnten sich freuen, wenn sie etwas gut gemacht hat. Das fand ich zum Beispiel auch toll, dass man dann gleich gesagt hat: ‚Das hat sie heute gemacht, das war Klasse!' Umgekehrt natürlich auch mal, wenn es kein guter Tag war, berichteten sie, so und so ist es gelaufen. Es war diese Offenheit, dass man über alles reden konnte." (25 B/935–951)

Eltern mit behinderten Kindern haben vielfache belastende Erfahrungen mit am ‚Objekt behindertes Kind' festgemachten Interessen, wie es beispielsweise die häufig notwendigen medizinischen Untersuchungen mit sich bringen. Die Anteilnahme von ErzieherInnen erfahren sie dagegen anders. Frau Adam erinnert noch nach Jahren, wie vorurteilslos und interessiert anteilnehmend sie die Erzieherin bereits während der Aufnahme des Kindes wahrnahm. „Ihre ganze Persönlichkeit, die war einfach super."

Engagement und Anteilnahme

Gerade kleine Gesten der Unterstützung und Anteilnahme bleiben lange im Gedächtnis. Über sie wird das Kind in seiner Besonderheit durch die ErzieherInnen unaufgeregt akzeptiert. Aber auch die Eltern fühlen sich verstanden und wertgeschätzt:

Die große Bedeutung kleiner Gesten

„Wenn er Medizin nehmen musste, z. B. Hustensaft, das haben die Erzieherinnen also sofort ohne Probleme gemacht. Sie haben sich eben aufgeschrieben, was er wann wie viel nehmen musste. Da gab es kein ‚nein, wir dürfen keine Medikamente verabreichen' oder ‚machen Sie das selber' oder ‚wenn es sein muss, kommen Sie halt her und machen das', das war kein Problem." (28/629–635)

Es entsteht Nähe aus dem kommunikativen Austausch zwischen Eltern und ErzieherInnen und die lässt es zu, dass die Eltern sich mit ihren Sorgen im Kindergarten zeigen können und sich verstanden fühlen:

"Wenn ich irgendein Problem hatte, wenn was ganz frustrierend war mit dem X., die Erzieherinnen haben mich auch wieder versucht, ein bisschen aufzubauen ‚das wird schon wieder, es hängt jedes Kind einmal durch', das war schön." (28/604–608)

Frau Dorburg erinnert sich an die Anteilnahme, deren sie insbesondere in der Zeit bedurfte, als weitere Untersuchungen und bedrohliche Prognosen die Familie neu belasteten:

Zuhörenkönnen ist wichtig.

"Ich glaube die Erzieherin M. hat am meisten reflektiert. Mit ihr konnte ich auch darüber gut reden, über die Behinderung von W. In der Zeit, in der sie da war, ist auch viel passiert mit ihm. ... Da hat sie mir schon so zur Seite gestanden ... (sehr bewegt). – Sie konnte noch einmal anders zuhören, da habe ich Hilfe bekommen." (30/655–661)

Das Zuhören-Können und eine Beziehung zu Eltern, die gelegentliche Mitteilungen elterlicher Selbstzweifel und Belastungen beispielsweise aus unklaren medizinischen Diagnosen mit einschließt, sind Grundlagen von als gut eingeschätzten Beziehungen.

Beratungskompetenz der Erzieherinnen

Erwartet wird häufig, der Umgang mit Eltern behinderter Kinder benötige therapeutische Fähigkeiten. Inneres Begleiten von Eltern in deren Verarbeitungsprozessen bedarf Einfühlungsvermögen und professionelle Kompetenz. Für die Einschätzung der hinter Elternmitteilungen liegenden inneren Konflikte und die Auseinandersetzung mit der eigenen Gefühlsbeteiligung von ErzieherInnen, benötigen diese dann neben kollegialem Austausch ergänzend externe Beratung und Supervision. Aber für das, was den Eltern als Haltung von ErzieherInnen noch gut im Gedächtnis geblieben ist und was sie für die Kommunikation mit den ErzieherInnen aufschließt, scheinen zunächst alltägliche menschliche Fähigkeiten wie Zuhören und Anteilnehmen gefragt. Die Mütter und Eltern loben, wie die ErzieherInnen für sie ansprechbar waren.

"Wenn ich irgendwie Probleme hatte oder mal reden wollte, waren die auch da und haben sich Zeit genommen für mich und haben nicht auf die Uhr geguckt." (28/612–614)
"Wenn wir Fragen hatten zur Erziehung oder so, da war immer jemand da." (25 A/117–118)

Eltern können gut durch den Vergleich mit der Schule das Besondere der nahen Beziehungen zu den ErzieherInnen im Kindergarten einschätzen:

„Der Kontakt zu den LehrerInnen ist nicht ganz so eng wie zu den Erzieherinnen im Kindergarten. Weil, man bringt das Kind hin und geht wieder. Im Kindergarten hat man dann doch ein bisschen mehr miteinander gesprochen. Da hat man mehr Zeit gehabt." (28/112–117)

<small>Vergleich mit der Schule</small>

Erfahrungen des Gehalten- und Getragen-Werdens vermitteln Eltern über lange Zeit – manches Mal lebenslänglich – ihren behinderten Kindern. Sie selbst brauchen in den frühen Auseinandersetzungen mit der Behinderung und in akuten Krisen eine haltende Umgebung.[10] Das „Beziehungsfeld Kindergarten" scheint eher als die Schule mit ihren anderen Anforderungen die Voraussetzung zur Vermittlung dieser Erfahrung zu bieten.

<small>Eltern in Krisensituationen benötigen Halt.</small>

‚Behinderte' Kommunikation

In die Kommunikation zwischen Eltern und ErzieherInnen fließen die Erfahrungen mit Bevormundung von Eltern ein, die soziale Diskriminierung erlitten haben. Auf die Arbeit mit diesen Eltern hat sich der Kindergarten einzustellen, um Ausgrenzung nicht blind zu wiederholen. Eltern, die früher Halt und Unterstützung vermissten, bringen hohe Erwartungen auf einen achtenden und tragenden Umgang mit ihrem Kind ein. Ein Elternpaar, mit eigenen sozialen Ausgrenzungserfahrungen, wünscht sich vor allem ein behutsames, Vertrauen erweckendes Vorgehen von Seiten der ErzieherInnen:

„Langsam auf das Kind zugehen. Das Vertrauen erst einmal in dem Kind wecken und nicht gleich halt wie mit der Axt im Wald auf es zugehen ... Das bringt bei denen auch gar nichts, dann wehren die sich und dann ist Feierabend, dann kommen die Erzieherinnen auch nicht mehr an das Kind dran." (25 A/535–539)

Belastungen des Selbstwertes aus der Elternschaft für ein behindertes Kind verbinden sich mit Erfahrungen neuerlicher Abhängigkeit von Sozialen Diensten. Frühere Einschränkungen beleben sich darü-

<small>Späte Folgen früher Stigmatisierung</small>

---

10   Winnicott, D. W. (1984): Familie und individuelle Entwicklung. Frankfurt a. M. 160 ff., 213 ff.

ber wieder. Gehen ErzieherInnen behutsam, anerkennend und unterstützend mit dem Kind und damit indirekt auch mit Verletzungen der Eltern um, mildert sich das Gefühl von Bedrohtsein ihrer Selbstbestimmung und von sozialer Angst vor Ausgrenzung. Dort wo es im Kindergarten nicht zu solchen kommunikativen Austauschprozessen kommt, geraten Eltern in die ‚Falle Selbstisolierung'. Sie ziehen sich zurück und entlassen ErzieherInnen und Elterngruppe aus der Auseinandersetzung mit diesen Vorerfahrungen und aktuellen Anforderungen an die Familie. Stigmata, wie sie beispielsweise die Migration begleiten, werden dann nicht in die Beziehung zu den ErzieherInnen eingebracht. Der Integrationsprozess der Familie und des Kindes im Kindergarten bleibt fixiert.

Nichtgelungene Einigung

Die Eltern berichten mehrheitlich sehr anerkennend über die Kommunikation mit den ErzieherInnen. Aber es finden sich auch Hinweise auf nicht gelingende Einigungsprozesse zwischen Eltern und ErzieherInnen.

Unachtsamkeit gegenüber dem Kind

Wieder scheint die Beziehung, auch die enttäuschende, in den Augen der Mutter darüber zu entstehen, welche Beachtung das Kind erhält:

„Ein paar mal habe ich natürlich gesehen, dass meine Tochter irgendwo alleine liegt oder die Hosen nass sind." (29/645–646)

Frau Begovic blieb ein Verhalten unverständlich, das nicht in der Weise, wie sie es erwartete, der körperlichen Pflege des behinderten Kindes oberste Priorität einräumt. Das Miteinander-Sprechen, das Sich-Austauschen darüber gelingt nicht. Die Gesprächskultur des Kindergartens – ihr als Migrantin anfänglich ohnehin fremd – bleibt ihr wegen des nichtgelingenden Austauschs mit den ErzieherInnen und insbesondere der Elterngruppe verschlossen. Sie nimmt folglich obige Beobachtungen als generelle Unachtsamkeit und Vernachlässigung wahr.

Auch bei der mit der Integration sehr zufriedenen Frau Dorburg gibt es eine Erinnerung, in der sie ihr Kind nicht verstanden fühlte und die sie noch heute schmerzt:

„Normalerweise kamen die gut mit dem W. klar … Da war ein Fest, da haben die Kinder sich alle Laternen gemalt, der W. auch. Dann wollten wir damit nach draußen ins Dunkle gehen und irgendwie haben sie den W. da sitzen lassen. Da hatte ich das Gefühl, meine Güte, der kann jetzt doch nicht laufen, warum stürmen die ohne ihn alle raus. Da saß er alleine, konnte nicht mitlaufen. Da hab ich richtig darunter gelitten, wie mein Kerlchen da einfach sitzen gelassen wird. … Ich fand die Situation sehr verletzend. Es traf ihn bei seiner Behinderung, also an der Stelle, wo er auch wirklich empfindlich ist." (30/672–695)

Kränkungen kommen nicht zur Sprache.

Auch in dieser Szene kann miteinander nicht ausreichend gesprochen werden, obwohl Frau Dorburg als artikulationsfähig erscheint. Sie bleibt auf sich allein gestellt, ihren Beobachtungen Bedeutungen zuzuweisen.

Verletzte Gefühle können nicht immer vermieden werden. Von Belang ist jedoch dabei, ob über kritische Wahrnehmungen und unangenehme Gefühle zwischen Eltern und ErzieherInnen gesprochen werden kann. Entwickelt sich eine Gesprächskultur im Kindergarten, in der sich auch über Nichtgelingendes und Verletzendes ausgetauscht wird? Hinter abweisendem oder selbstisolierendem Verhalten von Eltern versteckte Mitteilungen zu verstehen zu suchen, ist Aufgabe professioneller Pädagogik.

Umgang mit Kritik
Nur wenige Eltern erwähnen, dass sie kritische Fragen gestellt oder sich offen mit ErzieherInnen auseinander gesetzt haben. Üblich scheint im Kindergarten ein Kommunikationsstil, bei dem Kritik schwer fällt.

Wenig Auseinandersetzung

Frau Dorburg erinnert sich, gemeinsam mit anderen Eltern Wünsche nach mehr Transparenz des Gruppengeschehens geäußert zu haben, die jedoch von den ErzieherInnen als Angriff fehlgedeutet wurden (30/527-532). Sie berichtet von Situationen, in denen sie ihr Erziehungsverhalten zu dem der ErzieherInnen diskrepant erlebt, aber sich eher zurück hält, als offen damit umzugehen:

„Ich habe da glaube ich gar nicht so viel gesagt, weil ich denke, es gibt andere Personen, die anders mit dem W. umgehen, und das ist auch so in Ord-

nung, wenn andere Personen anders sich mit ihm verhalten, solange es Grenzen gibt, er nicht verletzt wird oder... (30/620–624)

Frau Dorburg leugnet diskrepante Realität nicht. Sie geht akzeptierend damit um. Das scheint uns jedoch wenig in die Einigungsprozesse zwischen ErzieherInnen und Eltern einzufließen, noch gar deren Ergebnis zu sein.

Frau Einsele erinnert sich weitgehend anerkennend über die Gespräche, die sie mit den ErzieherInnen in der zweiten Integrationsmaßnahme führte:

„Wir haben schon viel geredet darüber, wie man mit ihr umgeht, wie man ihr auch mal Grenzen setzt. Das konnte man schon ganz gut. Manches hätte ich gern ein bisschen anders gehabt, aber das ist dann auch ein unterschiedlicher pädagogischer Ansatz." (25 B/906–910)

Fehlende Kritik verkürzt Dialog.

Auch Frau Einsele hält sich zurück. Aber was verhindert denn eine offene Auseinandersetzung über den unterschiedlichen Ansatz? Vermutlich wird auch in diesem Kindergarten noch selten Widersprüchliches offen bearbeitet. Kommunikation, die kritische Auseinandersetzung vermeidet, geht von leichter Kränkbarkeit aus und weicht dieser aus. Vonseiten der ErzieherInnen wird dies vielleicht damit begründet, dass die Familie mit der Anpassung an die Behinderung ohnehin belastet ist. Und möglicherweise vermuten die Eltern, der Kindergarten sei durch die erhöhten Anforderungen durch integrative Arbeit ebenso nicht belastbar. Eltern vermissen dann im Kindergarten in den ErzieherInnen Dialogpartner, die sie bei der Bearbeitung ihrer widersprüchlichen Impulse und Empfindungen begleiten und es ihnen möglich machen, sich mit zwiespältigen Wirklichkeitserfahrungen – auch mit denen des Kindergartens – offen kritisch auseinander zu setzen.

Gelungener Umgang mit Kritik

Kritischer Dialog und Integration gehören zusammen.

Wenn in bestimmten Situationen wirklich Kritik geübt werden kann, zeigt dies, dass Eltern anfängliche Abhängigkeit vom Kindergarten überwunden haben. Eltern fühlen sich dann ausreichend verstanden und akzeptiert, und müssen nicht mehr gegenüber den ErzieherInnen nur ‚dankbar' zu sein. Sie können sich nun anderen zumuten und die Beziehungen zu ihnen belasten. Umgekehrt kann das Fehlen von kritischer Auseinandersetzung zwischen Eltern und ErzieherInnen als Hinweis für einen blockierten Prozess in der Integration verstanden werden.

Die folgende Szene zeigt einen weniger behutsamen, sondern eher konfrontativen Umgang miteinander. Nach einer überwundenen Erkrankung des Kindes über das Wochenende werfen die ErzieherInnen Frau Fichte-Berek dem Anschein nach vor, sie hätte die ErzieherInnen über die Krankheit nicht ausreichend informiert und das Kind eventuell zu früh in den Kindergarten gebracht. Ein solcher Anlass führt in vielen Kindereinrichtungen zum Konflikt zwischen Eltern und PädagogInnen.

Eine Mutter ‚haut auf den Tisch'.

„Da haben sie gesagt: Ja, wieso ich denn das nicht … so etwas muss ich mitteilen, um Gottes Willen! Und da habe ich gesagt: „Wenn ich der Meinung gewesen wäre, es kommt was nach, wäre der V. nicht gekommen. Ihr müsst auch mal akzeptieren, dass ich mein Kind gut kenne. Da waren sie halt teilweise überängstlich. Es ist wahrscheinlich schwierig damit umzugehen … Die haben halt immer die Schwere der Behinderung vor sich gesehen, Aber ich kann ziemlich gut einschätzen, wann Gefahr ist, dass was kommen könnte oder nicht." (27/683–692)

Frau Fichte-Berek ist mit dem ihrer Meinung nach allzu behutsamen Umgang mit ihrem Kind nicht einverstanden und teilt das auch deutlich mit:

„Die ErzieherInnen haben sich wirklich um den V. bemüht. Teilweise waren sie halt etwas situationsbedingt überängstlich. Da habe ich mal gesagt, sie sollen nicht soviel Rabatz machen." (27/602–604)

Die ErzieherInnen werden von der Mutter als überängstlich besorgt erlebt. Sie selbst hat sich im Umgang mit ihrem schwer behinderten Jungen als berufstätige Mutter notgedrungen einen eher unaufgeregten pragmatischen Umgang erworben. Sie kann ihr Kind nicht ‚in Watte packen'. Die beiden differenten Haltungen scheinen sich zunächst wechselseitig zu widersprechen und auszuschließen. ErzieherInnen und Mutter nehmen hier jeweils entgegengesetzte Pole ein. Unterstützt die eine Haltung die Bindung, stößt die andere eher die Autonomieentwicklung an. Wir erkennen also zwei Enden einer Entwicklungsaufgabe, die hier zwischen Kindergarten und Mutter aufgespalten scheint.

Die geschilderte Szene lässt jedoch vermuten, dass es in der Folge nicht zu einer unversöhnlichen Entwertung zwischen den Erziehungspartnern kam, sondern trotz unterschiedlicher Haltungen gegenüber dem Kind weiter miteinander kommuniziert wird. Frau Fichte-Berek erinnert sich an eine Vielzahl gemeinsamer Erlebnisse zwischen ErzieherInnen, Kind und Eltern, in denen sie sich unterstützt und akzeptiert fühlte. Das macht es ihr möglich, eine zeitweilige Differenz im Umgang mit dem Kind nicht nur ertragen zu können, sondern sich deutlich mit ihrer eigenen Position einzubringen.

Frau Fichte-Berek hat die Überfürsorglichkeit überwunden, die zunächst hilft, Aggression auf das so andere Kind abzuwehren. Sie vermag nun Differenz zwischen sich und den ErzieherInnen deutlich konfrontierend zur Sprache zu bringen. Sie haut auf den Tisch und fordert, „nicht so viel Rabatz zu machen".

Ein Bild bricht zusammen – Schule als Prüfstein der Verständigung
Aus einem Interview erfahren wir, wie beim Übergang zur Schule ein aus der bisherigen Kommunikation im Kindergarten ausgeschlossenes Bild vom behinderten Kind durch Hospitation in der Sonderschule überwältigend in ihre Wahrnehmung einbricht. Das bisher kommunizierte, für die Mutter erträgliche, Bild von ihrem Kind wird davon in seinen Grundfesten erschüttert. Frau Adam ist bei der Suche nach einem Kindergartenplatz bereits entsetzt über die Zustände in integrativen Einrichtungen. Aber noch mehr schockiert ist sie von Sonderschulen, die sie drei Jahre später kennen lernt. Sie kann nun nicht länger das während der Kindergartenzeit ihres Sohnes kommunizierte Bild schützen. Die gesellschaftliche Stigmatisierung des Behinderten als Mängelwesen schlägt nun voll durch und ist auch von Eltern verinnerlicht.

Der Schock „Sonderschule"

„Da war ich am Ende und da dachte ich, da geht mein Kind niemals hin und wenn er auf keine Schule geht, d a nicht."(28/65–67)

Das Entsetzen und der Schock von Frau Adam teilte sich im Interview mit. Die Erschütterung des eigenen Selbstbildes und das des inneren Bildes vom Kind wird bedrohlich spürbar. Zu diesen in der gesellschaftlichen Hierarchie unten angesiedelten behinderten Kindern darf das eigene Kind auf keinen Fall gehören.

Dass es ein Dasein gibt, das man sich für das eigene Kind nicht wünscht, muss spätestens beim Übergang zur Schule realisiert werden. Diese mit Angst besetzte Existenzform durchbricht den während des aktiven Moratoriums Einzelintegration aufgebauten Schutz der Eltern. Die Differenz zu ihrem Bild vom Kind tritt Frau Adam unabweisbar ins Bewusstsein und weckt wieder Fantasien und das Gefühl der Abwehr: „Da geht mein Kind niemals hin und wenn er auf keine Schule geht ..." Über aggressive Entwertung der Sondereinrichtung hofft man, die erneut einsetzende Enttäuschung über das eigene Kind zu bewältigen.

Der Übergang zur Schule wird für viele Eltern zum Prüfstein für das im Kindergarten kommunizierte Bild vom Kind. Bei einigen Eltern führt die Bedrohung des aufgebauten Selbstwertes anfänglich dazu, Realität zu leugnen und das eigene Kind als weniger behindert wahrzunehmen. Auf keinen Fall gehört es dann zu den Behinderten, die in eine Sonderschule gehen.

Beim Übergang in die Schule gerät das bisher kommunizierte Bild vom Kind unter Druck.

Bewerten jedoch die Eltern die Erfahrung mit Integration im Kindergarten hoch, kann das dort kommunizierte Bild den Realitätsschock bei Schuleintritt verträglich mildern und modifiziert in die andere Kultur der Schule eingebracht werden. Enttäuschungen bei der Schulplatzierung fängt es soweit ab, dass Eltern sich in ihrem Anspruch nach ‚Normalität" bestätigt und bei der Wahrnehmung ihres Wahlrechts gestärkt fühlen. Zitieren wir nochmals Frau Adam. Sie begründet die Wahl einer integrativ arbeitenden Schule für ihr Kind:

„Weil wir vorher im Kindergarten mit der Integration gute Erfahrungen gemacht haben und ich nicht eingesehen habe, in der Schule darauf zu verzichten." (28/52–54)

Selbstbewusst meldet sie ihre und die Interessen ihres Kindes an, kann ihre Elternrechte bei der Wahl einer integrativ arbeitenden Schule sogar durchsetzen und führt später aus:

Das Bild vom behinderten Kind

> „Der Kindergarten hat mich also schon unterstützt, den X. weiter integrativ in die Schule zu geben. Die wären auch sehr geschockt gewesen, wenn ich gesagt hätte, er geht jetzt auf die Sonderschule, dann wäre ja die ganze Arbeit für die Katz gewesen." (28/72–76)

Das mit dem Kindergarten gemeinsam kommunizierte Bild vom Kind hilft ihr, mit Nachdruck auf ihrer Forderung nach integrativer Beschulung zu bestehen. Es gibt ihr Kraft beim Eintreten für ihre Rechte und Durchsetzungsvermögen.

Offene Kommunikation führt zu Entscheidungsfreiheit.

Das Bild vom Kind, das beispielsweise Frau Fichte-Berek im Kindergarten kommuniziert, lässt ihr ausreichend Spielraum, um die Sinnhaftigkeit eines Besuches der Sonderschule und Vor-Urteile ihr gegenüber zu überprüfen.

> „Ja gut, die waren im Kindergarten zwar am Anfang skeptisch, was mein Kind in der Sonderschule so lernen kann ... Da hab ich mir das angeschaut, und ich bin der Meinung, der V. ist dort gut unter ... das ist eigentlich das, was ich mir so vorstelle ... Ich hab ja auch einmal angefangen zu überlegen, nur Behinderte sind dort, ob das Kind da nicht feststeckt. Ich hab mir Behindertenschulen als schrecklich vorgestellt ... mein Gott, da sitzen die alle. Es wird nichts groß gemacht. Aber ich habe einen anderen Eindruck bekommen." (27/84–91)

Frau Fichte-Berek konnte die für ihre Familie entlastende Versorgung des Kindes in der Sonderschule kennen lernen und ohne Loyalitätskonflikte gegenüber dem Bild vom Kind, das sie mit dem Kindergarten teilte, in Anspruch nehmen.

In der integrierten Schule werden die Unterschiede schmerzhafter spürbar.

Eltern, die die Sonderschule für Kind wählen, bleibt die schmerzhafte Erfahrung des ‚Sich-öffnen-der-Schere' erspart, wenn sie die zunehmende Differenz zwischen behinderten Kinder und nichtbehinderten und zwischen Eltern von Kindern mit und ohne Behinderung wahrnehmen. Frau Begovic berichtet darüber beispielsweise:

> „Ja die Erfahrung mit der Schule ist viel härter, weil die Kinder wachsen sehr schnell. Ich sehe, wie weit die anderen Kinder jetzt entwickelt sind und das ist sehr schmerzhaft." (29/78–83;87–89)

Sie nimmt ihre Isolation und die fehlende Möglichkeit sich auszutauschen schmerzhaft wahr:

„Am Anfang war es schwer in die Schule hinein zu kommen, weil ich dort alleine Mutter eines behinderten Kindes war. Andere waren sehr glücklich mit ihren Kindern. Und ich habe immer mein Kind hin gebracht und gedacht, warum bin ich so alleine damit, warum ist das mit mir passiert. Das war hart."

Eltern, die die integrative Beschulung oft mit großem Engagement durchsetzen, erleben schmerzvoll das zunehmende Auseinanderklaffen des Entwicklungsniveaus der Kinder. Erst über Bindungen an Elterngruppen, denen es gelingt, solche Erfahrungen miteinander zu tragen und zu integrieren, kann diese Auseinandersetzung mit der Realität neue Kraft und Entwicklungsförderung bringen.

Eltern fühlen sich anfangs sehr isoliert.

4.2.3 Die Elterngruppe

In der Gruppe von Eltern einer Kindergruppe werden alltägliche Erfahrungen und Probleme untereinander ausgetauscht. Im Verhalten der anderen Eltern spiegelt sich das eigene Selbstbild. Elterliche Kompetenz wird darüber gestützt. Im alltäglichen Austausch miteinander orientieren sich Eltern an ihrer Lebenswelt. Daraus entstehen eher gleichberechtigte statt expertenabhängige Interaktionen. Wie gelingt es Eltern behinderter Kinder im Prozess der Integration, mit anderen Eltern zu kommunizieren, ihren Selbstwert zu stärken und sich gemeinsam zu engagieren?

Wie gelingt es Eltern im Prozess mit anderen Eltern zu kommunizieren?

Gerade diese Eltern bedürfen bei Eingriffen in die frühe Eltern-Kind-Interaktion, die Diagnostik, Therapie und frühe Förderung mit sich bringen, Sicherheit in ihrer elterlichen Kompetenz und Identität. Die Interviews ergeben ein sehr uneinheitliches Bild. Wir fanden Aussagen sowohl über gelungene Verbindungen zur Elterngruppe wie auch solche, die das Außenseitertum von Eltern verdeutlichen.

Kommunikation in der Elterngruppe
Frau Dorburg beschreibt die guten Beziehungen zu Eltern behinderter wie nichtbehinderter Kinder:

> „Kontakte hatten wir zu Eltern der nichtbehinderten Kinder, aber eigentlich auch zu denen von behinderten. Wir waren, glaube ich, schon so eine gute Verbindung von Eltern." (30/381–383)

Andere Eltern, wie hier Frau Begovic, beklagen mangelnde Kontakte:

Mitleid als Barriere

> „Ich hatte nur ein bisschen Kontakt. Mit der Mutter eines schwer behinderten Kindes. Aber das war auch nur kurz." (29/362–364) „Gesprochen haben wir nur ein paar Worte. Die Eltern waren immer nett. Aber sonst hatten wir keinen Kontakt." (29/364–370) „Ich habe gefühlt, dass sie Mitleid haben, sonst nichts mehr." (29/372–373)

Gerade das „nette" aber distanzschaffende Verhalten macht es schwer zu kommunizieren, weil dahinter bestenfalls Mitleid vermutet wird. Dieser Elterngruppe gelingt es nicht ausreichend, zu einem gleichberechtigten Austausch und zur Integration von Eltern mit behinderten Kinder zu kommen. Mitleidsbezeugungen schaffen Abstand und fördern das Gefühl, nicht gleichrangig zu sein. Dadurch erinnern sie an Situationen, in denen sich beispielsweise Migranten unterlegen und abhängig erfahren. Von sich aus kann Frau Begovic diese Barriere nicht überwinden und bleibt unintegriert.

Subtile Stigmatisierung

Auch von anderen Eltern behinderter Kinder – selbst ohne erkennbare Vorerfahrungen sozialer Ausgrenzung – wird über Bezeugungen von Mitleid geklagt. Um die daraus entstehende Isolation von Eltern behinderter Kinder aufzuheben, fordert Frau Einsele, das Leben mit Behinderung müsse an Elternabenden häufiger gezielt thematisiert werden:

> „Die Eltern behinderter Kinder müssen auch aufgefordert werden, sich einzubringen. Gerade dann, wenn man eher denkt, man muss sich verstecken. Gut, einmal durften wir darstellen, was mit dem Kind so ist. Dann sagte eine Mutter: ‚Oh Gott, oh Gott, ach wie schrecklich, das arme Kind!' Das war es dann eigentlich. Aber damit kann man auch nicht viel machen." (25 B/1029–1038)

Frau Einsele beschreibt, dass Eltern sich mit ihrem behinderten Kind am liebsten verstecken würden. Stattdessen sind sie durch dessen Besonderheit gezwungen, seine Probleme und damit auch die eigenen in der Elterngruppe zu veröffentlichen. Durch Mitleidsbezeugungen fühlen sie sich vermutlich beschämt und isoliert.

Umgang mit der Ausgrenzung
Eltern behinderter Kinder sind durch Mitleidsbezeugungen und durch das Fehlen einer kompetenten Antwort des Kindergartens darauf aus der Gruppe der anderen Eltern ausgeschlossen und stigmatisiert. Sie nehmen dann nicht am alltäglichen kommunikativen Austausch unter Gleichen in der Elterngruppe teil. Ihre Erwartung, über die Einzelintegration zur größtmöglichen Normalität für ihr Kind und sich zu kommen, erfüllt sich deutlich nicht.

In diese Beziehungen unter Eltern wirkt auch die gesellschaftliche Tendenz zur Ausgrenzung des Anderen, des Fremden unbemerkt hinein. Gesellschaftliche Vorbehalte gegenüber behinderten Menschen können hinter Mitleidsbezeugungen versteckt ausgedrückt werden. Eltern behinderter Kinder spüren jedoch diese subtile Stigmatisierung. Es entsteht ein Gefühl von Einsamkeit. Sie erscheinen mit ihrem Kind exotisch und fühlen sich ausgesondert. Sie gehören der Elterngruppe nicht gleichberechtigt an.

Die Erwartungen über Einzelintegration im Kontakt mit anderen Eltern Normalität zu erreichen, erfüllt sich nicht.

Es könnte hier eingewandt werden, dass Eltern mit behinderten Kindern diesen Prozess der gesellschaftlichen Ausgrenzung ebenfalls mit fördern. Beispielsweise ziehen sie sich selbst verletzt zurück und „verstecken sich", wie es Frau Einsele beschreibt. Gesellschaftlich übliches „Stigma-Management" reproduziert sich darüber notgedrungen auch im Kindergarten.[11] Der Kindergarten ist keine ‚Insel der Seligen'. Professionell ist auf den gesellschaftlich vermittelten Ausschluss zu antworten, indem ErzieherInnen den Prozess der offenen Auseinandersetzung und Integration unter Eltern fördern.

Integrative Lernprozesse
Die Interviews enthalten auch Berichte von gelungenen Lernprozessen zwischen Eltern. Frau Fichte-Berek erinnert sich hier an eine gemeinsame Aktion der Eltern zur Renovierung der Kindertagesstätte.

„Doch ja, ich meine für die anderen Eltern war sehr erstaunlich, dass ich ihn immer so vollkommen normal behandelt habe. Was soll man anderes machen? Sie hatten durchaus Verständnis, wenn jetzt z. B. eine Gemein-

---

11 Siehe das in Teil 3.5 vorgestellte Stigma-Konzept von Goffman

schaftsaktion angesagt war, da haben die Anderen sich schon nach mir auch gerichtet. Und wenn mein Kind gebrüllt und sich aufgeführt hat und dann auch heim wollte, da haben die anderen Eltern gesagt: ‚Komm, geh' du schon mal mit ihm.' Aber ich kann mich doch nicht immer nach meinem Kind richten? Da sagten die Eltern: ‚Jetzt sei nicht so, wenn er sich nicht wohlfühlt, dann geh heim mit ihm.' Also da war durchaus Verständnis da." (27/475–494)

Diese Mutter erlebte, wie die anderen Eltern die besondere Situation von Kind und Mutter einfühlten. Sie wird dadurch unterstützt statt ausgeschlossen. Dieser Austauschprozess ist von dem in einer anderen Elterngruppe weit entfernt, den der zitierte Ausspruch charakterisiert: „Oh Gott, oh Gott, ach wie schrecklich, das arme Kind!" Das Anderssein des Kindes und die besondere Situation seiner Eltern wird beachtet und mitge-‚teilt', ohne dass es zum Gefühl von Ausschluss und zu Stigmatisierung führt.

Das Bild des Kindes in der Elterngruppe

Integrative Prozesse unter Eltern entstehen über die Beziehungen untereinander in der Elterngruppe. Wiederum ist hier der ‚Türöffner' der Kommunikation, wie mit dem behinderten Kind umgegangen wird. Dieses Verhalten beobachteten die befragten Eltern sehr genau:

„Die anderen Eltern sind mit ihm ganz normal umgegangen. Ich meine, es war ja doch relativ erstaunlich, die hatten vorher noch nie Integration erfahren, und ich kann mir vorstellen, dass es da schon Hemmschwellen irgendwie gibt. Ich meine, wie geht man mit Behinderten um?" (27/463–468)

In diesem Erstaunen über den relativ ungehemmten Umgang anderer Eltern mit ihrem schwer behinderten Kind drückt Frau Fichte-Berek unseres Erachtens ihre außerhalb des Kindergartens gemachten anderen sozialen Erfahrungen aus. Sie kann sich zudem – vielleicht aus dem eigenen Prozess der Angstbewältigung heraus – die Hemmungen vorstellen, die es für diese Eltern zu überwinden galt. An anderer Stelle belegt sie die Annahme von der integrativen Kultur dieser Elterngruppe, indem sie berichtet, wie ihr nichtsprechendes Kind auf seine Weise über Körperkontakte mit den Eltern kommuniziert:

Gradmesser für Akzeptanz ist der angstfreie Umgang mit dem behinderten Kind.

"Er hat sich mit dem Körperkontakt eigentlich fast immer an die Erwachsenen gehalten. Das war also das Lustige. Die Eltern waren dort immer alle begeistert von ihm, weil der V. kam immer auf Schmusebesuch her, wenn sie eigene Kinder abholten." (27/284–288)

Diese Eltern stellen sich auf die Entwicklungsebene des behinderten Kindes relativ angstfrei ein. Dem steht der Bericht aus einer anderen Elterngruppe gegenüber.

"Was mir immer noch bei den Eltern auffällt ist, dass sie schon eher Bedenken hatten, ob sie mit meinem behinderten Kind klar kommen." (30/315–315)

Diese Elterngruppe hat Schwierigkeiten mit diesem körperlich behinderten Jungen, der sein Anders-Sein zunehmend zu realisieren beginnt und sich über Intellektualisierung und Provokationen damit auseinander setzt. Der behinderte W. diskutiert, zeigt sich kritisch, stellt infrage und will alles genau und eindringlich wissen. Mit der doppelten Aufgabe, das Kind in seiner Besonderheit zu verstehen und sein auffälliges Verhalten als seine Auseinandersetzung damit zu akzeptieren, scheint selbst diese als lebhaft kommunizierende beschriebene Elterngruppe überfordert. Sie hätte weitere Zugänge zum Verstehen der besonderen Persönlichkeitsentwicklung dieses Kindes bedurft.

Provokative Auseinandersetzung mit der Behinderung

Anteilnahme durch konkrete Hilfe

Frau Adam berichtet von der realen Unterstützung, die sie aus ihrer Elterngruppe heraus erhielt:

"Es kam schon vor, dass die eine oder andere Mutter gesagt hat: ,Hast du irgendetwas vor, komm bring' ihn mir, du kannst ruhig etwas erledigen. Ich nehm' ihn auch mal zwei Stunden.'" (28/503–507)

Diese Bereitschaft, sich zumindest für kurze Zeit die Sorge und die Verantwortung für das behinderte Kind in der Elterngruppe zu teilen, gibt unseres Erachtens Frau Adam die Gewissheit, ihr Kind sei nicht so anders, es kann mit den Kenntnissen ,normaler' Eltern betreut werden. Das beeinflusste Frau Adams Blick auf ihr Kind und wirkt entlastend. Gleichzeitig setzt es gelungene Austauschprozesse unter den Eltern voraus, die es der oben zitierten Mutter erlauben, re-

Das Verständnis der anderen Eltern entlastet und beeinflusst positiv das eigene Bild vom Kind.

lativ angstfrei ein solches Angebot zu machen. Sie hat Verständnis für eines der Hauptprobleme Eltern behinderter Kinder gewonnen, zu wenig Zeit für sich zu haben. Vermutlich schufen sich diese Eltern einen gemeinsamen Erfahrungsraum, der den von Eltern behinderter wie nichtbehinderter Kinder umschließt. In den unter Eltern ausgetauschten Erfahrungen spiegelt sich das Bild vom Kind. Es verschmilzt äußere wie innere Bilder vom Kind zu einer Einheit und beeinflusst Entwicklung und Selbstbild des Kindes wie auch die Identität seiner Eltern. Über die vorübergehende Öffnung des engen Zirkels Eltern – behindertes Kind wird Abstand zum eigenen Kind gewonnen und die Öffnung der Familie unterstützt.

Coping

Die Lernprozesse, die die Eltern der nichtbehinderten Kinder machen, wollen wir mit dem Konzept des ‚Coping' beschreiben. Darunter verstehen wir all die Lernprozesse, die zum Vertrauen auf eigene Kräfte verhelfen, um von kritischen Lebensereignissen nicht von Ohnmacht überwältigt zu werden. Coping wird als ein „lang andauernden Prozess der Auseinandersetzung und des Umgehens mit sowie der Bewältigung der Behinderung"[12] beschrieben.

Frau Fichte-Berek hört sich die Probleme von Eltern mit der Entwicklung ihrer nichtbehinderten Kinder aufmerksam an:

„Ich habe mir das teilweise erstaunt angehört, denn das ist mein erstes Kind und ich habe nicht viel Erfahrung. Es ist für mich schon interessant zuzuhören, logischerweise gibt es bei anderen Kindern die gleichen Probleme ... ich meine, ich habe dann auch ab und zu kluge Ratschläge gegeben ..."
(27/510–514)

Sie kennt zwar nur die Schwierigkeiten mit ihrem behinderten Jungen, stellt aber bei Problemen in den Familien nichtbehinderter Kinder durchaus Vergleichbares fest. Sie kann sogar ab und zu „kluge Ratschläge" geben und sich darüber kompetent fühlen. Ein wenig unverständlich bleiben ihr jedoch die vermeintlichen oder tatsächlichen Sorgen Eltern nichtbehinderter Kinder.

---

12 Hinze, D. (1988): Mütter und Väter behinderter Kinder. In: Frühförderung interdisziplinär, 7. Jg., S. 97–105

Durch den kommunikativen Austausch in Elterngruppen entsteht auch bei Eltern nichtbehinderter Kinder über die An-‚Teilnahme' am Leben der Familien mit behinderten Kindern eine Zuversicht, in kritischen Lebensereignissen vergleichbar über Kräfte der Bewältigung zu verfügen. Umgekehrt vermuten wir, dass Eltern behinderter Kinder über die Nähe zu Familien mit nichtbehinderten Kindern erweiterte Lernerfahrungen machten.

In der wechselseitigen Annahme werden positive Kräfte verstärkt.

Über die wechselseitige identifikatorische Anteilnahme von Eltern der Elterngruppe erwachsen allen Beteiligten antizipatorische Kräfte, zukünftige Lebensereignisse zu bewältigen und mit neuen Anforderungen umzugehen.

4.3 Was Erzieherinnen unter Integration verstehen

4.3.1 Professionelles Handeln in der Auseinandersetzung mit Behinderung

Fünf Erzieherinnen gaben Ende 1998 Auskunft über ihre Erfahrungen mit abgeschlossenen Einzelintegrationen in der Zeit zwischen 1992 und 1998. 22 Erzieherinnen wurden über einen regionalen Arbeitskreis Integration schriftlich über die Untersuchung informiert und um Teilnahme gebeten. Daraufhin boten acht ihre Mitarbeit an. Fünf von ihnen wurden nach Art der Einrichtung und unterschiedlichen Trägern ausgewählt.

Die Erzieherinnen waren in Kindertageseinrichtungen mit unterschiedlicher sozialer Zusammensetzung der Eltern beschäftigt. Zwei von ihnen hatten bereits in anderen Berufsfeldern mit behinderten Kindern gearbeitet.

Die Erzieherinnen, die über ihre Erfahrungen mit Einzelintegration sprechen, sind mit deren Verlauf und Ergebnis weitgehend zufrieden. Aber sie thematisieren auch Unsicherheiten und Unzulänglichkeiten. In jedem der fünf Interviews wird die Geschichte des integrativen Prozesses erzählt, von seinem Beginn, als die Erzieherin mit einem behinderten Kind zu arbeiten anfing, bis zur Einschulung des Kindes. So rekonstruieren die Erzieherinnen ihre Auseinandersetzung mit der Behinderung, wobei sie die Entwicklung professionellen Handelns, aber auch Aspekte ihres inneren Erleben nachzeichnen.

Zufriedenheit mit Einzelintegration

ErzieherInnen durchlaufen innerpsychischen Prozess.

Eltern müssen sich mit der Behinderung ihres Kindes ein Leben lang auseinander setzen. In den verschiedenen Phasen der je individuellen Verarbeitungsprozesse, Phasen der unbewussten Abwehr, der Trauer und der Annäherung an die Realität werden unterschiedliche Bilder vom Kind entwickelt. Auch Erzieherinnen erleben unbewusste Ängste und Abwehr, die bearbeitet werden müssen.[13] Sie durchlaufen einen inneren Verarbeitungsprozess mit je unterschiedlichen Phasen.

Handlungsleitendes Bild vom Kind

Anders als die Eltern verstehen die Erzieherinnen jedoch die Auseinandersetzung mit dem Besonders-Sein eines Kindes als Teil ihres beruflichen Selbstverständnisses. So geht auch das innere Bild vom Kind, das sich ErzieherInnen konstruieren, in ihr professionelles Handeln ein.

Varianten professionellen Handelns

Professionelles Handeln beruht auf Kenntnissen und Kompetenzen sowie auf einer Haltung, die es ermöglicht, Kinder und Eltern zu akzeptieren. Es bedeutet zudem, sich an Zielvorstellungen zu orientieren sowie situationsangemessen zu arbeiten. Aus den Interviews der befragten Erzieherinnen haben wir drei mögliche Spielarten professionellen Handelns herausgearbeitet, die von der Konfrontation mit einer Behinderung geprägt sind:
a) berufliche Kompetenzen sicher realisieren;
b) Grenzen pädagogischer Wirkung akzeptieren sowie
c) Beeinträchtigungen realitätsgerecht einschätzen.

Vorübergehend eingeschränktes Handeln

In der Auseinandersetzung mit Behinderung kann berufliches Handeln zeitweise beeinträchtigt sein. Im Verlauf eines Bearbeitungsprozesses werden Erzieherinnen diese Schwierigkeiten überwinden und adäquate berufliche Handlungsweisen umsetzen sowie erweitern.

Die Erzieherinnen Frau Bock, Frau Reinhard und Frau Arnold[14] stehen als idealtypische Beispiele für diese drei Varianten professionellen Handelns in der Auseinandersetzung mit Behinderung.

---

13 Klein, G. u. a. (1987), a. a. O.
14 Alle Namen und identifizierbaren Angaben wurden anonymisiert, die Einzelfallbeschreibungen sind so verfremdet, dass keine Identifikation möglich ist.

a) Berufliche Kompetenzen sicher realisieren
Die Erzieherin Frau Bock und ihre KollegInnen werden mit dem Verhalten eines Regelkindes konfrontiert, das sie sich nur schwer erklären können. Sie wissen nicht, wie sie sich dem Kind gegenüber verhalten sollen. Im Umgang mit dem Kind entstehen bei Frau Bock Versagensängste, die ihren Handlungsspielraum einschränken. Sie erwartet, dass eine Behinderung diagnostiziert wird. Die Diagnose soll ihr Aufschluss darüber geben, weshalb sich das Kind so verhält und wie sie als Erzieherin am besten darauf reagiert.

Versagensängste

Indem Frau Bock sich an eine Klärung durch einen diagnostischen Befund klammert, ‚vergisst' sie zeitweise einen Teil ihrer fachlichen und durch Erfahrung gewonnenen pädagogischen Fähigkeiten. Schließlich wird eine Diagnose gestellt und die Behinderung anerkannt. So kann für das Kind ein Integrationsplatz eingerichtet werden. Dadurch verbessern sich zwar die Arbeitsbedingungen, der Befund gibt ihr jedoch keine Orientierung für das weitere Handeln. Mit der Erkenntnis, dass die Experten keine Hilfe für das Alltagshandeln beisteuern können, löst sich Frau Bock aus ihrer Abhängigkeit. Nun kann sie ihre fachlichen Kompetenzen wieder voll reaktivieren. Unterstützt wird dieser Prozess durch die fachliche und persönliche Auseinandersetzung mit Behinderung, begleitet von einem Arbeitskreis und KollegInnen.

Lösung aus Expertenabhängigkeit

Eine diagnostische Klärung kann in vielen Fällen helfen, um Kenntnisse über eine Behinderung in fachkompetentes Handeln einzubeziehen. Wir können die Bedeutsamkeit der Diagnose hier aber auch als einen Hinweis für eine mögliche innere Abwehr interpretieren. Das zeigt, welchen Stellenwert die Diagnose in dem Prozess der inneren Auseinandersetzung einnehmen kann.

Fixierung auf Diagnostik

Die Variante a) weist auf die Schwierigkeit hin, angesichts der Behinderung eines Kindes professionelles Handeln wie gewohnt aufrecht zu erhalten. Das Vertrauen in eigene Kompetenzen der Erzieherin wird vorübergehend irritiert und im Verlauf der inneren Auseinandersetzung, die vornehmlich um die Diagnose kreist, wieder gewonnen.

b) Grenzen pädagogischer Wirkung
Im nächsten Beispiel geht es um professionelles Handeln im Verhältnis zu den Entwicklungsmöglichkeiten eines Kindes. Die Erzieherin

Grenzen pädagogischen Handelns

Frau Reinhard ist mit der schmerzlichen Tatsache konfrontiert, dass sich das behinderte Kind kognitiv nicht so entwickeln kann wie andere Kinder. In großem Vertrauen auf ihre professionelle Kompetenz glaubt sie, dass ausreichende Förderung die Behinderung größerenteils ausgleichen könnte. Im Verlauf ihrer Auseinandersetzung mit der Behinderung nimmt Frau Reinhard später Abschied von ihrem Förderoptimismus. Sie lernt gegebene Grenzen menschlicher Entwicklung zu akzeptieren und damit auch Grenzen pädagogischen Handelns anzuerkennen. Damit kann sie realistische pädagogische Ziele verfolgen.

Unbegrenzter Förderoptimismus

Der unbegrenzte Förderoptimismus kann als ein Ausdruck für den Wunsch des Ungeschehen-Machens verstanden werden. So kann die Auseinandersetzung mit Grenzen und Möglichkeiten menschlicher Entwicklung als innerer Weg in der Bearbeitung der Behinderung verstanden werden.

Wunsch nach Ungeschehenmachen

Frau Reinhard erkennt zwar das Ausmaß der Beeinträchtigung. Es bedarf aber einer auch inneren Auseinandersetzung mit der Behinderung, um zu einem realitätsnäheren Bild vom Kind im Verhältnis zu ihren pädagogischen Möglichkeiten zu kommen.

c) Beeinträchtigungen realitätsgerecht einschätzen

Anforderungen in Alltagsarbeit integrieren

Die Erzieherin Frau Arnold steht für die dritte Variante: die spezifischen Fähigkeiten und Bedarfslagen des Kindes werden in das vorhandene Konzept beruflichen Handelns eingebaut. Das ganze Ausmaß der Behinderung kann erst allmählich im Prozess der inneren Auseinandersetzung in seinem ganzen Umfang erfasst werden. Möglicherweise wird die Reichweite der Beeinträchtigung anfangs unbewusst verringert, um somit das Bedrohliche und Beängstigende der Behinderung abzuschwächen. Anhand Frau Arnolds Beschreibung wollen wir die Verknüpfung von professionellem Handeln und inneren Prozessen ausführlicher untersuchen.

Ein Fallbeispiel – Integrative Prozesse und Kompetenzzuwachs
Jimmy, körperbehindert und leicht entwicklungsverzögert, ist das erste Kind mit Einzelintegration in Frau Arnolds Gruppe. Zu Beginn sagt sie, dass Jimmy sich zwar wegen der Körperbehinderung von den anderen Kindern unterscheide und auch entwicklungsverzögert

sei, aber die Differenz zu anderen altersgleichen Kindern sei eher gering.

„Jimmy war eigentlich geistig fit. Man konnte ihn zwar nicht gleichsetzen mit anderen Kindern, er war auch etwas entwicklungsverzögert" (Erzieherin 1, 1/31). Aber: *„Im Prinzip hat er sich nicht so sehr von anderen Kindern unterschieden"* (Erzieherin 1, 5/161).

Mit Unterstützung kann Jimmy weitgehend an den Aktivitäten der anderen Kinder teilnehmen. Frau Arnold bettet die Angebote für das Kind mit der Behinderung in die Aktivitäten der anderen Kinder ein. Dabei geht sie davon aus, dass sie ihre Kompetenzen und Vorlieben vor allem in der Förderung der Motorik so einsetzt, dass sie allen Kindern zugute kommen.

„Wir haben damals mit Jimmy viele Sachen gemacht. … Ich weiß jetzt aber nicht, ob das nur seinetwegen war. Allen in der Gruppe hat das viel Spaß gebracht." (Erzieherin 1, 19/653).

Ausgehend von ihrer beruflichen Haltung und ihren Fähigkeiten, sieht Frau Arnold die Einzelintegration als Chance, eigene Kompetenzen ins Spiel zu bringen und sich weiter zu entwickeln.

Einzelintegration erweitert berufliche Kompetenzen.

Diese Erzieherin spricht wenig über ihre Auseinandersetzung mit der Behinderung. Sie findet die Arbeit nicht anstrengender als mit anderen Kindern, sondern erfreulich, etwas Neues aufzubauen. Auf Nachfrage sagt sie:

„Zusätzliche Gespräche (unter den Gruppenerzieherinnen, I. R.) gab es bei diesem Kind nicht. Es kommt auf die Behinderung an" (Erzieherin 1, 17/519).

Ein Hinweis darauf, dass Frau Arnold unbewusst die Schwere der Behinderung verkleinert, könnte die Aussage sein, dass es keine zusätzlichen Gespräche über dieses Kind gab. Denn es ist erstaunlich, dass sich die Erzieherinnen anlässlich der ersten Einzelintegration nicht mehr Gedanken über dieses Kind im Vergleich zu anderen gemacht haben.

Einfluss auf die Förderung aller Kinder

Möglicherweise erinnert sich Frau Arnold nicht mehr daran, dass über spezielle Fördermöglichkeiten für Jimmy gesprochen wurde, weil sie in die Planung für die übrigen Kinder eingegangen sind. Denn in dem Einzugsbereich der Kindertagesstätte wohnen auch Menschen in schwierigen Lebenslagen, so dass Kinder mit anderen Problemen ebenfalls viel Aufmerksamkeit erfordern. Aber auch diese Annahme kommt uns nicht völlig plausibel vor. Bei Vergleichen zwischen den Kindern hätten Unterschiede zwischen dem Kind mit einer Behinderung und denen mit anderen – vermutlich eher vertrauten – Problemlagen thematisiert werden können. Die Beschäftigung mit den spezifischen Angeboten für das Kind mit einer Behinderung kann zum Ausgangspunkt genommen werden, zu prüfen, welche Kinder von dieser Förderung ebenfalls profitieren.

Ausmaß der Behinderung wird zunächst verringert.

Vermutlich sieht Frau Arnold sehr viel stärker die Gemeinsamkeiten mit anderen Kindern, die auf ihre Weise beeinträchtigt sind. Deswegen richtet sich der Fokus nicht auf die Behinderung. Das ist nahe liegend, wenn die Behinderung als weniger gravierend angenommen wird und in ihrem ganzen Ausmaß noch nicht gesehen werden kann. Sie kann so ihre Praxis beibehalten, die unterschiedlichen Beeinträchtigungen der Kinder im Rahmen der Gruppenaktivitäten zu fördern. Damit kann sie auf der Basis ihrer Kompetenzen ihre bis dahin erfolgreichen Handlungsstrategien auch mit Berücksichtigung des Kindes mit der Behinderung weiter verfolgen.

Notwendige fachliche Begleitung in der Auseinandersetzung mit Behinderung

Im Verlauf ihres Verarbeitungsprozesses, der durch Erwerb von Kenntnissen und emotionale Begleitung im Arbeitskreis mit Kolleginnen und Fachberatung gestützt wird, nähert Frau Arnold sich einer realistischeren Einschätzung der Fähigkeiten und Grenzen des Kindes an.

In dem Jahr vor Jimmys Einschulung sieht Frau Arnold zunehmend erhebliche Differenzen zu den übrigen Kindern. Sie stellt fest, dass seine sprachliche Entwicklung sehr langsam verläuft, infolgedessen kann er auch in der Gruppe oft nicht mehr mithalten. Und dies gerade bei Tischspielen, die keine körperlichen Anstrengungen erfordern. Sie beginnt daran zu zweifeln, dass er die erste Klasse bewältigen kann. Lange bevor die Frage der Einschulung aktuell behandelt wird, überlegt sie, ob für Jimmy noch ein weiteres Jahr im Kindergarten hilfreich wäre:

„Wir haben überlegt, Jimmy ein Jahr zurückzustellen, damit er die Möglichkeit hat, ein Jahr lang der große Junge in der Gruppe zu sein." (Erzieherin 1, 7/217).

Es wird deutlich, dass die Entwicklungsverzögerung vielleicht doch bedeutsamer ist als zu Beginn angenommen.

Ich hatte bei diesem Interview den Eindruck, dass für diese Erzieherin die Präsentation ihrer Professionalität im Vordergrund stand. So erzählte sie nach Beendigung des Interviews von ihren beruflichen Plänen, die sich durch weitere Qualifizierung auszeichneten. Möglicherweise betont sie in dem Gespräch vor allem diese Aspekte.

Die Erzieherin geht ganz von ihrem Handeln als kompetente Fachfrau aus. Die durch die Einzelintegration gegebenen Erfordernisse baut sie bewusst in ihre Arbeitsweise ein. Sie besteht auf ihrem Ansatz, jedes Kind da zu fördern, wo sie die Notwendigkeit sieht und deren Kompetenzen auszubauen in vielerlei Richtungen, vor allem aber in Hinblick auf die Entwicklung der Sinne. Im Gegensatz zu Frau Bock zieht Frau Arnold ihre fachlichen Kompetenzen zu keiner Zeit in Zweifel, sondern die Einzelintegration unterstützt ihr fachliches Selbstbewusstsein.

An den Prozessen, die wir mit den drei Erzieherinnen durchlebten, wird deutlich, wie eng die Beziehung zwischen innerpsychischen Auseinandersetzungen mit der Behinderung des Kindes und professionellem Handeln ist. Diese Auseinandersetzung kann zeitweise die fachlichen Kompetenzen blockieren wie bei Frau Bock oder die Reichweite fachlichen Handelns überdimensionieren wie bei Frau Reinhard. Oder wie in Frau Arnolds Fall kann der Verarbeitungsprozess so eng mit der professionellen Haltung verbunden sein, dass sich wie bei einem gewebten Stoff das Muster aus den verschiedenen Fäden als ein Ganzes darbietet.

Verarbeitungsprozess und professionelles Handeln

4.3.2. Die Verständigung der Erzieherinnen mit den Eltern

Ein Fallbeispiel – Das Bild vom Kind
ErzieherInnen, die sich in einem förderlichen Dialog mit den Eltern befinden, verständigen sich mit ihnen über ein kommunizierbares

Das Bild vom behinderten Kind

Bild vom Kind. Die gemeinsamen Bilder vom Kind sind nicht immer deckungsgleich. Aber über diese Bilder kann gesprochen werden und die unterschiedlichen Sichtweisen von Erzieherin und Eltern werden in den Gesprächen thematisiert.

Das Bild vom Kind, das Eltern und Erzieherinnen im Prozess der Verarbeitung von Behinderung jeweils entwerfen, hat Auswirkungen auf die Verständigung zwischen ihnen.

Akzeptanz und Verständigung

Die uns schon bekannte Erzieherin Frau Arnold hat mit Jimmys Eltern ein Bild des Kindes kommuniziert, bei dem die körperliche Beeinträchtigung im Mittelpunkt steht. So kann zunächst eine vertrauensvolle Kommunikationsbasis entstehen. Es herrscht eine angenehme, vertrauensvolle Zusammenarbeit; die Erzieherin fühlt sich von den Eltern akzeptiert.

„Wir haben sehr gute Elterngespräche geführt und lange Zeit haben die Eltern auf uns gehört und uns ernst genommen." (Erzieherin 1, 6/187).

In den Gesprächen werden die Entwicklung des Kindes und das Verhalten der Eltern thematisiert. Frau Arnold schlägt vor, dem Kind mehr Grenzen zu setzen. Das haben die Eltern auch angenommen. Ihre Schwierigkeit, Jimmy Grenzen zu setzen, erklärt sich Frau Arnold damit, dass die Eltern ihn nicht über die Behinderung hinaus belasten wollen.

„Sie haben immer alles durchgehen lassen, vielleicht weil Jimmy sowieso Probleme hat." (Erzieherin 1, 7/244).

Annäherung von Eltern und Erziehern

Allerdings überprüft sie ihre Vermutung nicht. Zugleich entsteht im Interview der Eindruck, dass die Eltern das Ausmaß der Behinderung nicht realisiert haben. Auch Frau Arnold kann zunächst den Grad der Behinderung nicht in seinem ganzen Umfang ermessen. Sie sieht aber, dass der Integrationsplatz für ihn angezeigt ist. Sie hat den Eindruck, dass die Eltern einen Förderbedarf für das Kind nicht gesehen haben.

„Jimmy war ja in vielem sehr fit. Ich glaube nicht, dass die Eltern sich Gedanken gemacht haben, ihn überhaupt in eine integrative Einrichtung zu ge-

ben. Er konnte sich trotz der Behinderung ja ganz gut bewegen" (Erzieherin 1, 1/34).

Frau Arnold vermutet, dass die Eltern als Ausgleich für seine Einschränkung dem Kind „alles erlauben". Zugleich wehren die Eltern die Schwere und die Art der Behinderung augenscheinlich ab: „mein Kind ist ganz normal". Hätte Frau Arnold diesen Widerspruch von Anfang an thematisiert, wäre unter Umständen die Verständigung mit den Eltern nicht in Gang gekommen, zumindest sehr schwierig geworden. An dem Wunsch der Eltern, dass das Kind sich ausschließlich in seiner körperlichen Besonderheit unterscheide, stößt die Verständigung an eine Grenze.

Frau Arnold gelingt es trotzdem, eine vertrauensvolle Kommunikation herzustellen und über einen längeren Zeitraum aufrecht zu erhalten. Daran sind von ihrer Seite folgende Faktoren maßgeblich beteiligt: Das Bild vom Kind, das sie zumindest vorübergehend mit den Eltern teilt, beruht ebenfalls auf dem Wunsch, dass die Behinderung nicht so gravierend sei, wie sie wirklich ist. Sie unterstützt die Eltern dabei, an der Entwicklungshoffnung festzuhalten und sie ist hoch sensibel für die schwierige Lebenslage der Eltern.

Das Bild vom Kind kann unter anderem auch deswegen zu Beginn kommuniziert werden, weil Frau Arnold ebenfalls in einer Phase ihrer inneren Auseinandersetzung das ganze Ausmaß der Behinderung abmildert. Dieses Bild vom Kind erweist sich zu diesem Zeitpunkt als funktional für den Verständigungsprozess. Die Gestaltung der Interaktion zwischen Erzieherin und Eltern beruht darauf, dass beide die Dimension der Beeinträchtigung des Kindes nicht anerkennen.

Das Bild vom Kind im Verständigungsprozess

Möglicherweise leugnet Frau Arnold auch deshalb zeitweise das Ausmaß der Behinderung, um an ihrer eigenen Entwicklungshoffnung festzuhalten. Auch die gemeinsam geteilte Hoffnung auf Fortschritte des Kindes kann die Verständigung zwischen Erzieherin und Eltern erleichtern.

Wir können annehmen, dass Frau Arnold mit den Eltern nicht darüber gesprochen hat, was Behinderung für diese bedeutet. Das Leugnen des Ausmaßes der Behinderung von Seiten der Eltern wird nicht zum Gegenstand der Gespräche zwischen Erzieherin und Eltern. Auch dann nicht, als sie zunehmend realistischer die Schwere der Behinderung und die Konsequenzen wahrnimmt.

Gespür für die Lebenslage der Eltern und deren Bedürfnis nach Autonomie

Frau Arnold hat eine hohe Sensibilität für die Wahrung der Autonomie unterprivilegierter Eltern entwickelt. Eltern, die wegen ihrer sozialen Lage vielfach prägende Erfahrungen mit der Bevormundung durch Institutionen gemacht haben, bedürfen des Respekts für ihre Entscheidungen. Nur unter dieser Voraussetzung kann Verständigung gelingen. Jimmys Eltern gehören zur großen Gruppe der Menschen, welche die Folgen von Rationalisierungen in Betrieben, d. h. Arbeitslosigkeit und tendenzielle Ausgrenzung erleben. Für sie ist der Wunsch, autonom zu entscheiden und dies in ihren sozialen Zusammenhängen respektiert zu sehen, besonders bedeutsam.

Ein Moratorium ist so lange möglich, wie Erzieherin und Eltern das Ausmaß der Behinderung abwehren

Mit dieser Haltung hat Frau Arnold den Eltern ermöglicht, eine Zeit der Atempause zu gewinnen und „Normalität" zu erleben Aber schließlich kommt die unterschiedliche Problemsicht von Eltern und Erzieherin zum Ausdruck. Sie versucht mit den Eltern über Jimmys langsamere Entwicklung zu sprechen.

„Als wir begannen, die Eltern auf die Schwierigkeiten hinzuweisen, hat die Mutter gesagt: ‚Also mein Kind ist ganz normal und er schafft das jetzt auch.' Sie hat die Probleme überhaupt nicht gesehen" (Erzieherin 1, 2/42).

Unterschiede größer als Gemeinsamkeit

Die Eltern können ihre Sicht nicht teilen. Als sie in einem Elterngespräch ihre Überlegung äußert, dass es sinnvoll sein könnte, eine Logopädin wegen der Sprachentwicklung zu Rate zu ziehen, reagieren die Eltern völlig ablehnend. Sie bezweifeln Frau Arnolds Fähigkeit, die Sprachentwicklung des Kindes zu beurteilen.

„Der Vater sagte: ‚Nein, das kommt gar nicht in Frage, er kann das so schaffen. Er ist völlig normal.' Da haben wir dann lange geredet, aber mehr als reden kann ich nicht. Da kam ich mir etwas dumm vor." (Erzieherin 1, 6/200).

Frau Arnold muss erleben, dass die Eltern ihre Kompetenzen entwerten, die sie bis dahin so geschätzt haben. Bis zur Einschulung gibt es nur noch die notwendigsten Kontakte und zu Fragen der Einschulung sprechen die Eltern sie nicht an. Mit Jimmys Schulbesuch bricht der Kontakt vollständig ab.

Die Verständigung war nur solange aufrecht zu erhalten, wie ein kommunizierbares Bild vom Kind, in dem das Ausmaß seiner Behinderung nicht thematisiert wurde, aufrecht erhalten werden konnte. Das Bild zerbricht und damit auch die Möglichkeit zur Verständigung.

Kommunizierbare Bilder zerbrechen.

Mit den unterschiedlichen Sichtweisen auf das Kind und seine Beeinträchtigung werden auch Ungleichzeitigkeiten im Bewältigungsprozess deutlich. Erzieherin und Eltern haben zu diesem Zeitpunkt jeweils eine andere Sicht und das stellt für diese Eltern die positive Zusammenarbeit in Frage. Wie sich zeigt, halten die Eltern sehr nachdrücklich an ihrer Einschätzung fest. Eine frühere Realisierung der Differenzen von Seiten der Erzieherin hätte vermutlich die Möglichkeiten der Interaktion mit den Eltern bereits zu diesem Zeitpunkt eingeschränkt.

Verständigung scheitert.

4.3.3 Reaktionen der Erzieherinnen auf integrative Prozesse in der Elterngruppe

„Manchmal denke ich auch, dass Frau Schubert sich mehr Kontakt mit anderen Eltern gewünscht hätte" (Erzieherin 4, 18/652).

Integrative Prozesse im Kindergarten schließen die Eltern ein. Aber nicht alle Mütter und Väter behinderter Kinder waren nach Meinung der befragten Erzieherinnen in die Elterngruppe integriert. Dabei verstehen sie die Beteiligung aller Eltern an Kommunikation und Aktivitäten als ein wichtiges Merkmal für integrative Prozesse. Nach ihrem beruflichen Selbstverständnis beziehen die Erzieherinnen die Gestaltung eines regen sozialen Leben unter den Eltern als Aufgabe des Kindergartens ein.

Teilhabe Eltern behinderter Kinder an der Elterngruppe

So beschreiben und reflektieren die Erzieherinnen auch die Stellung der Eltern behinderter Kinder in der Elterngruppe sowie Randständigkeit oder Teilhabe am sozialen Leben des Kindergartens. Um diese Beschreibungen zu verstehen, ziehen wir das Stigmakonzept von Goffman[15] heran.

---

15 Goffman, E. (1967): Stigma – Von der Bewältigung der beschädigten Identität. Frankfurt am Main

Stigma-Management im Kindergarten

Goffman hat gezeigt, wie sich in einer Gesellschaft und entsprechend in Gruppen der Umgang mit Menschen gestaltet, die ein Stigma tragen. Stigma bedeutet die Besonderheit, mit der sie sich von dem was in einer Gesellschaft oder einer Gruppe als „normal" gilt, unterscheiden. Ausschlussprozesse gegenüber Menschen, die von den Übrigen abweichen, finden in allen Gruppen statt.

Die Elterngruppe im Kindergarten setzt sich aus Menschen zusammen, die vor allem eines gemeinsam haben: Kinder im Vorschulalter. In vielen anderen Punkten unterscheiden sie sich voneinander, so im sozialen Status, der Herkunft oder der Lebensform. Ein Teil von ihnen ist mit Einschränkungen behaftet, beispielsweise mit Armut oder Arbeitslosigkeit. Mit einem gesellschaftlichen Stigma kommen manche Menschen nicht gern in Berührung. Auch Erzieherinnen machen diese Erfahrung in ihrem beruflichen Alltag. Dabei sind es vor allem die Mütter, welche von den Prozessen des Ein- oder Ausschlusses betroffen sind, da sie in der Regel im Kindergarten präsent sind.

Prozesse von Ein- und Ausschluss

Mütter sind nach gesellschaftlichen Normen Hauptzuständige für die Versorgung der Kinder. So ist es auch bei Frau Schubert. Sie trägt die Hauptlast der Kindererziehung. Täglich bringt sie ihre behinderte Tochter Paula vor der Arbeit in den Kindergarten und holt sie nach ihrer Arbeit als Bankangestellte wieder ab. Ihre Berufsrolle erlaubt es Frau Schubert ein anderes, ein zweites Leben zu leben. Dies ist aber im Kindergarten nicht von großer Bedeutung. Die Erzieherin Frau Krause stellt fest, dass Frau Schubert sich durch die Aufnahme des Kindes in den Kindergarten entlastet fühlte und wieder berufstätig war. An anderer Stelle beklagt sie aber auch den Zeitdruck, unter dem Frau Schubert vor allem morgens stand.

Einseitiger Blick auf die Mutter

Im Kindergarten mit seiner Aufgabe der Erziehung von Kindern wird die Frau in erster Linie in ihrer Rolle als Mutter gesehen. Ihre anderen Rollen, als Bankangestellte beispielsweise, rücken lediglich abgeleitet in das Blickfeld. Die Sorge um die Entwicklung des Kindes und seine Einschränkung wird so auch Frau Schubert aufgegeben. In der Gesellschaft werden hauptsächlich Mütter für das Sein und Werden ihrer Kinder verantwortlich gemacht. Bei einem behinderten Kind steigen oft die Erwartungen an die Mutter, die kindlichen Einschrän-

Mütter werden mit der Besonderheit des Kindes identifiziert.

kungen auszugleichen. Damit wird Frau Schubert etwas Besonderes und sie beginnt sich von den übrigen Müttern durch ihr behindertes Kind zu unterscheiden.

Jede Person kann in die Lage kommen, je nach Gruppenzusammensetzung die Rolle normal oder abweichend in einer Gruppe einzunehmen und mit der entsprechenden Perspektive zu handeln. Stigmatisiert oder normal ist demnach eine Perspektive in einer bestimmten sozialen Situation. Die Personen, welche die Rolle „normal" darstellen, fühlen sich zusammengehörig gegenüber dem Darsteller der abweichenden Rolle.[16]

„Normalität" begründet Zusammengehörigkeit.

„Um der besseren Anpassung willen wird sich der Darsteller jeder Rolle von dem Kontakt mit dem anderen zurückziehen; ... jeder mag fühlen, dass er von dem anderen nicht völlig akzeptiert wird; jeder mag fühlen, dass sein eigenes Verhalten zu genau beobachtet wird – und mit diesem Gefühl Recht haben. Bloß um dem zuvorzukommen, dass er dem Problem begegnen müsse, mag jeder bei ‚seinesgleichen' bleiben." [17]

Mütter mit behinderten Kindern reagieren unter der Perspektive „stigmatisiert". Die Perspektiven „normal" und „stigmatisiert" werden in jeder Elterngruppe mit behinderten Kindern aktiviert, sowohl bei der Mutter des behinderten Kindes als auch bei einem Teil der übrigen Eltern. Unter den Müttern im Kindergarten werden so die gesellschaftlichen Normen gegenüber Behinderten wirksam, und damit Gefühle nicht dazu zugehören. Auch Erzieherinnen sind Teil dieser sozialen Mechanismen des Ein- und Ausschlusses. Als Fachkräfte müssen sie sich jedoch bewusst mit diesen Prozessen in Elterngruppen auseinander setzen und diese mit dem Ziel der Integration lenken.

Perspektiven in Gruppen: „stigmatisiert" und „normal"

Wie Erzieherinnen integrative Prozesse unter Eltern deuten

Als einen Hinweis für integrative Prozesse in der Elterngruppe sehen die Erzieherinnen die Kontakte unter den Müttern bzw. Eltern behinderter und nichtbehinderter Kinder. Kontakte zeigen zwar, dass die Mütter nicht offenkundig ausgegrenzt werden. Aber unter der Oberfläche können ausgrenzende Prozesse verlaufen, welche die Er-

---

16 Die Personen spielen in einer Situation eine Rolle; sie sind es nicht. Deswegen sprechen wir von darstellen, Darstellung bzw. Performance.
17 Goffman, E., a. a. O., S. 62

zieherinnen nicht wahrnehmen bzw. deren Tragweite sie nicht abschätzen.

Wir veranschaulichen dies an der Interaktion zwischen Frau Krämer und der Elterngruppe, wie die Erzieherin Frau Moser sie schildert. Aus ihrer Schilderung und Reflexion können wir folgende Sichtweisen auf die Mutter im Verhältnis zur Elterngruppe herausarbeiten:
- die Mutter des behinderten Kindes hat soziale Bezüge zur Elterngruppe,
- die Mutter hat das Gefühl, nicht in die Elterngruppe integriert zu sein,
- ein Teil der Eltern vermeidet das Thema Behinderung.

Die Erzieherin Frau Moser hat den Eindruck, dass die Eltern des behinderten Kindes ebenso viele Kontakte haben wie andere Mütter und Väter und auch Freundschaften eingehen.

„Mit einigen hatten die Eltern Kontakt, waren sie auch befreundet. Es gab einfach Eltern, mit denen hatten sie etwas zu tun, und Eltern, mit denen hatten sie nichts zu tun. Das ist ja bei allen so. Und ich denke auch, dass dieser Austausch auch relativ normal verlief. Es war nicht so, dass es einigen unangenehm war oder dass sie besonders ‚betütelt' wurden" (Erzieherin 5, 15/517).

Prozesse unter der Oberfläche — Sie sieht die Eltern des behinderten Kindes als Eltern wie andere auch, allerdings unter dem Blickwinkel der Beziehungen einzelner Eltern untereinander und nicht in Bezug auf eine Gruppe. Spezifische Formen der Interaktion, die oft typisch im Umgang mit Behinderten sind, sind ihres Erachtens nicht festzustellen. Diese Normalität verbirgt aber eine Doppelbödigkeit, die sich darin äußert, dass sich die Mutter nicht vollständig der Elterngruppe zugehörig fühlt. Dieses Gefühl empfindet auch Frau Moser.

„Die Mutter hat sich manchmal, glaube ich, mehr ausgegrenzt gefühlt als das Kind, bzw. wie es wirklich war." (Erzieherin 5, 14/445).

Nähe zur Behinderung verängstigt — Es ist möglich, dass Frau Krämer spürte, dass ihre Erfahrung mit dem Stigma Behinderung auch im Kindergarten gilt. Die Toleranz hat dort Grenzen, wo die Behinderung zu nahe rückt. Dies hat Frau Moser auch registriert, wenn sie sagt, dass einige der Eltern die Behinderung von sich fern halten.

„Es gibt Eltern, die haben so einen Kontakt mit der Mutter des behinderten Kindes, dass sie die Behinderung aussparen. Aber es gibt ganz viele, die – mehr freundschaftlich – sie auch fragen" (Erzieherin 5, 20/705).

Frau Moser beschreibt die subtile Stigmatisierung, die Tendenz zur Ausgrenzung, die sich darin zeigt, dass die Kommunikation eingeschränkt wird, indem die Behinderung „ausgespart" wird. Diese Einschränkung relativiert sie damit, dass andere Eltern die Mutter freundschaftlich einbeziehen. Sie deutet die Beziehungen zwischen einzelnen Eltern und der Mutter und beschreibt unterschiedliche Formen der Kontakte. Sie sieht aber nicht, dass die Mutter zugleich Teil einer Gruppe ist und auf diese Gruppe als Ganzes reagiert.

Beziehungen zur Gruppe sind nicht die Beziehungen unter Einzelnen.

In dieser Elterngruppe wird das Wissen der Mutter bestätigt, dass dort auf sie auch die Perspektive „stigmatisiert" zutrifft. Und auch, dass Stigmatisierte nicht von allen Menschen voll akzeptiert werden, mit denen sie zusammentreffen. Sie spürt die Vorbehalte, die bei einigen der Eltern vermutlich vorhanden sind. Sie muss wahrscheinlich annehmen, dass aufgrund der Behinderung des Kindes ihre Integrität als Person von vornherein nicht vollständig anerkannt wird. Daraus entsteht das Gefühl des Abgesondert-Seins, des Andersseins, mit dem die Mutter zu kämpfen hat. Für die Erzieherin ist dies nicht nachzuvollziehen, denn sie hat einen positiven Blick auf die Position der Mutter in der Elterngruppe, die ja auch Freundschaften mit einzelnen Eltern pflegt.

Gefühle von Eltern, ausgeschlossen zu werden.

Auch für eine so einfühlsame Erzieherin wie Frau Moser besteht die Schwierigkeit darin, unter die Oberfläche zu blicken. Die Kontakte und Beziehungen der Mutter vermitteln oberflächlich das Bild, sie sei integriert wie andere Eltern auch. Erst bei näherem Hinsehen zeigt sich, dass diese Oberfläche brüchig ist. Obgleich Frau Moser die Einschränkung gegenüber der Mutter beschreiben kann, ist es ihr an dieser Stelle nicht möglich, die subtile Stigmatisierung in einen Zusammenhang mit unterschwelligen Ausgrenzungsprozessen zu bringen.

Auch subtile Stigmatisierung erkennen und entsprechend handeln.

Beziehen ErzieherInnen Stigmatisierungsprozesse nicht in ihr Handeln ein, können Eltern und vor allem Mütter mit einem behinderten Kind tendenziell in Außenseiterpositionen geraten. Das hat weit reichende Folgen nicht nur für die integrativen Prozesse im Kindergarten. Denn der Kindergartens stellt heute einen sozialen Zusammenhang dar, einen Teil sozialen Lebens, der über die Erziehung der Kinder weit hinausgeht.

Der Kindergarten als Lebenswelt von Müttern

Demographische Veränderungen, d. h. weniger Kinder pro Familie und der Verlust nachbarschaftlicher Spielräume für die Kinder führen dazu, dass Freunde hauptsächlich im Kindergarten gefunden werden. Über gegenseitige Einladungen am Nachmittag entstehen Kontakte, manchmal Freundschaften unter den Müttern. Mütter, die nicht im Quartier wohnen, ganztags arbeiten oder durch eingeschränkte Lebensverhältnisse daran gehindert sind, an diesen gegenseitigen Einladungen teilzuhaben, können auch aus diesem Grunde randständig bleiben. Für Mütter von Kindergartenkindern wird das soziale Leben um den Kindergarten zunehmend wichtiger. Umso bedeutsamer ist es, dass der Kindergarten integrative Prozesse auf allen Ebenen fördert.

4.3.4. Wertschätzung im Team als Basis für integrative Prozesse

Professionelles Handeln in integrativen Prozessen geschieht in einem institutionellen Rahmen. Die Auseinandersetzung mit Behinderung kann deswegen nicht von diesem Kontext absehen.

Unterstützung durch das Team

Das Team der Einrichtung ist die Bezugsgruppe der ErzieherInnen, in der ebenfalls die Auseinandersetzung mit dem Anders-Sein einen Einfluss auf die Interaktion hat. Die befragten Erzieherinnen messen dem Team als Beistand für sich und als Mithilfe in integrativen Prozessen große Bedeutung bei.

Stellvertretend für die übrigen Aussagen steht die einer Erzieherin:

„Für eine Kollegin finde ich es sehr wichtig, dass sie Rückhalt im Team hat." (Erzieherin 5, 20/726). Eine andere Befragte differenziert diese Erörterung dahingehend, dass bei einer Einzelintegration die gesamte Einrichtung

bereit dafür sein muss, *„denn alle Mitarbeiterinnen müssen mit dem Kind arbeiten können, das Gesamtteam muss beteiligt sein." (Erzieherin 3, 29/1004).*

Eine weitere Erzieherin weist darauf hin, wie wichtig es sei, Gefühle unter den Professionellen mitzuteilen:

„Wichtig ist der Austausch im Team, auch um Angst los zu werden." (Erzieherin 5, 22/783).

Die Auseinandersetzung mit dem Anders-Sein im Team beeinflusst das professionelle Handeln der ErzieherIn in integrativ arbeitenden Kindertageseinrichtungen im positiven und negativen Sinne. Das Team ist gleichfalls von den die Integration begleitenden Prozessen betroffen, sowohl in der äußeren Realität als auch in der inneren Auseinandersetzung. Im pädagogischen Alltag ist die ErzieherIn mit der Integrationsaufgabe nicht so flexibel einsetzbar und für die Teammitglieder treten zusätzliche Belastungen auf, wie Vertretungen in der Gruppe mit Einzelintegration. Auch die KollegInnen sind ganz konkret mit dem Thema „Behinderung" konfrontiert, aber ohne entsprechende Anerkennung.

Einzelintegration betrifft das ganze Team

Die ErzieherInnen mit Einzelintegration schätzen für sich positiv ein, dass sie etwas Neues lernen, etwas aufbauen und sich somit qualifizieren können. Dies erlaubt ihnen, die Routine zu unterbrechen und für sich selbst neue Motivation für die Arbeit im Kindergarten zu entwickeln. In der Folge steigt ihre Berufszufriedenheit. Die Freude an der beruflichen Entwicklung kann jedoch dadurch beeinträchtigt werden, dass zur Bewältigung der integrativen Prozesse nicht genügend Bewusstheit und fachliche Unterstützung vorhanden ist.

Berufliche Entwicklung einzelner Erzieherinnen

ErzieherInnen, die sich in erster Linie mit dem behinderten Kind beschäftigen, entwickeln sich durch die Herausforderung weiter; sie werden zu „ExpertInnen". Sie unterscheiden sich dadurch zunehmend von den übrigen MitarbeiterInnen, wenn die Auseinandersetzung mit der Behinderung und die Entwicklung integrativer Prozesse im Team stagniert.

Mit der beruflichen Entwicklung der „Expertin für Integration" entstehen zugleich Widerstände im Team. Teams grenzen beispielsweise die Bedeutung integrativer Arbeit auf die Gruppe mit der Einzelintegration ein. Diese Prozesse und ihre Bearbeitung werden in der Fachdiskussion erörtert als „Integration der Integration". Statt von Seiten des Teams und des Trägers explizit gewürdigt zu werden, geraten ErzieherInnen jedoch in Gefahr, ausgegrenzt zu werden. Auch hier können Stigmatisierungsprozesse wirksam werden.

Widerstände im Team

Die Teammitglieder erleben je nach individuellen Erfahrungen integrative Prozesse sehr unterschiedlich. Die ErzieherInnen der Gruppe mit der Einzelintegration setzen sich intensiver mit dem Thema des Andersseins auseinander. Dadurch entstehen ebenfalls Unterschiede in der Akzeptanz von Differenz.

Integration der Integration

Normative Orientierungen im Team, zum Beispiel solche wie: „alle Teammitglieder sind gleich", blockieren ebenfalls die produktive Bearbeitung von Unterschieden im Team, die zur gegenseitigen Akzeptanz des Anders-Seins führen. Zudem können Ausgrenzungsprozesse im Sinne des Stigma-Managements wirksam werden, wenn Differenz nicht wertgeschätzt wird.

Wertschätzung der Unterschiedlichkeit

Die wechselseitige Wertschätzung der Arbeit durchzieht als Thema die Aussagen in den Interviews. Das Gefühl fehlender Anerkennung bedeutet, dass der Wert der eigenen Tätigkeit nicht gesehen oder die Wertschätzung nicht wahrgenommen wird. Zur Anerkennung der Unterschiedlichkeit des Tuns und Handelns anderer Menschen bedarf es, dem eigenen Handeln „Wert zu geben"[18] . Die Wertschätzung der Arbeit der ErzieherInnen, sowie das Sichtbar-Machen dieser Wertschätzung ist eine Aufgabe von Leitung und Träger.

4.4. Zusammenfassung

Für die Erfahrung von Eltern, der größtmöglichen Normalität nahe zu kommen, ist wohnortnahe Einzelintegration geradezu das ‚Mittel der Wahl'. Erfahrungen mit ‚normalen' Kindern und das gemeinsame Leben behinderter und nichtbehinderter Kinder wird ausschlag-

---

18 Brinkmann to Broxten, E., Riemann, I. (1999): Zwischen allen Stühlen? Wissenschaftliche Begleitung in Frauenprojekten. Frankfurter Institut für Frauenforschung e. V. (Hrsg.) Frankfurt am Main, 62 ff.

gebende Erwartung und ein Kriterium für die Wahl des Kindergartens und der Integrationsform. Eltern beurteilen ihre Erfahrung und den Erfolg von Maßnahmen der Einzelintegration auch danach, ob ihr Kind weitgehend ‚normal' unter ‚normalen' Kindern erscheint.

Nach dem Gewahrwerden der Behinderung und der beginnenden Auseinandersetzung damit, benötigen Eltern vielfach in den frühen Lebensjahren ihres behinderten Kindes, eine ‚Auszeit' innerhalb der notwendigen Bewältigungsprozesse. Die Einzelintegration bietet ihnen für ein aktives Moratorium den nötigen Rahmen. Dort soll dann weniger das, was ihr Kind von anderen Kindern unterscheidet im Vordergrund stehen, sondern das, was es mit anderen Kindern gemeinsam hat. Das scheint insbesondere für die Eltern notwendig, die für sich und ihre Kind erst am Beginn der neuen Lebensplanung stehen. Um nicht von der lebenslängliche Perspektive: Leben mit der Behinderung und den sie begleitenden Ängsten überrannt und überwältigt zu werden, ist das Realisieren des Anderssein, die Trauer um das ‚verlorene' gewünschte Kind, die eigene ‚behinderte' Lebensplanung u. v. a. m. noch zeitweise ausgeklammert. Das Bild des behinderten Kindes ist das Ergebnis der Beziehungen zwischen innerpsychischen und sozialen Prozessen sowie den physischen Einschränkungen des Kindes. Die Zeit im Kindergarten gibt Eltern Raum, ihre notwendig auch ambivalenten Gefühlen gegenüber dem behinderten Kind zuzulassen, sie in sich wahrzunehmen und in einem Bild vom Kind zu verarbeiten.

Eltern benötigen eine Auszeit in der Auseinandersetzung mit der Behinderung ihres Kindes.

Die Zeit im Kindergarten gibt auch Raum für ambivalente Gefühle.

Durch mangelnde Kompetenzentwicklung im Kindergarten wird eine solche, die Eltern schützende und unterstützende, Funktion der Einzelintegration verhindert. So erlauben es unzureichende äußere und innere Rahmenbedingungen nicht, mit den ErzieherInnen einen gemeinsamen Raum in einem haltenden Rahmen zu bilden, in dem es zu einer wechselseitigen Abstimmung und Einigung der Partner miteinander kommt. Unsicherheit, weil angemessene Qualitätsstandards fehlen, lässt den Eltern keine Atempause in der Auseinandersetzung mit der Behinderung. Sie sind stets mit der Besonderheit ihres Kindes über die Schwierigkeiten des Teams, der Einrichtung und den dadurch ausgelösten Auffälligkeiten des Kindes direkt konfrontiert. Deshalb kommen Eltern mit solchen Erfahrungen zu dem Schluss, Einzelintegration habe ihrem Kind mehr geschadet als genützt.

Die Kita muss auch für Eltern eine haltende Umgebung sein wollen.

Die interviewten Familien zeigen grundsätzlich förderliches Elternverhalten. Bei zusätzlich hinzu tretenden Belastungen, wie Erfahrungen eigener früher Stigmatisierung, unsicherem sozialen Status oder Isolierung aus Phasen unbewältigter Migration bedürfen sie der Unterstützung bei der Aktivierung familiärer Ressourcen. Die Kindertageseinrichtung benötigt ein Selbstverständnis als haltende, unterstützende Umgebung nicht nur fürs Kind, sondern auch für seine Eltern.

Geringe Erwartungen sind Hinweise auf fehlende Einigungsprozesse.

Als Schlüsselsituation gelingender Integration verstehen wir die Kommunikation von ErzieherInnen und Eltern. Sie ermöglicht den Übergang von Familie zu Kindergarten und wie Eltern ihr Kind bei der Öffnung seiner frühen Beziehungen unterstützen können. Geringe Erwartungen an den Kindergarten und wenig Hoffnungen für sich selbst sind Hinweise auf nicht gelingende Einigungsprozesse von Eltern und ErzieherInnen. Auffällige Reaktionen von Eltern und Konflikte sind auch als Resonanz auf Stigmatisierung im Kindergarten und in der Gesellschaft zu verstehen. Langanhaltende Harmonie oder das Fehlen von kritischer Auseinandersetzung deuten auf mangelnden Halt und notwendige Unterstützung hin. Kritik und aggressive Auseinandersetzungen belegen voranschreitende integrative Prozesse.

Die Teilhabe der Eltern behinderter Kinder an den Interaktionen der Elterngruppe ist Bestandteil für in der Einzelintegration gelingende integrative Prozesse. Stigmatisierung auch in subtiler Form – wie sie Mitleidsbezeugungen darstellen können – sind als Ausgrenzung zu erkennen und bedürfen der engagierten Bearbeitung.

Eltern nicht behinderter Kinder brauchen modellhafte Erfahrungen im Umgang mit Behinderten.

Die Analyse des Bildes vom behinderten Kind, wie es die Elterngruppe untereinander kommuniziert, gibt Aufschluss über deren Bewältigungs- und Integrationsprozesse. Eltern nichtbehinderter Kinder brauchen im Umgang mit dem behinderten Kind und seiner Familie Ermunterung durch modellhafte Erfahrungen, wie beispielsweise gemeinsame Aktionen, an denen sie ErzieherInnen oder andere Eltern im Umgehen mit der Behinderung beobachten können.

Die Entwicklung der Elterngruppe führt auf den Weg zu einer ‚sozialen Elternschaft', des Engagements und der Solidarisierung miteinander. Die Einbeziehung der Familie in gemeinsame Aktionen, die

Teilnahme des behinderten Kindes an eigenverantwortlich durch Eltern organisierte Zusammenkünfte auch außerhalb des Kindergartens, übt den angstfreien Umgang miteinander und soziale Verantwortung. Mitglieder solcher Elterngruppen sind flexibel und kompetent im Umgang mit Entwicklungskrisen aller Kinder.

Die Begleitung der Eltern erfordert von ErzieherInnen ein hoch entwickeltes professionelles Handeln. Ausgehend von der inneren Auseinandersetzung mit Behinderung entwickeln ErzieherInnen mit Einzelintegration ihre fachlichen und personalen Kompetenzen. So können sie ein Bild vom Kind mit den Eltern kommunizieren, das deren Bedarf nach Verstehen entgegenkommt. In der Elterngruppe kann diese akzeptierende und nicht ausgrenzende Haltung zudem als Vorbild wirken.

Erzieherinnen in der Einzelintegration entwickeln fachliche und personale Kompetenzen.

Allerdings verlangt die Entwicklung ihres professionellen Handelns den ErzieherInnen auch die innere Auseinandersetzung mit Behinderung ab. Die Konfrontation mit Behinderung berührt das Selbstverständnis beruflichen Handelns und kann die Verfügung über berufliche Kompetenzen vorübergehend einschränken. Die Realisierung beruflicher Kompetenzen kann umgekehrt die Auseinandersetzung günstig beeinflussen.

Unterschiedliche Möglichkeiten in der Auseinandersetzung mit Behinderung zeigen sich beispielhaft an der Fixierung auf eine Diagnose, an einem überzogenen Förderoptimismus oder auch an der Tendenz, das Ausmaß der Behinderung für zu geringer zu halten als es definitiv ist.

Mit fachlicher und personaler Bearbeitung entfalten und erweitern die ErzieherInnen eingeschränktes berufliches Handeln wieder. Das innere Bild vom Kind verändert sich und macht realistischeren Bildern Platz. So können Grenzen der Entwicklungsfähigkeit eines Kindes und damit Grenzen des pädagogischen Handelns akzeptiert werden. Die Förderung des behinderten Kindes wird integriert in die aller Kinder.

Die ErzieherInnen nehmen Bedürfnisse der Eltern auf und respektieren das Bedürfnis der Eltern nach autonomen Entscheidungen. Da-

Verständigung entsteht, wenn Erzieherinnen das Bedürfnis der Eltern nach Entscheidungen respektieren.

durch entsteht Verständigung. Störungen in diesem Verständigungsprozess entstehen unter anderem, wenn über das Bild des Kindes kein Austausch zwischen Eltern und ErzieherInnen möglich ist.

Unterschiedliche Bilder zwischen Eltern und ErzieherIn sind Realität jeder Einzelintegration. Deswegen reicht es nicht, dass die ErzieherInnen sich mit Bewältigungsprozessen bei Eltern beschäftigen. Sondern sie müssen ihre eigenen Anteile an der Kommunikation erfahren, ebenso wie sie der eigenen Auseinandersetzung mit Behinderung Bedeutung geben müssen.

Das Bedürfnis der Eltern nach Zugehörigkeit in die Elterngruppe wird oft zu wenig beachtet.

Der Bedarf der Eltern nach Zugehörigkeit zur Elterngruppe wird von den ErzieherInnen häufig zu wenig beachtet. Oft verfügen ErzieherInnen über keine adäquaten Deutungsmuster, um ihre Wahrnehmung zu interpretieren und handlungsrelevante Schlüsse zu ziehen. So bleiben ihnen die Gründe teilweise verschlossen, welche die Integration vor allem von Müttern in die Elterngruppe beeinflussen.

So können Eltern behinderter Kinder in Elterngruppen ausgeschlossen oder nicht voll akzeptiert werden. Integrative Prozesse in der Elterngruppe sind ohne ein Verständnis von Stigmatisierungsprozessen nur schwer zu durchschauen. Stigma-Management ist aber nicht auf die Eltern beschränkt. Sondern es ist genauso unter Professionellen vorhanden, wie es in jeder sozialen Gruppe und Institution zu finden ist, da es ein Bestandteil gesellschaftlichen Handelns ist.

Mehr stigmatisierte Eltern brauchen vermehrt Unterstützung durch die Erzieherinnen.

Eltern mit mehreren Stigmata, beispielsweise nicht-deutsche Herkunft oder deprivierte Lebensverhältnisse und in der Folge oft auch geringere Darstellung sozialer und kommunikativer Kompetenz, sind Stigmatisierungsprozessen besonders ausgesetzt. Sie benötigen verstärkt fachliche Unterstützung anstelle von Zurückhaltung der ErzieherInnen.

Entsprechend dem in der Gesellschaft weitgehend üblichen, von allen Gesellschaftsmitgliedern verinnerlichten Muster wird Nähe zum Anders-Sein vermieden. Das Team kann solchen Ausgrenzungsprozessen nur mit Wertschätzung beggnen. Das gilt für die gesamte Einrichtung und ihre Trägerorganisation. Integrationsmaßnahmen erfordern Akzeptanz von Unterschiedlichkeit sowie eine Kultur der Auseinandersetzung und der Verständigung.

Corina Frank et al.

5. Ergebnisse aus dem Elternforum[1]

5.1. Aufgaben und Selbstverständnis des Elternforums

Anlässlich des ersten Workshops zum Projekt bildete sich eine Gruppe von Eltern (Müttern), die das Projekt kritisch begleiten und die Projektleitung zur Elternsicht beraten sollte.

Anfänglich trafen sich fünf Mütter ungefähr vierzehntägig und diskutierten diverse Fragestellungen zum Projekt. Begleitet wurden sie von einer Studentin der Fachhochschule Darmstadt, selber Mutter von vier Kindern.

Die Elterngruppe reduzierte sich nach dem ersten halben Jahr auf vier Mütter, da das Kind einer Familie in die Sonderschule eingeschult wurde. Die Fortsetzung seiner integrativen Erziehung und die Beschulung in einer Integrationsklasse der Regelgrundschule konnte im Wohnumfeld der Familie nicht realisiert werden. Die betroffene Familie empfand den Abbruch der gemeinsamen Erziehung von Kindern mit und Kindern ohne Behinderung schmerzhaft.

Wie für die Eltern dieses Kindes ist nicht nur in Hessen für viele betroffenen Eltern mit dem Schuleintritt ein Abbruch der „Normalität" vorprogrammiert. Dies ist umso trauriger, weil Eltern, die für ihre Kinder soziales und lernerisches Miteinander in der Kindertageseinrichtung nutzen, oft Unwägbarkeiten in Kauf nehmen und zusätzliche Schwierigkeiten meistern. Es gibt beispielsweise kaum Therapieangebote in der Regeleinrichtung. Eltern sind gezwungen, die oft notwendige therapeutische Unterstützung kindlicher Entwicklung nachmittags oder während der offiziellen Kindergartenzeit privat zu organisieren, was wiederum kontraproduktiv ist für das Lernen im alltäglichen Zusammenleben. Im Unterschied zu Sondereinrichtungen, die oft Fahrdienste anbieten, müssen Eltern mit Kindern in Einzelintegrationsmaßnahmen ihre Kinder selber bringen und holen, was

Die gemeinsame Erziehung ist für Eltern behinderter Kinder immer noch mit vielen zusätzlichen Schwierigkeiten und Anstrengungen verbunden.

[1] Redigiert und zusammengestellt von Daniela Kobelt Neuhaus

insbesondere bei Kindern mit Gehbehinderungen selbst über „kurze" Strecken bis zehn Kilometer vom Wohnort nicht ohne Auto oder größeren zeitlichem Aufwand zu bewerkstelligen ist. Darüber hinaus führen Eltern von Kindern mit Behinderungen als elterliche Experten oft viele Gespräche mit Erzieherinnen, Zeit, die andere Eltern ungleich weniger aufbringen müssen. Wer dies alles auf sich genommen hat und dann gesagt bekommt, das Kind würde der Voraussetzung für schulische Zielgleichheit nicht genügen, muss sich einfach betrogen fühlen.

Das Elternforum setzte sich schließlich aus vier Müttern zusammen: drei Mütter mit behinderten Kindern und einer Mutter mit einem nichtbehinderten Kind. Die Kinder wurden in unterschiedlichen Kindertageseinrichtungen in Gruppen mit Einzelintegrationsmaßnahmen[2] betreut.

Auftrag der Eltern: Beratung der Projektleitung bei der Entwicklung der Untersuchungsinstrumente und bei der Auswertung und Interpretation der Ergebnisse

Die Eltern waren zunächst beteiligt an der Entwicklung und kritischen Beurteilung des Leitfadens für die Interviews der qualitativen Untersuchung. Unter anderem war ihre Aufgabe, jene wichtigen Themen zu benennen, die Eltern mit behinderten oder nichtbehinderten Kindern in der gemeinsamen Erziehung beschäftigt. Ferner berichteten die Elternvertreterinnen aus ihrer eigenen Erfahrung mit Einzelintegrationsmaßnahmen und analysierten vor diesem Hintergrund Aspekte im pädagogischen Alltag, die ihrer Ansicht nach zum Gelingen der Integrationsmaßnahme beitrugen oder der erfolgreichen gemeinsamen Erziehung abträglich erschienen.

Entstanden ist daraus ein integrationspädagogisches Konzept

Ein herausragendes Ergebnis der vielen Diskussionen ist die nachstehend Konzeptionsschrift für Kindertageseinrichtungen. Sie thematisiert aus Sicht der Mütter aus dem Elternforum jene Aspekte pädagogischer Arbeit, die eine geeignete Grundlage für erfolgreiche Einzelintegrationsmaßnahmen bilden. Bei der Entstehung des Konzeptes haben die Eltern versucht, sich in Erzieherinnen hinein zu versetzen und aus diesem „professionellen Mutter – Blickwinkel" Pädagogik zu reflektieren.

---

[2] Unter Einzelintegrationsmaßnahme wird hier die gemeinsame Erziehung von 20 Kindern pro Gruppe bezeichnet, davon maximal zwei behinderte Kinder, wie sie in Hessen von 1996 bis 1999 praktiziert wurde.

5.2. Das Konzept der idealen Kindertageseinrichtung mit gemeinsamer Erziehung von Kindern mit und Kindern ohne Behinderung aus Elternsicht.[3]

In unserer Kindertageseinrichtung ist die gemeinsame Erziehung von Kindern unterschiedlicher Fähigkeiten und Fertigkeiten, Herkunft oder kultureller Zugehörigkeit Grundsatz. Jedes Kind wird so angenommen wie es ist und dann weitergefördert.

5.2.1. Stellenwert und Ziele der institutionellen Pädagogik

Die drei Jahre Kindergartenzeit sollen sinnvoll genutzt werden. Der Kindergarten ist keine Aufbewahrungsstätte. Dies ist besonders in unserer heutigen Zeit wichtig. Oft sind beide Eltern berufstätig. Viele Kinder verbringen im wachen Zustand mehr Zeit in der Kindertageseinrichtung als zu Hause. Immer mehr Kinder wachsen als Einzelkinder oder in Kleinfamilien auf. Diese Kinder machen im Kindergarten manchmal ihre ersten Erfahrungen mit großen Gruppen von Menschen. Die Kinder lernen, Kontakte zu anderen Kindern zu knüpfen. Gerade für behinderte Kinder oder für Kinder unterschiedlicher Herkunft oder kultureller Zugehörigkeit beinhaltet dies die Chance, Spielkameraden aus der näheren Umgebung kennen zu lernen. Daraus können Freundschaften fürs Leben entstehen.

Kinder sollen sich zu selbstbewussten, eigenständigen und eigenverantwortlichen Persönlichkeiten entwickeln. In der Gruppe erfahren sie soziales Lernen und soziales Leben.[4] Die Kinder sollen aber auch Regeln und Grenzen erfahren (eigene und fremde).

Aufräumen und Ordnung halten müssen sein, über die Form kann man diskutieren. Kinder sollen Nein sagen dürfen und ihre Bedürfnisse gegenüber Dritten äußern können. Dadurch lernen Kinder eigenständig Konflikte zu lösen und sie erleben, dass sie nicht wegen jedem Problem die Hilfe der ErzieherInnen benötigen. Sie lernen von-

Nein sagen dürfen

---

[3] Wir Eltern vom Elternforum haben hier unsere Wunscheinrichtung konzipiert. Es ist uns durchaus bewusst, dass die Verwirklichung solcher Einrichtungen finanziell und pädagogisch schwierig ist. Aber vielleicht kann die eine oder andere Anregung doch in naher Zukunft umgesetzt werden.

[4] KJHG § 22

und miteinander. Über- und Unterlegenheitsgefühle werden abgebaut.

Kreativität und Fantasie sollen nach Maßgabe der Fähigkeit der Kinder angeregt und gefördert werden. Gemalt oder gebastelt wird nicht nach Schema F oder weil man es schon immer so machte, sondern um der individuellen Fantasie einen Ausdruck zu geben. Das Ergebnis ist nicht so wichtig wie der Weg dahin.

Freiräume für Bewegungsdrang

Der kindliche Bewegungsdrang soll durch genügend Freiräume ausgelebt werden können, wann immer die Kinder es brauchen und nicht nach einem festen Stundenplan. Zum Beispiel ist der Turnraum immer offen und das Außengelände jederzeit bespielbar.

Selbstverständlicher Umgang mit Anderssein

Der tolerante selbstverständliche Umgang mit Behinderung und „Anderssein" ist eines der Hauptziele in unserer Kindertageseinrichtung, wobei Kinder sich damit erfahrungsgemäß weniger schwer tun als Erwachsene.

In unserer Kindertageseinrichtung herrscht eine Atmosphäre, in der Kinder sich wohl und liebevoll angenommen fühlen.

Unser Bild vom Kind

Die Ausbildung von Interessen unterstützen

Jedes Kind hat eine eigene Persönlichkeit. Es hat Vorlieben und Abneigungen, die sich in seinem Verhalten und Handeln zeigen, z. B. bei Bewegungsanforderungen, in der Kommunikation mit anderen, beim Malen, beim Bauen mit Lego usw.

Auf dem Weg zur Selbstständigkeit brauchen die Kinder noch Unterstützung und Begleitung, nicht nur bei lebenspraktischen Aufgaben wie Schnürsenkel binden, Anziehen oder Essen. Auch in der Ausbildung ihrer Interessen, in Motivation oder Konzentration ist Begleitung wichtig.
Dies gilt für Kinder mit und Kinder ohne Behinderung gleichermaßen.

Rechte der Kinder in der Einrichtung
Kinder, auch behinderte, haben ein Recht auf einen wohnortnahen Kindergartenplatz ohne zeitraubenden Papierkrieg. Dies sollte zur

Selbstverständlichkeit werden, ohne dass die Eltern Anträge stellen und von Behörde zu Behörde rennen müssen.

Recht auf wohnortnahen Kindergartenplatz

Alle Kinder haben ein Recht auf Kindheit; d. h.: sie sollen
➢ spielerisch lernen, auch durch Fehler lernen dürfen,
➢ ohne Leistungsdruck im Kindergarten Erfahrungen sammeln,
➢ mal durchhängen,
➢ Vorlieben und Abneigungen haben und darin respektiert werden
Ein Kind mit einer Behinderung hat das Recht nicht ausgegrenzt zu werden, auf eine tolerante Umgebung und dass es mit seiner Behinderung akzeptiert wird.

Sonderrechte für behinderte Kinder?
In unserem Kita-Alltag werden Sonderrechte für Behinderte eingeräumt: z. B. Sabbern, Schmatzen bei Tisch. Ein Kind mit Behinderung wird vielleicht nicht in der Lage sein, ohne Schmatzen zu essen. Im pädagogischen Alltag bedeuten solche Anlässe für die Erzieherinnen, sich mit den nichtbehinderten Kindern auseinander zu setzen und deutlich zu machen, dass manche Kinder für ihr Verhalten nichts können oder im Moment nicht anders reagieren können.

Sonderrechte werden eingeräumt.

Jedes Kind hat das Recht in seiner Schwäche oder Behinderung gefördert zu werden. In unserer Kindertageseinrichtung ist ein zusätzliches therapeutisches Angebot durch ein interdisziplinäres Team selbstverständlich gewährleistet und zwar für alle Kinder, auch für die nichtbehinderten (Ergotherapie, Logopädie, Psychomotorik und Krankengymnastik).

5.2.2. Pädagogische und andere Fachkräfte
Zu unserem Team gehören neben pädagogischen Fachkräften auch therapeutische Fachkräfte, Haushaltskräfte, Zivildienstleistende und Praktikanten. Wir achten darauf, dass im Team in ausgewogenem Verhältnis männliche und weibliche Erzieher vertreten sind. Viele Kinder wachsen ohne männliche Bezugsperson auf und Erzieher bieten oftmals andere („männliche") Spielweisen an.

Wir setzen eine gute Qualifikation mit abgeschlossener Berufsausbildung und Nachweisen über Fort- und Weiterbildung voraus. Fortbildungs- und Qualifikationsmöglichkeiten werden im Team angeboten und nach Möglichkeit auch in anerkannten Fortbildungsinstitutionen wahrgenommen. Die Teilnahme an der regelmäßigen Supervision ist für Fachkräfte verpflichtend.

Supervision ist verpflichtend.

Eine Erzieherin sollte eine Person mit gutem Einfühlungsvermögen sein, sie sollte flexibel reagieren auf neue Situationen und Anforderungen. Sie sollte eine offene herzliche Art haben sowie gut im Team arbeiten.

Eine klare Ansprechpartnerin ist notwendig.

Uns ist es wichtig, dass die Eltern in der Kita in der Person einer Erzieherin oder eines Erziehers eine Ansprechpartnerin oder einen Ansprechpartner finden. Diese verwalten alle Informationen und geben sie jeweils an die richtigen Stellen weiter, so dass Eltern sicher sind, dass das Team über wichtige Dinge Bescheid weiß, bzw. sie rechtzeitig informiert werden über Vorkommnisse und Besonderheiten ihres Kindes in der Einrichtung.

Erzieherin ist keine Ersatzmutter

Die Erzieherin soll eine vertrauensvolle Begleitung für das Kind in der Kindergartenzeit sein, aber keine Ersatzmutter. Sie sollte sich auch im familiären Bereich des Kindes auskennen (Geschwistersituation, häusliche Situation) und gegebenenfalls ein offenes Ohr für Nöte der Kinder sowie auch für die der Eltern haben.

Die Erzieherin sollte nicht die Funktion einer Lehrerin übernehmen. Sie ist vielmehr Begleiterin und Unterstützerin von kindlichen Entwicklungs- und Entfaltungsprozessen und bietet den kindlichen Bedürfnissen angemessene Anregungen und Angebote an.

5.2.3. Der pädagogische Ansatz

In unserer Kindertageseinrichtung erfahren die Kinder ein Zusammenleben mit:
- Behinderung,
- anderen Kulturen, Glaubensrichtungen, Sitten, Hautfarben, anderen Nationalitäten,
- Respekt, Toleranz und Verständnis.

Wir erwarten, dass die Eltern der Kinder diese Grundhaltung und unsere Erziehungsvorstellungen unterstützen.

Unser Personalschlüssel ist so bemessen, dass jedes Kind in seiner eigenständigen und individuellen Entwicklung und Entfaltung Unterstützung finden kann. Anweisungen oder schablonisierende Aufgabenstellungen im Sinne der Frontalpädagogik gibt es nach Möglichkeit nicht, sondern die Kinder werden motiviert, gemäß den eigenen Fähigkeiten und Fertigkeiten an Projekt- und Spielangeboten teilzunehmen. Sie tragen alters- und entwicklungsgemäß zum gemeinsamen Spiel- und Lerngeschehen bei.

Schablonen und Frontalpädagogik gibt es nicht.

Ein Projekt- oder Spielangebot gilt immer für die ganze Einrichtung. Es wird so differenziert angeboten, dass alle Kinder die Möglichkeit hätten, in irgendeiner Form daran teilzunehmen und dass niemand ausgegrenzt wird, sei es durch Behinderung oder Alter.

Die Kinder melden sich je nach Interesse für Projekte und Angebote an. Dadurch entstehen immer andere Gruppen, in denen die Kinder sich neu orientieren, einen Platz für sich finden und Fremdes akzeptieren üben. Kinder lernen, sich zu entscheiden. Das selbstständige Auswählen fördert die Eigenverantwortung. Schließlich ist es ein Unterschied, ob man sich selbst etwas aussucht oder etwas ausgesucht bekommt. Ein Kind bastelt sicherlich lieber (und kreativer?) ein Fensterbild, wenn es sich für das Angebot selbst entschieden hat, als wenn es dies täte, weil alle Kinder in der Gruppe heute Fensterbilder basteln müssen.

Selbstständiges Auswählen fördert die Eigenveranwortung.

Durch unsere *offenen Gruppen* haben die Kinder die Möglichkeit, Kontakt aufzunehmen zu wem sie wollen. Sie verfolgen ihre eigenen Interessen in Absprache mit Spielpartnern, ohne sich einem Gruppenzwang unterziehen zu müssen. Behinderten Kindern steht dieses Recht ebenfalls zu. Sie brauchen gegebenenfalls Unterstützung, um dahin zu kommen, wo sie hin wollen. Gerade für diese Kinder ist es wichtig, dass sie lernen, ihre eigenen Bedürfnisse deutlich zu machen, um dabei ihre Persönlichkeit zu stärken.

Viele Kinder orientieren sich anfänglich an einer Bezugsperson und entscheiden sich von der Bezugsperson abhängig für Angebote. Da bedarf es von Seiten der ErzieherInnen viel Einfühlungsvermögen und Unterstützung, damit Kinder lernen, auf die eigenen Wünsche und Bedürfnisse zu achten und sie für sich ernst zu nehmen.

Therapeutische Angebote kommen allen zugute.

Wenn sich ein Integrationskind an einem Projekt beteiligt, wird bei Bedarf eine zusätzliche (therapeutische oder pädagogische) Fachkraft zugezogen, um evtl. Hilfestellungen zu geben. Diese Fachkräfte kommen selbstverständlich allen Kindern zugute. Das behinderte Kind macht die Erfahrung, dass es in der Gruppe in seinem Anderssein akzeptiert wird und kann sich dadurch in seiner Umgebung zurecht finden.

Bei offener Arbeit den Einzelnen im Blick behalten.

Auch bei offener Arbeit soll der Blick für jedes einzelne Kind nicht verloren gehen. Wir achten darauf, dass die Kinder ein vielfältiges Angebot annehmen, d. h. nicht nur basteln und malen, sondern sich auch an Spaziergängen und am Turnen beteiligen. Falls ein Kind nur ein einseitiges Interesse entwickelt, suchen wir nach den Gründen und versuchen, die Angebote so zu verändern, dass das Kind neue Erfahrungen machen kann, die es vielleicht motivieren, Neues auszuprobieren.

Wir wünschen uns für unsere Kindertageseinrichtung aktionsbezogene Räumlichkeiten, z. B. Lego-Raum, Theater- und Rollenspielraum, Entspannungsraum, Vorlese-Raum, Toberaum ... Alle Räume sind selbstverständlich behindertengerecht eingerichtet.

Freispiel, Angebote und Lernen im Alltag
Freispiel und Angebote stehen in einem ausgewogenen Verhältnis. Beides ist so gestaltet, dass individuelles und gemeinschaftliches Lernen unterstützt und gefördert wird.

Freispiel
Im Freispiel geht das Kind seinen Interessen nach. Es bilden sich Gruppen von Gleichgesinnten, die voneinander und miteinander lernen. Aber auch Meinungsverschiedenheiten fördern den kreativen und fantasievollen Umgang mit Spielen und Spielmaterialien.

Für das Freispiel stehen unterschiedliche Materialien und Räume zur Verfügung. Die Kinder mit Behinderung beteiligen sich genauso wie alle anderen Kinder, ggf. mit Unterstützung der Erzieherinnen und der anderen Kinder.

Angebote

Angebote werden von Erwachsenen initiiert. Exkursionen in die nähere und weitere Umgebung, Erkundungen des Wohnumfeldes und der Bewohner, Medien, Museen usw. dienen der Horizonterweiterung. Materialanimationen unterstützen das selbsttätige Experimentieren und Forschen der Kinder und können zu thematischen Projekten werden. Erwachsene greifen auch Befindlichkeiten und Bedürfnisse von Kindern auf und thematisieren sie in Form von Gesprächsangeboten, z. B. zum Thema Angst, Tod, Kinder bekommen usw.

Erwachsene initiieren Angebote.

Angebote motivieren Kinder, sich mit Neuem zu beschäftigen und Unbekanntes kennen zu lernen. Angebote regen Bildungsprozesse an und vertiefen vorhandenes Können und Wissen.

Angebote werden so präsentiert, dass sie für möglichst viele Kinder Anreiz bieten.

Für Freispiel und Angebote gibt es einen groben zeitlichen Rahmen, damit die Kinder auch eine zeitliche Orientierung im Kindergartenalltag bekommen. Dabei kommt es natürlich nicht auf Minuten an. Kinder sollen lernen, mit Zeit umzugehen und ihre Grenzen zu respektieren.

Lernen

Lernen im Alltag geschieht in den täglich wiederkehrenden Situationen, die die eigene Person und auch den Umgang in der Gruppe betreffen, und die zunehmend selbstständig bewältigt werden können.

Jüngere Kinder bekommen zum Beispiel anfänglich Unterstützung beim Anziehen, müssen aber immer mehr selber tun. Ihnen soll weder aus Mitleid noch aus Zeitmangel bei den Erwachsenen alles aus der Hand genommen werden.

Nur so viel Hilfe wie nötig

Auch die Gruppe und die gemeinsame Verantwortung für den Alltag in der Einrichtung sind Lernfelder für Kinder. Der Frühstücksplatz soll so verlassen werden, wie man ihn vorfinden möchte: jeder ist für seinen Dreck selbst verantwortlich, die Erzieherin putzt nicht hinterher. Das gilt auch für behinderte Kinder, sofern sie es leisten können. Stark körperbehinderte Kinder werden vieles nur mit Hilfe erledigen oder nicht können, ein sehbehindertes Kind braucht eine Anleitung.

Ziel: größere Selbstständigkeit

Immer steht das Ziel vor Augen, dass Kinder soviel wie möglich selbstständig tun und soviel wie nötig Hilfe bekommen.

Pädagogische Planung

Zeit für Planung

Die Planung des Alltags mit den Kindern erfolgt im Team. Es stehen wöchentliche festgelegte Team- und Vorbereitungszeiten zur Verfügung.

Einbeziehen von Kindern und Eltern in die Planung

Entscheidungen über die pädagogische Arbeit oder Veränderungen und Neuerungen sind transparent und den Eltern zugänglich. Es besteht die Möglichkeit, dass die Eltern an Teamsitzungen teilnehmen und eigene Vorschläge einbringen.

Themen und Inhalte der pädagogischen Planung

Grundlage für die pädagogische Planung bilden regelmäßige Beobachtungen der Kinder.

Themen entstehen u. a. durch aktuelle Anlässe oder jahreszeitlich bedingte Feste und Feiern, z. B. Schulbeginn, Jahreszeiten, Weihnachten, etc. Bei der Themenplanung werden die Kinder und auch die Eltern miteinbezogen.

Thematische Angebote entstehen aber auch durch den Bildungsauftrag der Einrichtung. Die Kinder müssen sich in einer oft unüberschaubaren Welt zurechtfinden. Wir wollen ihnen „die Welt begreifbar machen", indem wir entsprechende Angebote machen, z. B. Besuch bei der Bücherei, Post, Feuerwehr, Arzt, Einkäufe, etc. Spaziergänge in die Umgebung sollen ihre Orientierung schulen, damit die Kinder Sicherheit und Selbstvertrauen entwickeln. Wir möchten die Kinder für die Natur sensibilisieren. Je nach Thema werden fachkompetente Personen eingeladen (Förster, Arzt, Lehrer, etc.).

5.2.4. Soziale Integration

Die Herausforderung einer heterogenen Gesellschaft richtet sich auch an Kindertageseinrichtungen. Uns ist es wichtig, dass Kinder und Erwachsene in unserer Einrichtung einen Ort für gemeinsame Verständigung finden.

Ausländische Kinder in unserer Kita
Wir leben in einer multikulturellen Gesellschaft. Es gehört zu unserer zentralen Wertvorstellung, keinen Unterschied zu machen wegen Herkunft, Hautfarbe, Religion etc. Wir respektieren Verschiedenheit und suchen gemeinsam mit der multikulturellen Elternschaft einen Weg zur Verständigung.

Ausländische Eltern sollen besonders motiviert werden, sich in der Elternarbeit und in der Arbeit mit Kindern zu engagieren (z. B. Elternbeirat, Organisation multikultureller Feste, Märchen erzählen usw.).

Integration behinderter Kinder
Das Zusammenleben mit Kindern mit Behinderung ist uns wichtig. Wir berücksichtigen dabei die besonderen Bedürfnisse dieser Kinder und auch ihrer Familien. Besonders folgende Punkte sind uns wichtig:

Neben sozialpädagogischen Fachkräften kümmern sich Heilpädagogen, Logopäden, Ergotherapeuten, Psychomotoriker o. Ä. darum, dass behinderten Kindern im Alltag soviel Beteiligung wie möglich gelingt. Sie sind im Tagesablauf fest miteingeplant. Therapeut und Erzieher arbeiten Hand in Hand – individuelle Förderung des Kindes ist damit von vornherein gesichert. Die Kinder erfahren Therapie nicht mehr als Zwang, da es zum Kindergartenalltag dazu gehört. Die Kinder erleben keinen Termindruck und keine Praxisatmosphäre. Auf diese Weise werden sowohl das Kind als auch seine Mutter entlastet. Die Kinder kommen nicht mehr später in den Kindergarten, weil sie morgens therapiert werden. Die Therapie erfolgt in einem flexibleren Zeitrahmen und ist nicht mehr an einen 45 Minuten-Takt gebunden. Hier wird auf die Verfassung und die Bedürfnislage des Kindes geachtet.

Soviel Beteiligung wie möglich – aber kein Termindruck und Praxisatmosphäre

Wir möchten, dass die Eltern (Mütter) behinderter Kinder ohne schlechtes Gewissen ihren eigenen Interessen nachgehen können und damit auch Energie tanken für die Bewältigung des familiären Alltags mit ihrem Kind.

5.2.5. Zusammenarbeit mit den Eltern

Die Zusammenarbeit mit den Eltern zum Wohle des Kindes[5] ist uns sehr wichtig. Eltern kennen ihre Kinder und deren Lebenszusammenhänge länger und intensiver als die Einrichtung. Sie sind interessiert daran, ihre Erfahrungen in die institutionelle Pädagogik einzubringen und gleichzeitig über die weitere Entwicklung ihres Kindes in der Einrichtung möglichst intensiv informiert zu werden.

Beteiligung der Eltern

➢ Eltern sind beteiligt an der Planung des pädagogischen Alltages, an der Konzeptentwicklung und -veränderung und sie haben über den Elternbeirat ein Mitspracherecht bei der Auswahl der Fachkräfte, die in der Einrichtung voll- oder teilzeitig tätig sind.

Eltern haben Mitspracherecht bei der Auswahl des Personals.

➢ Eltern können sich an der Projektarbeit mit den Kindern beteiligen oder auch eigene Projektangebote in Kooperation mit dem Team realisieren. Beispiele dafür sind künstlerische und gestalterische Angebote von Eltern mit besonderen Fähigkeiten, Photographieren, Plätzchen backen, Blumenzwiebeln pflanzen, usw. Wenn Eltern sich unmittelbar am Kindergartenalltag beteiligen, haben sie ein Mitspracherecht und Einblick in den übrigen Alltag. Ihre Angebote sind sehr willkommen als Bereicherung des Bildungskonzeptes in der Einrichtung.

➢ Die Kindergartenräumlichkeiten sollen nach Absprache auch außerhalb der Kindergartenöffnungszeit für Aktivitäten der Eltern genutzt werden können. Vielerorts gibt es zum Beispiel aktive Vätergruppen oder Elterninitiativen, die in eigener Regie mit den Kindern Aktivitäten organisieren. Die Angebotspalette reicht vom Drachenbasteln bis hin zu gemeinsamen Wochenendausflügen. Ohne Unterstützung von Seiten des Kindergartens können sich solche Initiativen nur schlecht entwickeln (fehlende Räumlichkeiten, fehlende Anerkennung).

➢ Gemeinsame Feste ermöglichen und unterstützen den Kontakt der Eltern untereinander. Bei Festen haben auch Eltern von Kleinkindern die Möglichkeit erste Einblicke in den Kindergarten zu bekommen. Auch ehemalige Kindergartenkinder kommen zu Festen wie z. B. zu Laternenumzügen.

---

[5] KJHG, § 22;3

Vermittlung unserer Arbeitsweise an die Eltern

➤ *Eltern- und Informationsabende* finden in regelmäßigen Abständen statt. Hier werden Informationen über den Kindergartenalltag und über die pädagogische Arbeitsweise gegeben. Gegenstand der Informationsabende können auch Fragen zur Erziehung oder Einzelintegration sein. Dabei können Berührungsängste unter den Eltern abgebaut werden.

Berührungsängste abbauen

Auch hier können sich Eltern aktiv beteiligen, indem sie selbst Informationsabende gestalten. (Zum Beispiel findet ein Informationsabend statt zur „Rückenschule" bei Kindern. Er wird gestaltet von einem Orthopäden und einer Krankengymnastin.)

➤ In kurzen Gesprächen beim Bringen oder Abholen der Kinder *(Tür- und Angelgespräche)* findet ein Austausch über besondere Vorkommnisse oder Aktivitäten des Tages statt. Diese kurzen Informationsgespräche dienen der Rückversicherung über die aktuelle Befindlichkeit des Kindes. Für Erzieherinnen ist es vor allem am Morgen wichtig zu wissen, ob Kinder irgendwelche Befindlichkeitsstörungen oder besondere Erlebnisse von zu Hause mitbringen, ob sie müde sind oder traurig. Umgekehrt dient es der Transparenz und der Eltern-Kind-Kommunikation, wenn den Eltern beim Abholen kurz berichtet werden kann, wie ihr Kind den Tag verbracht, mit wem es gespielt hat oder ob es etwas besonderes erlebt hat.

Tägliche Rückversicherung über die Befindlichkeit des Kindes

Besonders Eltern behinderter Kinder, aber auch andere Eltern, befürchten, dass ihr Kind in der Entwicklung zurück bleibt oder nicht genügend gefördert wird. Diese Ängste sollten Beachtung bei den Erzieherinnen finden und durch häufige Informationen über den Tagesablauf abgebaut werden. Der wechselseitige Informationsaustausch hilft, die Kinder und ihr Verhalten besser zu verstehen.

➤ Erzieher und Therapeuten sind jederzeit ansprechbar. Für intensive *Elterngespräche* werden Termine bereitgestellt.

➤ Nach vorheriger Absprache ist die Teilnahme der Eltern an pädagogischen Planungsgesprächen in Teamsitzungen möglich.

➤ Die letzte Verantwortung für die Kinder liegt bei den Erziehungsberechtigten. In schwierigen familiären Situationen, bei offensichtlicher Vernachlässigung von Kindern oder bei Missachtung kindlicher Bedürfnisse durch die Eltern treten die pädagogischen Fachkräfte in einen Dialog mit den Eltern. Sie setzen auf Aufklärung und bieten Literatur zur Unterstützung elterlicher Erziehungs-

Letzte Verantwortung liegt bei den Erziehungsberechtigten.

bemühungen an, zum Beispiel zur gesunden Ernährung von Kindern oder zu Kinderspielzeug, das die Kinder von zu Hause in die Einrichtung mitbringen.
➤ Der regelmäßige Kontakt hilft ein Vertrauensverhältnis aufzubauen.

5.2.6. Optimierende Rahmenbedingungen

Größe der Einrichtung
- Besonders wichtig ist uns, dass unsere Einrichtung nicht groß ist. Sie nimmt maximal 45 Kinder auf. Davon können bis zu sechs Kinder mit Behinderungen sein.
- Zu einer Stammgruppe gehören 15 Kinder, davon zwei Kinder mit einem Integrationsplatz.

Raum- und Materialangebot
Kinder können sich Räume und Angebote nach ihren Bedürfnissen aussuchen, wenn sie die zuständigen Bezugspersonen darüber informieren.

Das Materialangebot umfasst neben kulturtechnischen Materialien wie Farben, Stiften, Papier und Schere auch wenig strukturierte Materialien (Holz in unterschiedlichen Qualitäten und Größen, Stoffe, ...) die eine höchstmögliche Vielfalt an Nutzungen zulassen. Natürlich gibt es auch Legosteine, Bälle, Seile oder Gesellschaftsspiele im Angebot.

Uns ist auch wichtig, die Lebensumstände heutiger Kinder zu berücksichtigen. Kinder sollen im Kindergarten nicht in einer künstlichen heilen Welt aufwachsen. Wir möchten Kindern einen angemessenen Umgang mit medialen Angeboten (PC, Videos, CD-Playern und anderen Tonträgern) vermitteln und sie anregen, Gehörtes und Gesehenes selbstaktiv zu verarbeiten.

Personal

Doppelbesetzung der Gruppen
- Die Gruppen sind von qualifizierten Fachkräften durchgängig doppelt besetzt.
- Bei Bedarf werden Fachkräfte aus angrenzenden Disziplinen (Heilpädagoginnen, Logopädinnen, Ergotherapeutinnen, Krankengym-

nastinnen oder auch Religionspädagoginnen und Fachkräfte für interkulturelle Pädagogik fest eingestellt oder zur Beratung bzw. zur vorübergehenden Begleitung zugezogen.

Kooperation mit anderen Institutionen
Mit anderen Einrichtungen, mit Schulen und mit örtlichen Institutionen pflegen wir einen regelmäßigen Erfahrungsaustausch.

Daniela Kobelt Neuhaus/Annette Wenner

6. Kinderbeobachtung:
Kinder nutzen und bewerten integrative Prozesse

Im Verlauf des Projektes *Qualitätsstandards von Einzelintegrationsmaßnahmen aus Sicht der Nutzer* wurde uns immer wieder die Frage gestellt, ob denn nicht Kinder die Nutzer von Kindertageseinrichtungen seien und befragt werden müssten.

Kinder sind, um bei den Termini aus dem Profit-Bereich zu bleiben, die „lachenden Dritten", d. h. die „Nutznießer" von Erziehungsprozessen und strukturellen Angeboten in Kindertageseinrichtungen. Eltern hingegen „stecken was rein" (Kind, Geld …), um einen „Gewinn" zu erzielen, sind also die Nutzer.

Allerdings sind Kinder als Nutznießer ganz besonders prädestiniert, Qualitätsstandards zu erkennen und zu bewerten. Sie beurteilen erzieherische integrative Qualität aus „hautnahem" Erleben und aus persönlicher Betroffenheit. Sie sind diejenigen, die es „aushalten müssen", wenn durch besondere Kinder „manche Dinge nicht gehen[1]" oder wenn Erzieherpersonen für einige Kinder mehr Aufmerksamkeit brauchen als für andere.

Kinder haben ein hautnahes Gefühl für die Qualität pädagogischer Prozesse.

Schon dreijährige Kinder bewerten von sich aus die Qualität von Spiel, Erleben oder Beziehung. Situationen sind „doof" oder „schön", je nachdem, welches Kriterium die Kinder zugrunde legen. Manchmal dient Kindern die Erreichung eines (selbst gesteckten) Zieles als Beurteilungskriterium für „gut" oder „blöd". Oft können Kinder aber gar nicht so genau benennen, warum sie Spiel- und Beziehungssituationen so oder so bewerten. Besonders wenn es um atmosphärische oder emotional-soziale Zusammenhänge geht, haben sie „so ein Gefühl" und verhalten sich dann entsprechend dieser nichtdefinierten Befindlichkeit. So kommt es, dass Erzieherinnen immer wieder überrascht sind über kindliches Verhalten, das „aus einem nicht bekannten Gefühl" entspringt.

---

[1] Frage 52;2 vgl. Anhang 2, Fragebogen

6.1. Untersuchungsdesign

Uns interessierte, wie Kinder, *die* Experten für erlebte gemeinsame Erziehung in der Praxis, das Zusammenleben mit Kindern unterschiedlicher Fähigkeiten und Fertigkeiten erleben. Aus ihrer persönlichen Erfahrung und aufgrund ihrer Beobachtungen sollten sie beurteilen, ob und wie das Zusammenspiel mit unterschiedlichen Kindern funktioniert.

Kinder zu befragen ist schwierig, wenn man selber erwachsen ist, die Kindersprache nur noch aus der Erwachsenenperspektive kennt und als erwachsene Autoritätsperson bei den Kindern auftaucht.[2] Viele Kinder haben bisher keine Erfahrungen damit gemacht, dass Erwachsene ihre Ansicht interessieren könnte. Sie haben sicher eine eigene Meinung, aber sie haben wenig Übung darin, diese zu äußern. Meistens achten sie sehr darauf, was die Erwachsenen jetzt wohl von ihnen hören wollen und richten sich danach. Ihre Alltagserfahrung ist in der Regel, dass Erwachsene größer, stärker, klüger sind und das Recht auf ihrer Seite haben. Da ist es besser, den Erwachsenen „nach dem Mund zu reden" und zu antworten, was diese gern hören wollen.

Kinderbefragungen sind notwendig, doch nicht so einfach.

Aus diesem Grunde war es nahe liegend, Erkenntnisse über kindliche Haltungen und Erfahrungen bezüglich der gemeinsamen Erziehung von Kindern mit und ohne Behinderung nicht mit Mikrophon und standardisierten Fragekatalogen zu gewinnen, sondern sie in ihrem alltäglichen Umgang miteinander zu beobachten.

Wie Erwachsene auch, bevorzugen Kinder jene Situationen, die sie mit dem Qualitätsprädikat „gut" bezeichnen würden, während sie unangenehmere oder nicht so schöne Dinge eher meiden. Kinder *verhalten sich* entsprechend ihrer Bewertung. Diese Verhaltensweisen wollten wir „einfangen".

Vorgehen
Für das methodische Vorgehen der Begleituntersuchung „Kinderbefragung" gab es kein erprobtes, fertiges Konzept. Als Medium zur Verhaltensbeobachtung boten sich Videoaufzeichnungen an.

---

[2] Sturzbecher 2000, 2

Exemplarische Situationen im Sinne filmisch-deskriptiver Fallbeispiele sollten aufgezeichnet, interpretiert und auf die Frage hin untersucht werden, ob oder inwiefern erkennbare Verhaltensweisen und Spielentwicklungen zurückgeführt werden können auf zugrunde liegende Interaktions- und Beziehungserfahrungen.[3] Wir nennen diese Methode *distanzierte Spielbeobachtung*.

Der Vorteil von filmischen Aufzeichnungen exemplarischer Situationen ist, dass unterschiedliche Betrachter beliebig oft die Videos ansehen und reflektieren können.

Zunächst ging es darum, Ausschnitte im Kinderalltag festzulegen, die möglicherweise einen Einblick in integrative Beziehungsprozesse geben. Von der ersten Idee, Kinder mittels Videokamera im Alltag auszugsweise zu filmen und hinterher die Szenen zu analysieren, haben wir schnell Abstand genommen. Die Kinder hätten unser spezifisches Interesse an Interaktionen zwischen Kindern mit Behinderung und Kindern ohne Behinderung schnell erkannt. Da die meisten Kinder gern gefilmt werden, hätten sie sich selbstverständlich um das Kind mit Behinderung geschart – um ins Bild zu kommen, nicht um mit dem Kind zu spielen.

Also haben wir versucht, einen Kompromiss zu finden, um Kinder in zwar vorgegebenen Settings, aber in selbstbestimmter Aktion miteinander, filmen zu können. Aus Langzeitbeobachtungen von Kindern, die sich über Monate hinweg in Rollen- und Theaterspielen mit sich und den Beziehungen zueinander beschäftigten[4], entstand die Idee zum Orientierungsrahmen *Improvisationstheater* und *Spielraum*:

Wir beschlossen, „einen Raum zu schaffen", in dem Kinder sich der Beziehungs- und Interaktionsgestaltung widmen konnten. Über einen Zeitraum von acht Tagen wollten wir täglich etwa zwei Stunden lang eine Gruppe von Kindern filmen, während sie in der Einrichtung den zum Improvisationstheater einladenden Raum nutzte.

Marginalie: Filmen beim Rollenspiel und Improvisieren

---

[3] Vgl. Plädoyer für Einzelfallanalysen von Datler/Steinhardt 1999, 365–376
[4] Kobelt Neuhaus 2000

Szenische Improvisation und ihre Interpretation

Zentrales Anliegen des Improvisationstheaters, d. h. „Theater aus dem Stegreif" ist, dass die Mitspieler „sich selber inszenieren". Zur Animation der improvisierten Rollenspiele wird ein entsprechendes Angebot an Verkleidungs- und Schminksachen, Spiegel, Musik, Höhlen, Nischen und Berge aus Matten bereitgestellt. Requisiten oder Gegenstände im Raum übernehmen selbst innerhalb der gleichen Szene unterschiedliche Funktionen und Bedeutungen, abhängig vom Spielinhalt. Es gibt keine Vorschriften darüber, was die Akteure im Raum entwickeln sollen. Die entstehenden Szenen bleiben einmalig, d. h. sind in ihrer Tiefe und Bedeutung nicht wiederholbar. Auch bedeutungsmäßig ähnliche Spielszenen unterscheiden sich im Spielverlauf und in der Darstellungsform von Szene zu Szene. In der „improvisierten Darstellung" werden Räume und Spielorte geschaffen, „die nach Wahl existieren, aber auch frei erfunden sein können"[5].

Die zentralen Fragen des Improvisationstheaters gelten auch für szenische Improvisationen: Es geht um:

Wer bin ich?"   (Rolle)
Was bin ich?"   (Spielort)
Was will ich?"   (Handlungsgegenstand)

„Bei keiner anderen Form des darstellenden Spiels liegt die Betonung so auf ‚Spiel' wie beim Improvisationstheater. Bei keiner anderen steht die Phantasie als gestalterischer Spielraum so im Mittelpunkt."[6] Zu den „Werkzeugen" des Improvisationstheaters gehört nicht „kognitives Denkvermögen" sondern fantastisches und spielerisches Entwickeln. Damit entspricht das improvisierte Theater den Prinzipien kindlichen Spiels. Im Gegensatz zu den Erwachsenen gehen Kinder selten mit „rationalen Denkmustern" an Handlungsgegenstände heran. Ihre alltäglichen Spielhandlungen sind, zwar von realen Begebenheiten beeinflusste, kreativ ausgestaltete Entwicklungen. Kinder spielen situationsbezogen und szenisch orientiert. Wenn sie mit anderen zusammen spielen, bringen sie unterschiedliche Fähigkeiten und Vorstellungen ins Spiel ein, auch Bewertungen, Vorlieben und

Im Improvisationstheater sind fantastisches und spielerisches Entwickeln gefragt.

[5] Schmitz 1997, 174–185
[6] Schmitz 1997, 176

Abneigungen. In der spontanen Spieltätigkeit konstruieren sie ein gemeinsames Projekt[7], das durchaus kein harmonisches Geschehen sein muss.

Das im Spiel entstehende Projekt oder „Produkt" gilt es wahrzunehmen und aufzuschlüsseln in Anteile, die einzelne Kinder einbringen und in Gruppenprozesse, die sich verändern, je nachdem wer mit wem spielt.

Zielsetzungen und Fragestellungen

Bezogen auf Qualitätskriterien für gemeinsame Erziehung in Kindertageseinrichtungen standen die Haltung der Kinder zu „Behindert-Sein" oder „Nicht-Behindert-Sein" und kindliche Erfahrungen während der Zeit des Zusammenlebens mit „Anderen" im Focus der wissenschaftlichen Begleitforschung

Ziel der distanzierten Spielbeobachtung per Video war die Erfassung von *verbalen und nonverbalen Äußerungen von Kindern* in der szenischen Improvisation, die interpretiert werden konnten als Aussagen *über Integration, Nähe, Distanz, Zuneigung und Abwehr.*

Integration läuft nicht über die Anzahl der Kontakte.

Wir gingen von der Grundannahme aus, dass gelungene Integration *nicht über die Häufigkeit direkter Kontakte* zwischen Kindern mit und Kindern ohne Behinderung zu messen sei, sondern dass *„die selbstverständlich gleiche Kindheit"* ein zentrales Kriterium für Gelingen oder Nichtgelingen gemeinsamer Erziehung darstellt. Die Selbstverständlichkeit zeigt sich über die mögliche gleiche soziale Teilhabe für alle Kinder, z. B. muss das Angebot an Spielmaterialien potentiell durch alle Kinder erreichbar und bespielbar sein.

Nebeneinanderspiel, Imitationsverhalten oder bloßes Hinschauen als mögliche Formen sozialer Beteiligung dienten ebenso als interpretative Bewertungsgrundlagen wie die direkte verbale oder nonverbale, konflikthafte oder friedliche Interaktion.

Bei der Analyse von Spiel (indirekte Außenbeurteilung) und Gesprächen mit den Kinder legten wir folgende Fragen zu Grunde:

[7] Heimlich 1995, 4–10

- Wie konntet Ihr zusammen spielen? Hat es Spaß gemacht? Hat es *allen* Spaß gemacht?
- Habt ihr ein *gemeinsames Thema* finden können?
- Stimmt das *Materialangebot?*
- War die *Rollenverteilung* gut? Welche Rollen hast du gespielt? Welche hat dir am besten gefallen? Warum? Wirst du diese Rolle beim nächsten Mal wieder spielen? Oder möchtest du tauschen? Was befürchtest du, wenn du die Rolle erneut übernimmst?
- Sollen alle diese Kinder beim nächsten Mal wieder dabei sein? Mit wem spielst du hier am liebsten? Am Häufigsten? Konntest du überhaupt mit dem Kind spielen, mit dem du am liebsten spielen würdest? Warum nicht? Stört dich bei anderen Kindern manchmal etwas? Was tust du dann?
- Findest du in Ordnung, dass Kinder unterschiedlich spielen? Wer spielt anders? Stört das? Was findest du daran gut?
- Hat die Erzieherin deines Erachtens genügend Unterstützung gegeben? Hat sie sich eingemischt und dadurch euer Spiel verändert?

Mit diesen Fragen betrachteten wir die Videoaufnahmen und suchten jeweils nach Schlüsselszenen, die als Antwort dienen konnten.

Die Kinder wurden immer gegen Ende der vereinbarten Spielzeit in einem verpflichtenden Sitzkreis mit den Fragen konfrontiert und aufgefordert, zu ihrem gemeinsamen Tun Stellung zu beziehen. Die dabei getroffenen Aussagen der Kinder wurden sozusagen als Korrektur zu erwachsenen Interpretationslinien mit aufgezeichnet.

6.2. Untersuchungsstandorte und Zielgruppen

Um an der Untersuchung teilnehmen zu können, mussten die Einrichtungen eine langjährige Erfahrung mit situationsorientiertem Arbeiten und eine konzeptionelle Verankerung des selbstgewählten szenisch-kompositorischen Spiels der Kinder nachweisen. Das heißt die Kinder in den Untersuchungseinrichtungen sollten auch ohne Praxisforschung regelmäßig einen Theater- oder Rollenspielraum nutzen dürfen. Sie sollten vertraut sein mit szenischer Darstellung und mit Elementen des Improvisationstheaters:
- Spielmittel: Verkleidungskiste, Theaterschminke und Spiegel
- Spielpartner: Zusammensetzung der Gruppe – Kinder unter-

- Spielraum: Ein zentraler Ort, Theater-, Turn- oder Mehrzweckraum schiedlichster Fähigkeiten und unterschiedlichem Alter
- Spielzeit: Regelmäßig wiederkehrende Spielzeiten

Wir brauchten für die Untersuchung mindestens zwei Erzieherinnen, die bereit waren, sich im Spielraum als Ansprechpartnerin zur Verfügung zu stellen und damit auch sich in der Interaktion und im Gespräch mit Kindern filmen zu lassen. Die vertrauten Personen sollten ein Übriges dazu tun, dass Kinder abgesehen von der Videokamera nichts wesentlich Neues und Aufregendes erlebten, sondern den „Alltag".

Auswahl der Einrichtungen Um Fahrtzeit und -kosten zu sparen, suchten wir in der Nähe von Darmstadt zwei Einrichtungen. Beide ausgewählten Einrichtungen befinden sich im ländlichen südhessischen Raum.

Auswahl der Einrichtungen
Einrichtung A:
Die erste Einrichtung, in der wir filmen durften, ist eine Kindertagesstätte in einem kleinen Ort im Odenwald. Träger der Einrichtung ist die evangelische Kirche.

In der Einrichtung gibt es sowohl eine langjährige Tradition des situationsorientierten Arbeitens als auch der gemeinsamen Erziehung von Kindern mit und Kindern ohne Behinderung. Allerdings ist N., der zum Zeitpunkt der Untersuchung die Einrichtung besucht, das erste Kind mit offizieller Einzelintegrationsmaßnahme. N. ist ein schwerst mehrfach behinderter Junge (Angelmansyndrom). Er besucht die Einrichtung bereits über einen Zeitraum von zwei Jahren und hat laut Aussagen der ErzieherInnen in dieser Zeit enorme Entwicklungsfortschritte gemacht.

Die Eltern von N. haben sich nicht für diese Einrichtung entschieden, weil es die wohnortnächste war, sondern weil die Eltern, die in einer benachbarten Stadt wohnen, hier eine Möglichkeit der Einzelintegration sahen, die ihrem Wunsch nach „Normalität" für den Sohn entgegenkam. N. war Anlass für ein gut dokumentiertes Projekt in der Einrichtung zum Thema „anders sein – na und!", während dessen sich sowohl Kinder als auch Eltern über ein Jahr lang mit den Themen „Behinderung" und „anders sein" auseinander setzten.

Die Leitung der Einrichtung ist zum Zeitpunkt der Untersuchung auf Grund einer heilpädagogischen Weiterbildung beurlaubt. Die sechs Erzieherinnen bilden zusammen mit der Integrationskraft eine Teamleitung. Zum Team gehört ferner eine Jahrespraktikantin. Zwei Mitarbeiterinnen der Einrichtung haben an Fortbildungsangeboten zum Thema „Integration" teilgenommen.

Die Einrichtung ist so konzipiert, dass das soziale Miteinander auch durch bauliche Gegebenheiten unterstützt wird. Der Turn- oder Mehrzweckraum bildet den Mittelpunkt des Gebäudes. Die drei Gruppenräume liegen gegenüber auf der anderen Seite des Flurs. Auf der Flurseite kann die Tür zum Mehrzweckraum komplett weggeschoben werden. Auf diese Weise entsteht ein zentraler, sehr großer, sehr heller Raum, der für unsere Zwecke hervorragend geeignet war. Im Raum ist ein Erkervorsprung durch einen Vorhang abgeteilt. Eine Sprossenwand auf der einen Seite und ein Materialräumchen auf der anderen sowie unterschiedliche Bodenbeläge im Raum bieten die nötige Vielfalt. Großbauelemente aus Schaumstoff, einige Schwebebänke und Tische sowie ein Kassettenrekorder gehören zur ständigen Einrichtung.

Einrichtung B
Auch die zweite Einrichtung befindet sich in evangelischer Trägerschaft. Die Einrichtung war Modelleinrichtung in der DJI-Studie zum Situationsansatz *Orte für Kinder.*

Die Einrichtung wird von derzeit 70 Kindern besucht, darunter ein Mädchen mit Down Syndrom. L. steht kurz vor dem Schuleintritt. Sie soll im Rahmen einer schulischen Einzelintegrationsmaßnahme weiterhin an der gemeinsamen öffentlichen Erziehung teilhaben.

Neben der Kindergartenleiterin, die nicht freigestellt ist, arbeiten noch fünf Erzieherinnen und eine Erzieherin zusätzlich als Integrationskraft mit 20 Stunden in der Woche in der Einrichtung. Außerdem arbeiten hier zur Zeit der Untersuchung noch zwei Vorpraktikantinnen und eine Jahrespraktikantin.

Die Kindertagesstätte wirkt räumlich „zweigeteilt". Von der Eingangshalle gehen drei Gruppenräume, die Küche, Toiletten und das Büro ab. Ein Teil der Eingangshalle wird als Spielflur (Kaufladen etc.), der andere Teil als gemeinsamer Frühstücksraum genutzt.

Von der Einganghalle aus führt ein schmaler Flur zum Spiel- und Theaterraum für alle Gruppen. Am Ende des Flures liegt der Turn- und Mehrzweckraum, den wir für unsere Zwecke nutzen durften. Dieser große runde Raum wirkt mit seinem Kuppeldach wie ein Zirkuszelt. In der Mitte des Raumes ist ein kleines weißes „Beduinenzelt" an der Decke befestigt. Aufgelockert wird der Raum zusätzlich durch Grünpflanzen.

Auswahl der Kinder
Die Auswahl der Kinder war Aufgabe der Einrichtung. Empfohlen war eine Gruppe von etwa zehn Kindern, die sich selbst wählen durfte: Kind a wählt b, b wählt c, c wählt usw. Mit der Wahl beginnen durften zwei Kinder: ein behindertes Kind und ein gegengeschlechtliches nichtbehindertes Kind. Dies um sicher zu gehen, dass „Verschiedene" vertreten sein werden.

6.3. Durchführung

Die ausgewählten Kinder treffen sich im „Theaterraum" mit einer ihnen bekannten Erzieherin. Die Videokamera ist aufgebaut und wird den Kindern durch die Filmerin erklärt. Den Kindern wird auch gesagt, dass sie gefilmt werden, wenn sie jetzt spielen und dass sie den Film hinterher anschauen dürfen.

Im Raum stehen zur Verfügung:
Einrichtung A: Klassische Verkleidungssachen und Stoffe in großen Körben in der Mitte des Raumes; ein Tisch mit Schminkutensilien und ein großer Spiegel daneben laden zum Sich-Bemalen ein. Im Raum sind ferner Großbauteile aus Schaumstoff, Sitzball, Weichboden, Kassettenrecorder und Sprossenwand

Einrichtung B: Verkleidungssachen hängen an Kleiderbügeln bzw. liegen in Körben am Rand des Raumes, Schminksachen und Spiegel stehen auf einem Frisiertisch zur Verfügung. Darüber hinaus gibt es neben der Sprossenwand einen Verkaufsladen.

Die Kinder experimentieren mit den angebotenen Dingen, probieren aus, können sich austauschen. Die Erzieherin hält sich zurück, gibt aber Hilfestellung, wenn sie gefragt wird. Es ist den erwachsenen Begleitpersonen verboten, Anregungen zu äußern oder Spielgruppen zu organisieren. Diese Zurückhaltung fällt insbesondere den Erzieherinnen in Einrichtung B sehr schwer. Sie versuchen mehrmals, die Ausprobierspiele in ein „Märchenspiel" überzuführen, bei dem es zu Rollenverteilungen kommt. Natürlich wirken sich diese Interventionen auf den Spielverlauf aus und bewirken, dass die Kinder in einer der Improvisationstheater-Stunden „Schneewittchen" inszenieren.

Im Setting müssen sich die Erwachsenen zurückhalten.

Zum Ende der vereinbarten Spielzeit werden die Kinder in einen Kreis geholt, wo sie erzählen, was sie gemacht habe und mit wem sie wo gespielt haben.

Die Filmerin ist nicht in das Spielgeschehen verwickelt. Anfänglich kommt ab und zu ein Kind, das durch die Kamera schauen will. Nach dem zweiten Treffen ist die Kamera zum Einrichtungsgegenstand geworden. Insgesamt traf sich jede Kindergruppe achtmal.

Kinder gewöhnen sich an die Kamera.

6.4. Ergebnisse

Da es in Buchform unmöglich ist, die je 16 Stunden Filmmaterial aus jeder Einrichtung zu schildern, fassen wir einige Ergebnisse anhand der Thesen[8] aus Arbeitsgruppe IV im dritten Projektworkshop zusammen. Wir diskutierten diese Thesen dort entlang eines Filmzusammenschnittes von 15 Minuten Dauer mit einem interdisziplinären Publikum.

[8] Vgl. Anhang 8

6.4.1. Unterschiedliches Können ist selbstverständlich

Exemplarische Situationen auf Video:
- N. wird nur auf Anregung der Erzieherinnen ins gemeinsame Spiel miteinbezogen. Ansonsten schauen die Kinder zu N. hin, bewegen sich aber nicht auf ihn zu.
- Auf Aufforderung der Erzieherin stülpt ein Kind N. mehrere Hüte nacheinander über den Kopf. N. schüttelt heftig den Kopf, lässt den Hut nicht auf, erst die Zipfelmütze streift er längere Zeit nicht ab.
- N. wird beim Gehen durch die Erzieherin unterstützt. Ein Kind imitiert die Erzieherin. N. ist zu schwer.

Fazit:

Kinder akzeptieren zusammenhangloses Nebeneinander.

- *Kindern ist es selbstverständlich, dass andere Kinder sich auch ohne ihr Zutun aktiv betätigen. Sie mischen sich nur bei Eigeninteresse ein und akzeptieren ein zusammenhangloses Nebeneinander unterschiedlicher Aktivitäten.*
- *Wenn Erwachsene sich einmischen, verändern Kinder ihr Spiel und gehen entsprechend der Aufforderung aufeinander zu.*
- *Erwachsene sind Modelle, die im Umgang mit Ungewohntem und Fremdem imitiert werden.*

6.4.2. Ähnliche Interessen begründen Spielpartnerschaften

Exemplarische Situationen auf Video:
- Die Kinder spielen eine Hochzeitszene. N. liegt mitten auf der „Bühne", auf der die Vorbereitung zur Trauung läuft. Er wird nicht in das Spiel miteinbezogen, aber alle gehen um ihn herum. Er darf auch mal an der Schleppe ziehen. Sanft wird sie ihm wieder entzogen und das Spiel geht weiter. N. wird nicht gebraucht, aber respektiert. Er ist nicht Teil des Spiels, hat keine Rolle, ist nicht Spielpartner sondern „einfach dabei".
- Die Erzieherin fordert die Kinder auf, N. doch zu verkleiden oder ihm eine Rolle zu geben. Die Kinder setzen ihm einen Hut auf und spielen dann ihr Spiel weiter.

Fazit:
- *Als Spielpartner interessant ist, wer zum aktuellen gemeinsamen Spiel etwas beitragen kann. Je nach Spiel werden unterschiedliche Kinder interessant.*

6.4.3. Ideale Rollenbesetzung
Exemplarische Situationen auf Video:
- Ein Mädchen zieht N. nacheinander verschiedene Hüte auf und nimmt ihm einen Hausschuh weg. Sie probiert sichtlich aus, was N. nun machen wird. Den Widerstand von N. ignoriert sie eine ganze Zeit lang, dann lässt sie von N. ab.
- Das gleiche Mädchen bringt N. unfreiwillig zum Lachen, als sie bäuchlings auf einem Sitzball liegend auf N.'s Bauch rollt. Das Lachen animiert sie, die Handlung eine Zeit lang zu wiederholen. Sie freut sich, dass N. lacht.

Fazit:
- *Kinder werden sowohl zufällig als auch absichtlich zum gemeinsamen Spiel aufgefordert, wenn es „ins Spiel passt" und das Kind darin möglicherweise eine ideale Rollenbesetzung verkörpert. Nicht persönliche Vorlieben sind im Spiel das Auswahlkriterium, sondern die „Passung".*
- *Für gemeinsame Erziehung von Kindern mit und Kindern ohne Behinderung ist ein vielfältiges, unstrukturiertes Material- und Raumangebot notwendig, um immer wieder Situationen zu schaffen, in denen auch schwer behinderte Kinder für andere einen „Wert" bekommen, in denen Beziehungen und Kommunikation entstehen können. Interaktionen entstehen zwar auch auf Veranlassung von Erwachsenen, sind dann aber nicht dauerhaft.*

> Für integrative Erziehung ist vielfältiges unstrukturiertes Material nötig.

6.4.4. Ausschluss bei Nichtübereinstimmung der Bedürfnisse
Exemplarische Situationen im Video:
- Die Kinder finden N. teilweise lästig, wenn er nach jenen Dingen greift (Helm, Hüte, Schminke), die sie gerade nutzen. Im Wissen darum, dass N. nicht so schnell robben kann wie sie laufen, verändern die Kinder dann ihren Spielort. N. bleibt zurück, ist ausgeschlossen. Es gibt kein gemeinsames Spielniveau.

Fazit:
- *Kinder retten ihr Spiel, denken und handeln nicht primär sozial. Für Erwachsene ist es schwer zu tolerieren, dass Kinder andere zurücklassen. Oft kann man beobachten, dass auch das „aus dem Weg gehen" oder „Abwehren" zur Spielhandlung und zur Interaktion werden.*

> Kinder retten ihr Spiel durch Ausschluss.

6.4.5. Erwachsene sind Modelle für den Umgang mit fremden Situationen

Exemplarische Situationen im Video:
- Die Erzieherin erläutert M. dass N. mit seinem „Arme" strecken deutlich mache, dass er den Motorradhelm haben wolle. Sie will N. helfen und fordert M. auf, ihm den Motorradhelm zu geben. M. kommt der Aufforderung nach, aber eher widerwillig. Er nimmt N. den Helm gleich wieder weg und provoziert, indem er N. den Helm erneut zeigt, aber so hält, dass N. nicht danach greifen kann. N. bekommt einen Wutanfall und wirft sich schreiend auf den Boden.
- N. wird auffallend ruhiger, wenn sich die erwachsene Person oder ein Kind in Nachahmung einer erwachsenen Bezugsperson ihm zuwenden. Eine Erzieherin streichelt ihm die Wange mit einer Fellmütze. Das gefällt ihm. Ein Kind wiederholt diese Szene etwas später. N. wird wieder ganz ruhig.

Fazit:

<small>Freischwebende Aufmerksamkeit</small>
- *Viele Spielsituationen, oft auch Interaktionen zwischen behinderten und nichtbehinderten Kindern, bedürfen der aufmerksamen Begleitung von Erwachsenen. Damit ist nicht „Aufforderung" oder „verbale Anregung" gemeint, sondern „frei schwebende Aufmerksamkeit" während des kindlichen Spiels.*

<small>Angebote auf verschiedenen Spielebenen</small>
- *Erwachsenes Verhalten hat Modellcharakter, wenn es Kindern Angebote auf unterschiedlichen Spielebenen aufzeigt. Kinder spielen gern gemäß der eigenen Entwicklung am Rande des eigenen Könnens. Ihnen kommt nicht unbedingt von allein die Idee, Kinder auf anderen Entwicklungsstufen miteinzubeziehen. Am ehesten hat das Gemeinsame zwischen Kindern unterschiedlicher Fähigkeiten und Fertigkeiten im Rollenspiel eine Chance (vgl. „Vater, Mutter Kind-Spiele"). In der mit Video beobachteten Situation verdeutlicht die Erzieherin durch ihr Verhalten jene Spielebene, in der N. eine aktive Rolle einnehmen kann (Rolle des Babys, des „Behandelten").*

<small>Begleitende Kommentare</small>
- *Begleitende Kommentare von Erwachsenen können Kindern helfen, Situationen zu verstehen. Darüber hinaus bedarf es immer wieder der nachträglichen diskursiven Aufschlüsselung im Gespräch zwischen Kindern und Erzieherinnen, um die Automatismen der Hierarchisierung in Kindergruppen zu entlarven.*

6.4.6. Gelungene Integration aus Kindersicht

Kinder definieren „gelungene Integration" als Wohlbefinden und als Möglichkeit, das zu tun, was man möchte, allein oder gemeinsam mit anderen. In den Augen der Kinder (Befragung durch die Erzieherin im Stuhlkreis) haben sich sowohl N. (Einrichtung A) als auch L. (Einrichtung B) wohlgefühlt. Beide Kinder haben viel gelacht und sie konnten auch ihrem Ärger Ausdruck geben.

> Gelungene Integration bedeutet aus Kindersicht, sich wohlfühlen und tun können, was man möchte.

Alle Kinder konnten tun, was sie tun wollten und fanden es lustig, sich zu verändern und zwischendrin neu zu mischen.

Die Gruppe der untersuchten Kinder hatte insgesamt nicht den Eindruck, die beiden behinderten Kinder oder irgend ein anderes Kind wären zu kurz gekommen oder hätten sich einsam gefühlt.

6.4.7. Gespräche mit Kindern als Verstehensschlüssel

Neben dem Improvisationsspiel haben wir die vorausgehenden oder nachfolgenden Gespräche mit den Kindern komplett aufgezeichnet und transkripiert. Die nachstehenden Ausschnitte aus diesen Gesprächen verdeutlichen, wie stark über die Entwicklung von Gemeinsamkeit und Spielgestaltung hinaus integrative Prozesse die soziale und moralische Entwicklung in Kindergruppen beeinflussen. Nachfolgend einige Ausschnitte:

Erste Gesprächsrunde in Einrichtung A

Dieses Einführungsgespräch war so nicht geplant. Es entsprang dem Bedürfnis der ErzieherInnen und zeigt auf, wie stark Kinder durch Erwachsene in ihrem Verhalten und dem gemeinsamen Spiel beeinflusst werden. Aus dem erwachsenen Bedürfnis heraus werden Rollenbilder konstruiert und anderen „wie eine Mütze" übergestülpt:

Situation A:
Initiative einer Erzieherin:
Vor Beginn eines zu inszenierenden „Theaterspiels" sitzen Erzieherinnen mit Kindern in der Runde. Sie haben ihre Rollen verteilt und sich auf den Spielablauf „geeinigt".

1. Erzieherin	„(…) drei Prinzessinnen, eine Königin, ein Polizist, ein Mann, ein Dieb und ein Schäferhund … – Habt ihr mal überlegt, was der N. sein soll?"	
1. Junge	„Ein kleiner Hund *(verbessert sich schnell)* … ein kleines Baby."	
1. Erzieherin	„Ein kleines Baby?"	
1. Mädchen	„Ich habe einen besseren Vorschlag – eine kleine Katze."	
1. Erzieherin	Eine kleine Katze – der N.?"	
2. Erzieherin	„(…) weil der N. kann sich ja nicht selbst verkleiden, dass wisst ihr ja – vielleicht, wenn er irgendetwas braucht, müsst ihr ihm helfen sich zu verkleiden, wenn ihr euch einig seid, was der N. sein soll."	*Missachtung der Autonomie von N. Er wird in die Diskussion nicht mit einbezogen, sondern über ihn wird verhandelt, obwohl er im Raum ist! Kinder als „willige Vollstrecker": Sie gewinnen die Gunst des erwachsenen Modells.*
1. Mädchen	„Ein Baby – ein behindertes Baby."	
1. Erzieherin	„Vielleicht habt ihr was, was ihr ihm anziehen wollt – da müsst ihr mal gucken."	
1. Junge	„Ah, hier hab ich was." *(holt einen Hut aus der Verkleidungskiste und setzt sie N. auf den Kopf. N. sitzt vor dem Spiegel. Er versucht durch Kopf schütteln die Mütze zu entfernen – dann nimmt er die Hände zur Hilfe.)*	
2. Junge	„Aha – ich hab was für N." *(holt eine Nikolausmütze aus der Verkleidungskiste und stülpt sie N. von hinten über den Kopf. N. lässt sie zunächst auf dem Kopf – aber sie sitzt schief)*	
1. Erzieherin	„Ich glaub, die sitzt noch nicht richtig."	
1. Mädchen	„Jetzt ist der N. Nikolaus."	

Erste Abschlussrunde in Einrichtung A:
Nach dem ersten Spielvormittag zweifeln die Kinder, ob N. denn überhaupt mitmachen soll. Sie haben erkannt, dass er in diese Form des, von den Erzieherinnen gelenkten, Rollenspiels nicht hineinpasst.

Situation B:
Die Kinder sitzen im Kreis und erzählen, was sie in der vorangegangenen Spielsituation für Rollen übernommen haben.

1. Erzieherin	„… und wer war noch dabei?"
1. Mädchen	„N."
1. Erzieherin	„Genau, was hat der N. gespielt?"
1. Junge	„Der hat Nikolaus gespielt."
1. Erzieherin	„… der N. hat Nikolaus gespielt? – woher weißt du, dass der N. Nikolaus gespielt hat?"
1. Junge	„Weil da die Mütze liegt." *(zeigt zum Spiegel)*
1. Erzieherin	„Da liegt die Mütze, die du ihm aufgesetzt hast …, hat er sie aufgelassen?"
1. Junge	„Nein."
1. Erzieherin	„Und mit wem hat N. Nikolaus gespielt?"
2. Junge	„Mit dem Polizist." *(der antwortende Junge war der Polizist, er hat aber die komplette Spielzeit nicht mit N. gespielt)*
1. Erzieherin	„Mit dem Polizist – also mit dir!"
2. Junge	„Ja."
2. Erzieherin	„Echt?, das habe ich, glaube ich, überhaupt nicht gesehen."
2. Junge	„Warum muss der N. eigentlich bei dem – bei dem – bei dem Stück mitmachen?"
2. Erzieherin	„Weil wir gedacht haben, der N. darf auch mal spielen – auch mal Theater mit euch spielen."
1. Erzieherin	„Was ist denn mit dem N. gewesen, hat er auch mit euch gespielt?"
2. Junge	„Aber wir können das nächste Mal richtig spielen!?"
1. Erzieherin	„Ah ja, wie wäre es denn richtig, was glaubst du?"
2. Junge	„Ja aber morgen können wir richtig spielen – also mit dem N. richtig spielen …"
1. Erzieherin	„Mmh – und die L.[9] hat auch eben den Kopf geschüttelt, als ich gefragt habe, hat der N. mitgespielt. Hat der N. mitgespielt, L.?"

An dieser Stelle wollte der Junge eigentlich den Ausschluss von N. vorschlagen. Unbewusst scheint er zu spüren, dass am Setting etwas nicht in Ordnung ist. Er hat offensichtlich an der nonverbalen Reaktion der Erzie-

---

[9] L – ein Mädchen aus der Gruppe

	(L. spricht so leise, dass man sie kaum verstehen kann)
1. Erzieherin	*(Die Erzieherin wiederholt für die Gruppe, was L. sagt.)* „Der N. kann ruhig mit dir spielen?!"
2. Erzieherin	„Was könntest du denn tun, dass der N. morgen vielleicht mehr mit dir spielt?"
2. Erzieherin	„… Der könnte deine Katze sein?"
L.	„Und ich wäre der Hund."
1. Erzieherin	„Das ist eine gute Idee – das könnt ihr morgen mal probieren."

herinnen gemerkt, dass ein Ausschluss von N. nicht in Frage zu kommen scheint.

Abschlussrunde zweites Treffen Einrichtung A

An diesem Morgen ist A., ein dreijähriges Mädchen, „uneingeladen" in den Raum gekommen. A. besucht zu diesem Zeitpunkt erst vier Wochen den Kindergarten und zwar in der Gruppe von N. Die Kindergruppe ist ohne N. damit beschäftigt, ein Stück von „101 Dalmatiner" zu entwickeln. In der anderen Raumhälfte ist N. von der Verkleidungskiste zum Spiegel gekrabbelt. A. geht zielstrebig auf N. zu und beginnt Kontakt aufzunehmen. Sie beschäftigt sich über einen langen Zeitpunkt mit N., setzt ihm z. B. immer wieder Hüte auf oder legt ihm Verkleidungsstücke um – sie spricht nicht mit ihm.

Situation C:

Gesprächskreis, bei dem A. ebenfalls dabei sitzt.

1. Erzieherin	„A, was hast du denn gespielt?"
1. Erzieherin	„Wo hast du gespielt?"
1. Mädchen (A)	„… eine Katze."
1. Erzieherin	„ Warst du eine Katze, hast du mit einer anderen Katze oder einem Hund gespielt?"
1. Mädchen	„Ja."
1. Erzieherin	„Mit welchem Kind, weißt du das noch?" *(A. schüttelt den Kopf)*
1. Erzieherin	„Nein, … weißt du das nicht mehr? – hast du dich verkleidet?"
1. Mädchen	„Ja."
1. Erzieherin	„Hast du auch andere Kinder verkleidet?"
2. Erzieherin	„Wen denn – hat das jemand beobachtet, wen die A. verkleidet hat?"

1. Junge	„Die A. hat den N. verkleidet."
1. Erzieherin	„Ja, das habe ich auch gesehen. Die A. hat den N. heute verkleidet."
2. Erzieherin	„Hat einer von euch den N. auch heute verkleidet?"
2. Mädchen	„Mmh – nein."
2. Junge	„Sonst wär er ja noch immer geschminkt."[10]
1. Erzieherin	„Stimmt."
2. Erzieherin	„Warum habt ihr den N. nicht angemalt oder verkleidet?"
1. Junge"[11]	„Vielleicht hat er ja die ganze Zeit gestunken."
1. Erzieherin	„Hast du mal dran gerochen – hast du das irgendwie gedacht?"
1. Junge	„Ich hab es nur gedacht."
1. Erzieherin	„Aha, also du weißt es nicht?"
1. Junge	„Nein."
1. Erzieherin	„Dann geh doch mal hin und probier es aus."
1. Junge	„Nee."
1. Erzieherin	„Ja – warum sagst du das dann?"
1. Junge	„Ich dachte es nur."

Letzter Spielvormittag
Situation D

1. Erzieherin	„Also, jetzt haben wir die Rollen verteilt. Der N. soll ‚Hund' spielen meint ihr alle – wer hilft ihm denn beim Verkleiden?"
1. Junge	„Nein – er hat keine Lust."
2. Erzieherin	„Wieso denkst du denn, er hat keine Lust?"
1. Junge	„Als die T. den verkleiden wollte, hat er das immer ausgezogen."
1. Erzieherin	„Meint ihr, wenn er jetzt keine Lust hat sich schminken zu lassen und sich zu verkleiden, kann er trotzdem mitspielen als Hund?"
alle	„Ja."

---

[10] Die Kinder schminkten sich vor jeder Spielphase. Verkleiden spielte bei einigen Kindern nur die zweitwichtigste Rolle. (Nach der 3. Spielphase musste das Schminken auf Intervention einiger betroffener Mütter eingeschränkt werden)

[11] Es handelt sich hier um den Jungen, der in Situation B am Vortag gefragt hatte, warum N. überhaupt mitspielen muss. Er ist wie A. mit N. in einer Gruppe und geht gemäß Aussagen der Gruppenerzieherinnen im Allgemeinen ausgesprochen „liebevoll" mit N. um, auf keinen Fall abweisend.

1. Erzieherin	„OK – und der N. soll auch ein Dalmatiner sein? Der spielt dann mit euch mit?"
1. Junge	„Jo – aber wenn er ein bisschen Unfug macht?"
1. Erzieherin	„Ja – aber ich denke Hunde machen ja auch manchmal Unfug."
1. Junge	„Aber ich mach das net."
1. Erzieherin	„Es gibt ja verschiedene Hunde – oder? Wollen wir es mal ausprobieren?"
alle	„Ja."
1. Junge	„Aber wenn er nicht will?"
2. Erzieherin	„Soll der N. vielleicht einen großen oder einen kleinen Hund spielen?"
Alle	„Einen kleinen."
2. Erzieherin	„Was machen wir denn, wenn er nicht will – oder was könnte er denn anziehen der N.?"
1. Junge	„Dieses Fell hier." *(er holt einen weißen Umhang mit schwarzen Punkten aus der Verkleidungskiste)*
2. Erzieherin	„Dieses Fell?"
1. Junge	„N. komm." *(er geht zu N. und spricht ihn an)*
1. Erzieherin	„Und wenn er nicht möchte, was machen wir dann?"
1. Junge	„Nein – er krabbelt weg."
1. Erzieherin	„Willst du es noch mal ausprobieren?"
1. Junge	„Nein – er will nicht!"
2. Erzieherin	„Magst du ihn mal fragen – willst du dich mal vor ihn stellen, so dass er dich sieht und ihn fragen?"
1. Junge	*(stellt sich vor N)* „N. – magst du – magst du das anziehen?"*(zum Kreis:)* „Er sagt nichts."
1. Erzieherin	„Gib es ihm doch mal in die Hand – vielleicht weiß er dann – siehst du, er interessiert sich dafür!" *(N. betastet den Umhang – er lacht, dreht sich aber schnell wieder weg)*
1. Junge	„Nein – wenn man ihm das anzieht, zieht er es gleich wieder aus." *(der Junge zieht den Umhang sofort wieder weg, als er N.s Interesse spürt)*
2. Erzieherin	„Ja – gib es ihm doch mal, dass er das richtig anfassen kann."
1. Junge	*(weinerlich)* „Nein!"
2. Erzieherin	„Hättest du das gerne, das Kostüm?"
1. Junge	„Jaaaa, ich will doch ein großer Hund sein!"

1. Erzieherin	„Ach so, wir werden einfach mal sehen, was dabei raus kommt – fangt doch einfach mal an euch zu schminken." *Die Kinder schminken sich vor dem Spiegel. N. wühlt in der Kleiderkiste und ist sichtlich zufrieden. Eine Erzieherin lässt ihn verschiedene Stoffe (Fellmützen) betasten. Die ersten Kinder sind fertig. Ein Mädchen kommt zur Verkleidungskiste.*
1. Erzieherin	„Hallo L.! L – du bist doch schon fertig – oder? Würdest du mal nach dem N. gucken, was ihm gefallen könnte?" *(Das ausgesprochen stille Mädchen hatte in den vergangenen Spielphasen keinerlei Kontakt zu N. gesucht und geht auch nicht in seine Gruppe.)*
L.	„Ich bin Polizist."
1. Erzieherin	„Aber ich habe dich gefragt, ob du mal dem N. helfen kannst. Mal gucken, welche Verkleidung er gern hätte?!"
L.	*(hält N. einen Hut hin)* „Willst du das – oder das?" *(zeigt auf einen anderen)*
1. Erzieherin	„Ach guck mal – meinst du das gefällt ihm? – vielleicht mag er was anderes – verkleidungsmäßig, was meinst du? Probier doch mal was anderes." *(L. sucht einen Schal aus der Kiste (schwarz-weiß) ein anderes Mädchen kommt und setzt N. von hinten einen roten Hut auf den Kopf. N. zieht ihn sofort vom Kopf und betrachtet ihn sich.)*
1. Erzieherin	„L – magst du den Schal vielleicht umbinden – probier es mal." *(Das Mädchen bindet den Schal sehr behutsam um N.'s Bauch. Er wehrt sich nicht. (Merkt es nicht?) Das Mädchen geht (erleichtert?) weg.* *(Die Kinder bauen sich eine Kulisse (Hundehütte) mit den großen Bausteinen aus Schaumstoff.)*
2. Erzieherin	„Was ist der N. – ist der auch ein Dalmatiner?"
alle	„Ja."
1. Erzieherin	„Nehmt ihr den mit rein in die Hundehütte?"
1. Junge	*(weinerlicher Tonfall)* „Aber nein – der macht ja alles kaputt."
1. Mädchen	„Nein – das ist net wahr."
1. Junge	„Doch, aber da ist doch net so viel Platz für die anderen."

1. Mädchen	*(kommt aus der Hundehütte gekrabbelt und geht zu N. der immer noch an der Verkleidungskiste sitzt und spricht ihn direkt an – sie sieht ihm dabei ins Gesicht)* „Komm mit, N." *(Die Erzieherin richtet N. auf – stellt ihn auf die Füße. Das Mädchen nimmt die linke Hand von N. Gemeinsam führen sie N. zu der „Hundehütte" – die anderen Kinder beobachten die Szene. Der (ablehnende) Junge sitzt in der maßgeblich von ihm gebauten ‚Hütte' und hat eine Decke über dem Kopf. Er hat die Szene nicht beobachtet.* *Das Mädchen versucht N. in die Hütte zu bekommen – N. ist neugierig und beginnt hinein zu krabbeln.*
1. Junge	„Der muss raus!"
1. Mädchen	„Nein der N. darf auch rein." „N. geh rein." *(N. geht wieder raus aus der Hütte – der 1. Junge bekommt Streit mit anderen Kindern und fängt an zu weinen.)*
1. Mädchen	„N. komm, komm."
1. Junge	„Der soll draußen bleiben – der soll draußen bleiben." *(Er versucht N. an den Füßen wieder raus zu ziehen)* „Rauuuus."
1. Mädchen	„Nein – lass ihn doch." *N. geht von alleine wieder raus und verlässt den ‚Kriegsschauplatz' freiwillig.*
1. Mädchen	„Der N. darf rein."
1. Erzieherin	„Wie ist denn das mit der Höhle – dürfen denn da nur ein bis zwei Kinder (Hunde) rein, oder mehrere. Könnt ihr euch vielleicht abwechseln?"
1. Junge	„Nein – ich mag net mehr – ich mach jetzt alles kaputt!"

Letzte Abschlussrunde

Situation E: Die Kinder sitzen im Kreis.[12] Zentrales Thema ist die Auseinandersetzung mit Sündenbockrollen. Einige Kinder antworten im Sinne der sozialen Erwünschtheit. Aber der Klärungsprozess erfolgt dort, wo Widerstand spürbar wird.

---

[12] Der Junge von der letzten Spielrunde ist immer noch „eingeschnappt" – er ist nicht der Aufforderung nachgekommen, sich in den Abschlusskreis zu setzen und hat sich hinter den Schaumstoffbausteinen versteckt. Die beiden Erzieherinnen appellieren an sein Alter (er ist der älteste). Er bleibt trotzig. Nach einer Weile begibt er sich doch in die Gruppe – aber seine Stimmung ist nach wir vor sehr schlecht.

Auffallend ist der moralisierende und bewertende Ton der Erzieherinnen. Sie scheinen den Kindern beibringen zu wollen, dass in Zukunft häufigeres gemeinsames Spiel wünschenswert wäre.

1. Mädchen	„Ich kenn den schon lange, den N."
1. Erzieherin	„Du kennst den schon lange?"
2. Mädchen	„Ich auch."
3. Mädchen	„Ich auch."
1. Mädchen	„Der ist sechs – stimmts?"
1. Erzieherin	„Nein – fünf ist er, er wird sechs, wenn er Geburtstag hat."
1. Mädchen	„Dann bin ich ein Jahr älter."
1. Erzieherin	„Meint ihr denn, dem N. hat es Spaß gemacht?"
Einige Kinder	„Ja."
1. Erzieherin	„N. mag auch erzählen." „Hat es dir gefallen N.?" (*N. lacht laut – er scheint sich zu freuen und wohl zu fühlen*) „Was denkt ihr? Ist er eher traurig – oder freut er sich?"
1. Mädchen	„Er freut sich!"
1. Erzieherin	„Er freut sich, denk ich auch."
1. Mädchen	„Der freut sich nämlich, weil ich ihn bei meiner Höhle rein gelassen habe."
2. Mädchen	„Ich hab ihn auch rein gelassen."
2. Erzieherin	„Du hast ihn auch rein gelassen – du hast dich auch sehr um ihn bemüht, das stimmt."
1. Erzieherin	„Wer hat sich denn noch nicht so getraut, mit dem N. zu spielen? Wer wollte denn erst mal lieber gucken?" (*Ein Kind meldet sich*)
1. Erzieherin	„Du, K., du hast dich noch nicht so getraut … und I., wie war es bei dir?"
3. Mädchen	„Weiß ich nicht – er hat mir nichts kaputt gemacht."
1. Mädchen	„Bei mir auch nicht."
1. Junge	„Aber bei mir!"
2. Erzieherin	„Konntet ihr denn gut zusammen spielen?"
Alle	„Gut."
2. Erzieherin	„Was war denn so gut?"
1. Mädchen	„Dass der N. mitspielen darf."
1. Erzieherin	„… was hat er denn gespielt?"
1. Mädchen	„Das hat mich gefreut, dass er auch mal in meine Höh-

	le geguckt hat und da mal rein gegangen ist. Das hat mich gefreut."
2. Erzieherin	„Wer möchte noch was sagen, L. du?"
2. Mädchen	„Für mich war es heute ein schöner Tag – weil der N. mit mir gespielt hat."
1. Junge	„Ich fand es blöd."
2. Erzieherin	„Was fandest du blöd?"
1. Junge	„Mit der Höhle."
1. Erzieherin	„Ja, das wissen wir ja jetzt schon – aber hast du irgendwas dazu zu sagen, wie ihr zusammen mit dem N. spielen konntet?"
1. Junge	„Ich wollt nicht, dass der in die Höhle geht."
1. Erzieherin	„Warum wolltest du nicht, dass der N. in die Höhle rein geht?"
1. Junge	„Der könnte alles ansabbern und kaputt machen."
2. Erzieherin	„Der hat die Höhle kaputt machen können – meinst du?"
1. Junge	„Ja."
2. Erzieherin	„Ja, hat der N. denn die Höhle kaputt gemacht? – Die ist ja dann tatsächlich kaputt gegangen, wie du es befürchtet hast. Hat sie jetzt der N. kaputt gemacht oder andere Kinder? Wer war es?"
1. Junge	„Die – die – die da, du und die neben dir."
2. Erzieherin	„Also die anderen Kinder, ja und der N. hat der auch was kaputt gemacht?"
1. Junge	„Ja."
1. Erzieherin	„Hast du dich heute auch mal über den N. geärgert?"
1. Junge	„Nein, nur über die Kinder."
2. Erzieherin	„Meinst du, es ist nicht so, dass sich die Kinder auch manchmal über dich ärgern?"
1. Junge	„Ja, aber die hat mich gehauen – und mir die Zunge raus gestreckt."
1. Erzieherin	„… Ich glaube darüber müssen wir vielleicht später noch mal reden, denn jetzt möchte ich gern wissen, wie das Spiel mit dem N. war. Könnt ihr euch denn vorstellen, in Zukunft mehr mit dem N. zu spielen?"
1. Mädchen	„Ich kann mir das vorstellen."
2. Mädchen	„Ich auch."
1. Erzieherin	„Also L. – du kannst dir vorstellen mit N. zu spielen? Hast du denn eine Idee, was man machen könnte?"

1. Mädchen	„Ich könnte die Frau sein, und N. die Katze."
1. Erzieherin	„Findest du das gut, das behinderte und nicht behinderte Kinder zusammen spielen?"
1. Mädchen	„Ja, weil wenn niemand mit ihm spielt, da hab ich mir gedacht, ich spiel mal mit ihm."
2. Erzieherin	„Das find ich toll."
2. Mädchen	„Ich auch mal."
2. Erzieherin	„Ich finde, ihr habt euch heute alle einen Applaus verdient."

Der Auftrag des Projektes bestand nicht darin, Erzieherverhalten in Integrationsprozessen zu beurteilen, sondern die Prozesse unter Kindern und deren Gefühle dazu zu erfassen.

Immer wieder haben wir festgestellt, dass die Spielprozesse unter Kindern in Kindertageseinrichtungen fast nicht abzukoppeln sind vom Interventionsverhalten Erwachsener, was ja durchaus im Sinne des KJHGs ist und dem Bildungsauftrag von Kindertageseinrichtungen entspricht. In den transkribierten Szenen erleben wir aber auch, dass erwachsene Personen moralisierend und bewertend in die Gruppenprozesse eingreifen. Ihre Äußerungen können auch Widerstände und Wut gegen behinderte Kinder provozieren, wenn das gemeinsame Spiel zum Zwang wird.

Erzieherinnen bewerten und moralisieren in der Spielsituation.

6.4.8. Reaktionen und Eindrücke

Wie schon erwähnt sind Interpretationen von Videobändern subjektiv und je nach Erfahrungshintergrund der Betrachter verschieden. Daher war es der Projektleitung wichtig, anlässlich eines Workshops die Eindrücke einer interdisziplinären Teilnehmerschaft zu sammeln. Im Filmausschnitt von 15 Minuten Dauer sahen die knapp 30 Teilnehmerinnen und Teilnehmer die oben schon beschriebenen Szenen von N. aus Einrichtung A.

Folgende Eindrücke trugen wir zusammen:

- **Zum Setting:**

Der Blick der Betrachter und auch der Kamera war sehr stark auf N. fokussiert. Dadurch konnte nicht immer rekonstruiert werden, was sich sonst im Raum noch abspielte. Es wäre notwendig gewesen, mit drei Digitalkameras, je mit unterschiedlichem Fokus, zu filmen, um daraus einen Zusammenschnitt zu ermöglichen, der den gesamten Spielraum miteinbezieht.

Anerkannt wurde, dass durch die Methode Film Momentaufnahmen möglich sind, die – exemplarisch interpretiert – eine hohe Aussagekraft haben für „typisches" Alltagsverhalten und Miteinander, wenn Kinder nicht beeinflusst werden.

Videoaufnahmen geben darüber hinaus Aufschluss darüber, ob Grundannahmen zur gemeinsamen Erziehung und ihre Verankerung in Einrichtungen umgesetzt sind. Im Filmbeispiel wurden Widersprüche deutlich: Das Setting ging aus von der Prämisse, gelungene Integration sei nicht über die Häufigkeit direkter Kontakte zwischen Kindern mit und Kindern ohne Behinderung zu messen, sondern über „die selbstverständlich gleiche Kindheit" als zentrales Kriterium für Gelingen oder Nichtgelingen gemeinsamer Erziehung. Das heißt: die gleiche Teilhabemöglichkeit an gleichen Spielsachen im gleichen Raum mit gleichen Kindern und Erwachsenen für alle Kinder muss gesichert sein. In der praktischen Umsetzung wurde im Beispiel von N. nicht beachtet, dass er die Schminkfarben auf dem Tisch gar nicht erreichen konnte. N. war somit von vorneherein auf die Unterstützung anderer angewiesen, die sehen, was er braucht und es notfalls für ihn besorgen.

Teilhabe von allen und mit allen muss gesichert sein.

• **Emotionale Stimmung:**
N. wurde mehrheitlich als zufrieden, aufmerksam und nachahmend empfunden. Ein einzelnes Votum schilderte N. als „sehr einsam" bis hin zur Vernachlässigung. Diese Betrachterin reagierte mit Beklemmung und empfand Mitleid mit dem armen Kind.

• **Integration und Zusammenspiel:**
Mit Befriedigung wurde festgestellt, dass N. von sich aus auf Erwachsene, aber auch auf Kinder und ihn interessierende Spielsachen zugeht.

Was andere tun, probiert N. hinterher aus. Man war sich einig, dass sich die Anregung durch die nichtbehinderten Kinder für N.'s Entwicklung sehr positiv auswirkt.

Negativ bewertet wurde, dass die anderen Kinder sich ohne konkrete Aufforderung nur sporadisch mit N. beschäftigen und dann eher im Sinne von Ausprobieren, welche Handlung welche Reaktion bewirkt.

- **Rolle der Erwachsenen**

Festgestellt wurde, dass in beiden Untersuchungseinrichtungen den erwachsenen Bezugspersonen durch die Kinder eine Schlüsselrolle zugeschrieben wird. Sie dienen als Anlaufstelle und Modell für akzeptierendes und unterstützendes Verhalten, sind schützende Personen in konflikthaften Kontakten und „letzte Bestimmerin" in der Beziehungs-Hackordnung.

Erzieherin ist Modell für akzeptierendes Verhalten.

- **Ausblick**

Es wurde festgestellt, dass Filmaufnahmen von exemplarischem Kinderspiel allein nicht ausreichen, um sichere Aussagen zu „gelungener" oder „nicht gelungener" gemeinsamer Erziehung aus Kindersicht zu gewinnen. Die bildnerische Aufzeichnung von Spiel- und Sozialverhalten der Kinder inklusive des mimisch-gestischen Ausdrucks ist zwar eine wertvolle Interpretationsgrundlage und ein besserer Indikator für gelungene gemeinsame Erziehung als direkte Fragen an Kinder, die immer Prozesse sozialer Erwünschtheit auslösen. Für Aussagen aber, die über die Situation hinaus zu treffen sind, bedarf es einer langzeitigen Überprüfung individueller und interindividueller Entwicklung im sozialen Miteinander und Gespräche mit den Betroffenen.

Insgesamt war man aber überrascht, wie viele Aussagen durch das Filmmaterial, selbst in seiner Ausschnitthaftigkeit, möglich wurden.

6.5. Schlussfolgerungen

Die Beobachtung von Kindern ist erst nachträglich als Zusatzstudie zum Projekt dazu gekommen. Sie konnte sowohl aus Zeit- als auch aus Geldgründen nicht in der Ausführlichkeit geschehen, die eigentlich notwendig wäre, um gesicherte Aussagen machen zu können.

Die Fortsetzung dieser Praxisforschung ist unbedingt notwendig. Wir hoffen, dass die erarbeiteten und noch zu erarbeitenden Filmmaterialien irgendwann zu einem „Lehrfilm" für Aus-, Fort- und Weiterbildungsstätten werden können.

6.5.1 Erzieherinnenrolle in Integrationsprozessen

Erzieherinnen brauchen für gemeinsame Erziehung bessere Qualifikationen.

Aus den im Film festgehaltenen Szenen können wir ableiten, dass ErzieherInnen für die gemeinsame Erziehung von Kindern mit und Kindern ohne Behinderung andere Qualifikationen brauchen als in homogeneren Kindergruppen, wenn die kindliche Autonomie und die soziale Teilhabe für alle gesichert werden sollen.

> ➤ *Erzieherinnen müssen in umfassender Weise die aufmerksame Begleitung von Kommunikations- und Interaktionsprozessen zwischen Kindern gewährleisten, als beschützende und akzeptierende Begleitperson sichtbar werden und sich gleichzeitig als spielbestimmende Personen zurücknehmen.*

Sie sind Dolmetscher für gestörte Kommunikation.

Erzieherinnen müssen im übertragenen Sinne Dolmetscherin für gestörte Kommunikation werden. Wo es den Erzieherinnen gelingt, nichtbehinderten Kindern die Ausdrucks- und Eindrucksmöglichkeiten von behinderten Kindern zu erläutern, werden Kinder früh geübt in „Fremdsprachen".

Wir sind der Auffassung, dass Kinder nicht zu ihrem Glück gezwungen werden können, dass Erzieherinnen mit gezielten sparsamen Handlungssequenzen Anregungen zur Erweiterung des kindlichen Handelns geben können, weniger aber durch Vor- und Ratschläge. Kinder lernen über Modelle schnell und bereitwillig. Handlungsanweisungen aber verringern die autonome Entwicklung von Einsicht und Selbstentscheidung für soziale Prozesse.

ErzieherInnen müssen in weit größerem Maße als landläufig angenommen, Spielprozesse durch die Bereitstellung von motivierendem Material mit hohem Aufforderungscharakter und vielfältigen Nutzungsmöglichkeiten steuern und weniger durch Vor- oder Ratschläge oder durch Aufforderungen.

6.5.2. Kinderrollen

Kinder verhehlen nicht, dass sie es lästig finden, wenn Kinder mit Behinderung Sonderrollen einnehmen, mehr Zuwendung brauchen oder wenn wegen ihnen bestimmte Dinge nicht gehen. In Verbindung mit dem Wissen um eigenes Unvermögen sind sie aber im Gespräch mit Erwachsenen einsichtig und bereit, Geduld zu üben. Allerdings sollten Erwachsenen Sorge tragen dafür, dass Kinder nicht das Gefühl bekommen, sie würden von den Erzieherinnen nur „geliebt", wenn sie sich um die Kinder mit Behinderungen oder um „Sorgenkinder" der Erzieherinnen kümmern.

Kinder sind einesteils froh über andere Kinder, die manches nicht so gut oder noch nicht können. Sie erkennen darin eine Legitimation für eigenes Nicht-Können. Kinder mit eher ruhigem Temperament genießen zum Beispiel Liegekinder als Rückzugsmöglichkeit, Kinder mit Lust auf Bewegung fühlen sich gestärkt durch den Bewegungsdrang von manchen Kindern mit Behinderung usw. Das dreijährige Mädchen A. beispielsweise hat sich eine Viertelstunde lang mit N. beschäftigt. Die beiden haben eine gemeinsame Spielebene gefunden, die beiden einen Vorteil brachte. Kinder mit Behinderungen sind sinnvollerweise nur in altersgemischte Gruppen aufzunehmen, wo sie mit hoher Wahrscheinlichkeit auch Spielpartner mit vergleichbaren Interessen finden können.

Kinder sind froh, wenn andere manches nicht so gut können.

Andererseits sind Kinder mit Behinderung auch Belastung. Die auch im Film immer wieder deutlichen Aufforderung der Erzieherpersonen, N. mit einzubeziehen, ist (allerdings ohne moralischen Zeigefinger) tatsächlich nötig.

Wenn Kinder nur gemeinsam bzw. nebeneinander spielen, entsteht daraus weder in den Augen der Kinder noch in denen der Erwachsenen gelungene Integration. Kinder allein schaffen es nicht, die soziale Teilhabe für alle zu sichern. Aber die Möglichkeit des gemeinsamen Spiels, unterstützt durch flankierende Maßnahmen erwachsener Begleitpersonen, ist zwingende Voraussetzung, um überhaupt gemeinsame soziale Teilhabe zu ermöglichen. Wer sich nie berührt, bleibt sich fremd.[13]

Kinder allein schaffen nicht die Sicherung sozialer Teilhabe.

---

[13] Kobelt Neuhaus 1998, 11–14

Daniela Kobelt Neuhaus

7. Standards für gelingende Integrationsmaßnahmen

Abgeleitet aus den Ergebnissen der Untersuchung zu den Qualitätsstandards von Einzelintegrationsmaßnahmen aus Sicht der Nutzer haben wir gemäß unserem Auftrag Strukturen, Prozesse und Orientierungen herausgefiltert, die zum Gelingen von Integrationsmaßnahmen beizutragen scheinen.

7.1. Strukturelle Voraussetzungen (Strukturqualität)

Eltern sind mit Integrationsmaßnahmen zufrieden, wenn die Rahmenbedingungen als förderlich für die einzelnen Kinder, für die Gesamtgruppe der Kinder und für die Kontakte mit Eltern gesehen werden.

7.1.1. Institutionelle Rahmenbedingungen
Als günstige Standards wurden aus den Befragungen ermittelt:

Wohnortnähe
Die Wohnortnähe der Einrichtung ist ein Qualitätskriterium unter vielen. Die befragten Eltern hätten am liebsten eine möglichst nahe Einrichtung, bei der auch das konzeptionelle pädagogische Angebot, die personellen Voraussetzungen und die Gruppenzusammensetzung der Kinder stimmen.

Fazit der Befragung: Einrichtungen sollten sich qualifizieren für eine Pädagogik der Vielfalt, die die Aufnahme potentiell aller Kinder gleichermaßen ermöglicht.

Gruppengröße
- Eine Kindergruppe umfasst maximal 18 Kinder
- Pro Kindergruppe sollten ein bis zwei Kinder mit Behinderung sein.[1]

---

[1] Antwort von zwei Dritteln der befragten Eltern von Kindern mit und von Kindern ohne Behinderung

Da ein Drittel der Befragten auch mehr als zwei Kinder mit Behinderung noch gut findet und viele Eltern die Anzahl der behinderten Kinder vom Schweregrad der Behinderung abhängig machen möchten, scheint für die Gruppenzusammensetzung eine flexible Regelung als Standard angebracht.

Raumqualität
- Nutzer von Einrichtungen mit Integration erwarten eine einladende und annehmende *Atmosphäre* in der Kindertageseinrichtung, die ihnen die Entscheidung für die Einrichtung erleichtert.
- Die Räume müssen in ihrer *Funktionalität* den Kindern und ihren Bedürfnissen entsprechen. Alle Räume sind für Menschen mit und Menschen ohne Behinderung zugänglich. Bewegungs- und Aktionsbedürfnissen muss gleichermaßen Rechnung getragen werden wie Rückzugs- und Schutzbedürfnissen der Kinder.
- *Erfahrungsräume*, die dem Entwicklungs- und Wissenshunger der nichtbehinderten Kinder genügen, müssen unter Umständen für Kinder mit Behinderung erweitert, verändert, besser gesichert oder strukturiert werden, damit ihnen genügend eigenständiges und selbsttätiges Handeln ermöglicht wird. Ein *flexibles Raumkonzept* mit Option auf Veränderung ist wichtig.

Personal
- Pro Gruppe sollten durchgängig zwei Fachkräfte mit ausreichend entwicklungspsychologischem, pädagogischem und heilpädagogischem Grundwissen anwesend sein.
- Die Fachkräfte müssen alle Integration befürworten.
- Regelmäßige Fort- und Weiterbildung der Fachkräfte ist unabdingbar notwendig.

7.1.2. Konzeptionelle Rahmenbedingungen
- In der Einrichtung gilt ein pädagogisches Leitbild, in dem auch das Bild vom Kind mit Behinderung bzw. das Bild des von Behinderung bedrohten Kindes aufgehoben ist. *Leitbild*
- Am Leitbild orientierte Handlungskonzepte sind diskutiert, reflektiert und für die integrative Erziehung umgesetzt.
- Zunehmende Globalisierungsprozesse und eine immer größere Heterogenität der Gesellschaft fordern von pädagogischen Fachkräf- *Qualifizierte Fachkräfte*

ten veränderte und angepasste pädagogische Handlungsansätze.

Integrative Pädagogik der Differenz

- Die gesellschaftlichen Veränderungen, eine immer größer werdende Heterogenität der Nutzer von Einrichtungen und damit verbunden immer neue und veränderte Situationen können nur mit einem pädagogischen Konzept beantwortet werden, das die Vielfalt respektiert und die Gemeinschaft unterstützt. Ich nenne dieses Konzept *Integrative Pädagogik der Differenz*.

Flexibilisierung und Öffnung

- Veränderungen auf dem Arbeitsmarkt der Eltern (Schichtarbeit, ungünstige Arbeitszeiten, weite Anfahrtswege zur Arbeitsstelle ...) und die Auslagerung von therapeutischen Angeboten aus der Einrichtung in das Lebensumfeld und die Familienzeit der Kinder machen *Flexibilisierungs- und Öffnungsprozesse* notwendig, die die konzeptionelle Arbeit in der Einrichtung beeinflussen.

Familien- und bedürfnisorientiert

- Familienorientierung und Bedürfnisorientierung sind konzeptionell verankert. Familien und ihre behinderten oder nichtbehinderten Kinder werden gleichermaßen als Erziehungspartner berücksichtigt und ernst genommen.

Gemeinwesenarbeit und Einbeziehung des Umfeldes

- In der Einrichtung ist Gemeinwesenarbeit und Kooperation mit anderen pädagogischen und psycho-sozialen Diensten konzeptionell vorgesehen. Die Infrastruktur des sozialen Umfeldes ist bekannt und wird genutzt. Die Kompetenzen der Einrichtung werden nicht nur intern, sondern auch extern zur Entwicklung des Umfeldes der Kindertageseinrichtung zum Wohle der Kinder eingesetzt.

7.1.3. Standards der internen Organisation

- Integrationsmaßnahmen bedeuten hohe Anforderungen an die Professionalität von Erzieherpersonen, die in der Position des Berufes, in Ausbildung und Status nicht von vornherein angelegt sind. ErzieherInnen werden mit Selbst- und Fremdentwertung konfrontiert, der sie einerseits durch offensive Dokumentation ihrer Erfolge und der Bedeutsamkeit ihrer Arbeit begegnen können. Andererseits müssen auch für die pädagogischen Fachkräfte Voraussetzungen geschaffen werden, die eine funktionierende Organisation ermöglichen. Solche Voraussetzung sind zum Beispiel:

Hohe Anforderungen an die Erzieherin machen Begleitung notwendig.

- Raum und Zeit für die Reflexion pädagogischer Prozesse
- Regelmäßige Beratung (kollegialer oder fachlicher Art)
- Supervision

- Fortbildung
- Institutionalisierte interdisziplinäre Kooperation (begleitende Arbeitskreise, projektbezogene Kooperation)
- Arbeitsorganisatorische Differenzierungen im Team, nicht um neue Hierarchien einzubauen, sondern um die Unterschiedlichkeit zwischen den Beteiligten als akzeptierte Realität zu erleben und um den differenzierten Aufgaben gerecht zu werden. Unterschiede entstehen auch durch die besondere Position von Gruppen mit Integrationsplätzen innerhalb der Gesamteinrichtung und da, wo TherapeutInnen den Prozess als Angestellte der pädagogischen Einrichtung begleiten.

7.2. Qualitätsstandards für integrative Prozesse in Kindertageseinrichtungen (Prozessqualität)

7.2.1. Qualitative Grundorientierungen

Grundorientierung in integrativen Prozessen sind die Prinzipien des situationsorientierten Ansatzes. Sowohl Kinder als auch Eltern, die über die Kindertageseinrichtung mit integrativen Maßnahmen in Berührung kommen, sind in hohem Maße daran interessiert, dass

Situationsansatz als Grundorientierung

- ihre Bedürfnisse und ihre Lebenswelten verstanden, akzeptiert und respektiert werden,
- dass ihre Autonomie gewahrt bleibt, gerade wenn sie partnerschaftlich mitwirken,
- dass sie vielfältige und angemessene Lern- und Gesprächsangebote bekommen,
- dass sie in einem zugewandten und solidarischen Miteinander ihre Interessen und ihre Lernbedürfnisse realisieren können.

7.2.2. Entwicklungsfördernde Gestaltung von Beziehungen zu und unter Kindern

Ausgangspunkt für das Wohlbefinden der Kinder, das den Eltern ja sehr am Herzen liegt, ist die Anknüpfung an den Erfahrungshorizont der nichtbehinderten und behinderten Kinder. Die pädagogischen Fachkräfte sind in der Lage, pädagogische Prozesse so zu gestalten, dass alle Kinder sich selbstaktiv im Rahmen ihrer Fähigkeiten und

Fertigkeiten einbringen können. Dabei sind ihnen für die integrativen Prozesse folgende Aspekte besonders wichtig:
- Gewohnheiten, Vorlieben und Abneigungen der Kinder werden in Erfahrung gebracht und besprochen.

Verschiedenheit würdigen und Individualität schützen
- Scham hat keinen Platz, wo es um unterschiedliche Fähigkeiten und Fertigkeiten geht. Besondere Verhaltens- und Seins-Weisen von Kindern werden als zu respektierende Besonderheit aufgegriffen und als neue Sichtweise auf die Verschiedenheit der Menschen gewürdigt. Der Schutz der Individualität ist wesentlicher Bestandteil von solidarischem Miteinander.
- Die Gestaltung von Spiel- und Lerngruppen wird flexibel und den Bedürfnissen der Kinder entsprechend gehandhabt. Freundschaften unter Kindern werden respektiert und unterstützt. Kontaktbedürfnisse von Kindern werden erkannt und Kontaktbemühungen unterstützt.

Differenzierte Angebote
- Angebote werden vor allem nach Neigung und Interesse angeboten. Wenn Angebote für besondere Gruppen von Kindern gemacht werden (z. B. Schulkinder), müssen sie so differenziert werden, dass alle sich entsprechend ihrer Entwicklung beteiligen und Hilfe nach Maßgabe ihrer Bedürftigkeit bekommen können.
- Alle möglichen Unterstützungsmaßnahmen zur individuellen Begleitung von Kindern, die besonderer Hilfe bedürfen, werden in Anspruch genommen.

Dialog mit Eltern und Kindern
- Erzieherinnen ermuntern Kinder, sich miteinander an verschiedenen Themen zu erproben und sind Modelle für das handelnde Sicheinbringen in Beziehungen. Sie begegnen anderen mit Achtung, Zugewandtheit und Interesse und betrachten Kinder und ihre Eltern als sich selbst aktiv entwickelnde Persönlichkeiten, denen sie im Dialog begegnen.

Kinder sind in erster Linie Kinder.
- ErzieherInnen wissen um qualifizierte Erfahrungs- und Lernprozesse bei Kindern und eröffnen allen Kindern bedürfnis- und situationsbezogen lebendige und sinnstiftende Gemeinschaft im Alltag.[2] Kinder sind in ihren Augen in erster Linie Kinder und erst in zweiter Linie Kinder verschiedener Herkunft, Kultur oder Kinder mit bzw. Kinder ohne Behinderung.

---

[2] Vgl. Kronberger Kreis für Qualitätsentwicklung in Kindertageseinrichtungen, Seelze, Velber, 1998

7.2.3. Standards zur Gestaltung der Verständigung mit den Eltern von Kindern mit Behinderung und Kindern ohne Behinderung

Heutige Eltern von Kindern sind als Gruppe sehr heterogen. Viele Eltern sind berufstätig und nutzen die Einrichtung als Entlastung. Andere sind sehr engagiert und bereit, viel Zeit in der Kindertagesstätte zu verbringen. Viele Eltern erleben schwierige Lebenslagen und brauchen Beratung, nicht nur für die Erziehung ihrer Kinder. Manche Eltern haben wenig Kontakte zu anderen Eltern, sei es, weil sie berufstätig oder fremd sind oder weil sie gar nicht mehr Kontakte wollen.[3] Besonders Eltern von Kindern mit Behinderung brauchen vermehrt Unterstützung von professioneller Seite, um in der Einrichtung in Kontakt zu kommen.

Elternarbeit ist im Wesentlichen Kooperations- und Beratungsarbeit. ErzieherInnen spüren zunehmend mehr Aufgaben auf der Erwachsenenebene. Der Auftrag des KJHG (§§ 16 und 22) ist den Fachkräften bekannt und seine Umsetzung wird angestrebt.

Elternarbeit ist Kooperations- und Beratungsarbeit.

Mit folgenden Elternthemen müssen sich vor allem pädagogische Fachkräfte auseinander setzen, die in Einrichtungen mit gemeinsamer Erziehung von Kindern mit und Kindern ohne Behinderung arbeiten:
- Die Eltern haben ganz unterschiedliche Erwartungen an die Kindertageseinrichtung. Manche Eltern wünschen sich, dass ihr Kind ganz intensiv gefördert wird, damit es eventuell Defizite vor der Schule noch aufholen könne. Andere Eltern erwarten vor allem soziale Teilhabe und die Unterstützung der Selbstaktivität des Kindes in seinen Entwicklungsprozessen. Erzieherinnen müssen sich ihres pädagogischen Konzeptes und ihres Bildes vom lernenden und sich entwickelnden Kind bewusst sein und es auch den Eltern gegenüber als institutionelles Verständnis vom Kind in Worte fassen können.
- Pädagogische Fachkräfte sollten etwas wissen über spezielle Sorgen und Probleme von Eltern von behinderten und nichtbehinderten Kindern, die gemeinsam erzogen werden: Ängste, zu kurz zu kommen; Angst vor Schuldzuweisungen und Diskriminierung,

Wissen und Einfühlen in die Probleme und Sorgen von Eltern

[3] Vgl. Kapitel 2

etc. Sie haben Kenntnisse über elterliche Bewältigungsstrategien und Abwehrprozesse[4] und sie müssen über eine hohe empathische Kompetenz verfügen. Pädagogische Fachkräfte respektieren die je eigenen Wege der Eltern, die sich mit der Behinderung ihres Kindes und ihrer Lebenssituation auseinander setzen

- Für die Arbeit mit Eltern benötigen pädagogische Fachkräfte andere Kommunikationsstrukturen und Kompetenzen als für die Kinderarbeit. Erzieherinnen sind primär für pädagogische Arbeit mit Kindern ausgebildet. Diese Art des Umgangs kann nicht einfach auf die Erwachsenenebene übertragen werden. Das heißt, ErzieherInnen müssen schon in der Ausbildung, aber spätestens in der Fortbildung vorbereitet werden auf neue Formen der Kooperation mit Eltern.
- Die bisherigen Formen der Zusammenarbeit mit Eltern scheinen unter integrativen Gesichtspunkten nicht auszureichen. Die Eltern verlangen mehr als nur Elternabende. Sie erwarten von pädagogischen Fachkräften oft mehr als diese geben können. Darum sollte Hilfe und Unterstützung im Team oder bei anderen Fachkräften selbstverständlich eingefordert werden.

Wissen über Stigmatisierungsprozesse

- Entsolidarisierungsprozesse laufen nicht nur unter Kindern, sondern wesentlich auch unter Erwachsenen. Pädagogische Fachkräfte müssen über Aussonderungs- und Stigmatisierungsprozesse Bescheid wissen und die Auseinandersetzung mit Behinderung und mit dem Anderssein in der Elternschaft in Gang setzen und begleiten.

Statt normativer Aussagen, verstehende Beobachtung

- Besonders da, wo es um Können oder Nichtkönnen von Kindern geht, sollten ErzieherInnen auf normative Aussagen verzichten zugunsten von interpretativen Zugängen, d. h. die Eltern werden nicht mit Tipps und Ratschlägen gefüttert, sondern beteiligt an Beobachtungen, an verstehenden Deutungen und Interpretationskonstrukten.

---

[4] Jonas 1991; Schuchardt 1996; Milani Comparetti 1986; Kapitel 4 in diesem Band

7.3. Personale Qualität – Schlüsselqualifikationen für integrative Prozesse

7.3.1. Personale Kompetenzen

Für integrative Prozesse qualifizierte Fachkräfte sind fähig, die eigene Person und die eigene Biografie selbstreflexiv im konkreten Alltagsgeschehen zu nutzen. Sie sind sich der eigenen Motive, Interessen und Zielsetzungen bewusst und setzen sich verantwortlich für die Entwicklung der Kinder und ihrer Familien in der Einrichtung ein.

Fachkräfte sind fähig zur Selbstreflexion.

Personale Kompetenz bedeutet auch, dass pädagogische Fachkräfte die eigenen handlungsleitenden Werte und Normen kennen und dass sie sich ebenso mit inneren persönlichen Konflikten auseinander setzen wie mit gesellschaftlichen Prozessen, die Kinder und ihre Familien betreffen.

Eltern oder Erziehungsberechtigte aller Kinder werden bei der Wahl einer Tageseinrichtung beeinflusst durch den erwarteten und subjektiv eingeschätzten liebevollen und freundlichen Umgang von ErzieherInnen mit den Kindern. Eltern möchten, dass sich ihr Kind wohl fühlt und in ihrem Sinne gefördert und unterstützt wird.

Dieser Wunsch der Eltern ist eine deutliche Anfrage an die Person der pädagogischen Fachkraft und an ihre Haltung Menschen gegenüber. Eltern erwarten, dass Professionelle Haltungen, Werte und Normen tolerieren, ohne sie voreingenommen zu diskriminieren. Pädagogische Fachkräfte sollen nachfragen bzw. sich an den geeigneten Stellen informieren, wenn sie etwas nicht wissen oder nicht verstehen.

Unvoreingenommenheit als Haltung

ErzieherInnen sollen nicht nur beobachten und dokumentieren, sondern auch beachten, dass Kinder nicht nur an Leistung und Erfolgsquoten gemessen werden dürfen. Professionelle Fachkräfte sollen bei Kindern zwar Unregelmäßigkeiten der Entwicklung wahrnehmen, sich aber nicht an den Defiziten orientieren, sondern ausgehend von vorhandenen Fähigkeiten und Fertigkeiten Lernchancen im integrativen Alltag entdecken und unterstützen.

Defizitorientierung vermeiden – Entwicklung unterstützen

Pädagogische Fachkräfte sind fähig zur interdisziplinären Kooperation. Sie kennen ihren pädagogischen Auftrag und machen sich weder zum Handlanger von medizinischen noch schulischen Institutionen. Sie sind parteilich für ihre Kinder und Eltern und unterstützen diese in Auseinandersetzungen zum Wohle der kindlichen Entwicklung.

7.3.2. Professionelles Handeln und Können

Hinter dem elterlichen Anspruch auf genügende Förderung für das eigene Kind verbirgt sich der Wunsch, das eigene Kind möge nicht zu kurz kommen und angemessen Erziehung, Betreuung und Bildung bekommen. Eltern denken zunächst vor allem für das eigene Kind. Sie hoffen, dass ihr jeweils eigenes Kind im Blickfeld der Erzieherpersonen bleibt, genügend positive Zuwendung und Unterstützung bekommt. Gleichzeitig fordern Eltern aber auch den Gemeinschaftsblick der Erzieherin ein und bitten um Unterstützung in der Förderung von Solidarität und Zusammenleben.

- Die Lern- und Erfahrungsinhalte für Kinder unterscheiden sich in Einrichtungen mit Integration nicht von anderen Einrichtungen. Die Art und Weise des Angebotes jedoch sollte den Motivationen, Fähigkeiten und Fertigkeiten der Kinder angemessen variiert werden.

Fachkräfte interessieren sich für Theorie und Wissenschaft.
- Pädagogische Fachkräfte sind an Theorie und Wissenschaft interessiert und nutzen ihr Team zur Entwicklung eines gemeinsamen pädagogischen Orientierungsrahmens. Sie setzen sich auseinander mit kindlicher Entwicklung und ihrer Störungen. Erzieherinnen beobachten kindliche Entwicklungsverläufe und nehmen verschiedene Bindungs- und Bildungsmuster wahr.

Fachwissen nötig über typische Formenkreise kindlicher Erkrankungen
- Pädagogische Fachkräfte in Integrationsprozessen verfügen über das erforderliche Fachwissen in Pädagogik und Psychologie, um die Kinder in ihrer Entwicklung zu begleiten.[5] Bei Bedarf wenden sie sich unbürokratisch an Fachmenschen anderer Wissensgebiete wie zum Beispiel Medizin, Heilpädagogik und Soziologie oder sie erwerben sich zusätzliche Kenntnisse auf diesen Gebieten. Als Mindestanforderung ist von pädagogischen Fachkräften zu erwarten, dass sie typische Syndrome oder Symptome kindlicher Erkrankungen und Behinderungen kennen und über kindliche Entwicklung fundierte Kenntnisse haben. Sie sollten auch über Wechsel-

---

[5] Vgl. Kapitel 2 in diesem Buch

wirkungen zwischen sozialen Systemen (Familie, Umfeld, Arbeitswelt der Eltern, Kindergarten) etwas wissen.[6]
- Von pädagogischen Fachkräften werden fachliche Kompetenzen erwartet, die auf einer demokratischen Grundhaltung basieren: Durch die intensivere Kooperation, die in neuen Situationen mit unterschiedlichen Kindern entstehen muss, wird vor allem Kommunikations- und Dialogfähigkeit gebraucht. Methoden der Gesprächsführung, der Moderation von Gruppenprozessen, der konstruktiven Konfliktlösung und der Selbst- und Fremdreflexion gehören ebenfalls zum nötigen professionellen Know-how.
- Auch ErzieherInnen brauchen Unterstützung beim Erwerb professionellen Könnens und pädagogischer Handlungskompetenz. ErzieherInnen sollten im Verlauf ihrer Arbeit die Möglichkeit bekommen, mit anderen (und sich selbst) in Dialog zu treten, um Rückmeldungen über das eigene Handeln zu erhalten. In Supervisionsprozessen können ErzieherInnen lernen, ihren professionellen und zugewandten Umgang mit Kindern, ihre eigene Haltung und ihr Bild vom Kind zu analysieren, zu vertreten und zu vermitteln.

Nötig: Unterstützung, Rückmeldung, Supervision

7.4. Trägerbeitrag zur Qualifizierung von Einrichtungen für Integrative Maßnahmen

Vor dem Hintergrund der elterlichen Sorge um das eigene Kind sind bezogen auf die Qualität der Einrichtungen und auf die Professionalität der ErzieherInnen einige Fragen klärungsbedürftig, die letztlich die *Zuständigkeit der Träger* betreffen und an seine Verantwortung appellieren.

Für den Träger sind MitarbeiterInnen interne Nutzer bzw. Kunden. Deren Wohlbefinden sollte genauso ein Anliegen sein wie die möglichst optimale Befriedigung der „Konsumenten"[7], d. h. der Eltern und Erziehungsberechtigten in einer Kindertageseinrichtung.

Trägerverantwortung

- Der Träger ist im Sinne struktureller Qualität gehalten, ein *Unternehmensleitbild* zu entwickeln, das die Ziele der Organisation und Aussagen zum Verhalten der Organisation zu bestimmten The-

Unternehmensleitbild

---

[6] Kronberger Kreis 1998, 62
[7] Oess 1989, 81

menbereichen (hier Integration) sowie zu Nutzern der Institution usw. beinhaltet.

- Eine Dienstordnung könnte ErzieherInnen Anhaltspunkte dafür liefern, was in dieser Institution gilt und was nicht, wenn dort Verhaltensforderungen an die MitarbeiterInnen zusammengestellt wären.

Fort- und Weiterbildung

- Qualifizierte Träger sorgen sich um die professionelle Entwicklung und Entfaltung der Mitarbeiterinnen. Viele Kenntnisse und Kompetenzen pädagogischer Fachkräfte gewinnen erst im Laufe der Berufstätigkeit an Bedeutung, so zum Beispiel die Gestaltung von Gruppenprozessen bei Kindern unterschiedlicher Fähigkeiten und Fertigkeiten oder die Auseinandersetzung mit Entsolidarisierungsprozessen. Träger sollten besonders an dieser Stelle für kontinuierliche Unterstützung der PädagogInnen durch *Fort- und Weiterbildung* sorgen.

Solides Fachwissen

- ErzieherInnen haben den Auftrag, einzelne Kinder im Blick zu behalten und die Gruppe nicht aus dem Blick zu verlieren. Dafür brauchen sie solides *pädagogisches und entwicklungspsychologisches Grundwissen* sowie Kenntnisse über *Gruppen- und Individualpädagogik*.

Diese Grundlagenkenntnisse jeder pädagogischer Arbeit sind oft nur rudimentär vorhanden, sei es, weil die Vermittlung in Fachschulen ungenügend war, situationsangemessenes selbstbestimmtes Lernen nicht möglich war oder die Wissensinhalte von den jungen Menschen in Ausbildung nicht eingeordnet werden konnte, weil der praktische Erfahrungshintergrund fehlte.

Besonders im Rahmen von Integrationsmaßnahmen sollen Träger ihren *Einfluss auf Fachschulen und andere Ausbildungsstätten* geltend machen. Wir brauchen in Einrichtungen pädagogische Fachkräfte, die heilpädagogische Grundkenntnisse haben und denen einige heilpädagogischen Grundprinzipien vertraut sind. Selbst bei interdisziplinären Gesprächen sind Grundkenntnisse der Nachbardisziplinen sehr hilfreich, wenn nicht notwendig.

Träger sollen Einfluss auf Ausbildung nehmen.

Gute personelle und sächliche Ausstattung

- Eltern verknüpfen den Wunsch nach Wohlbefinden des Kindes mit dem Wunsch nach einer *guten personellen und sächlichen* Ausstattung einer Einrichtung. Allen Eltern scheint wichtig zu sein, dass Einrichtungen über eine gute *Grundausstattung* verfügen. Die hohe Übereinstimmung an Nutzer-Einschätzungen ist auch ein Hinweis für Träger von Einrichtungen, die aufgefordert sind, entsprechende *Rahmenbedingungen* bereitzustellen und entsprechende Personalentwicklung zu betreiben. Ohne dauernde Überprüfung der Kundenwünsche wird eine Organisation auf Dauer nicht überleben können. Träger haben Bedarfsanalysen zu veranlassen bzw. zu delegieren.

- Wenn man berücksichtigt, dass viele Einrichtungen bis heute noch über kein schriftliches pädagogisches Konzept verfügen, erstaunt es, dass 81 % der Befragten ein schriftliches Konzept als wichtigen Grund für die Wahl der Einrichtung betrachten. Es mag ein Zeichen dafür sein, dass Einrichtungen, die Integrationsplätze vorhalten, auch bisher schon mehr Wert auf ihr Konzept gelegt haben und es auch mit Eltern zum Thema machten. Insgesamt geht es den Eltern vor allem darum zu erfahren, was ErzieherInnen im Alltag mit den Kindern machen wollen, wie sie das tun werden und warum. Pädagogische Fachkräfte in Kindertageseinrichtungen sollten ein *gültiges Konzept* entwickeln und besitzen und es *transparent* machen und „übersetzen" können. Ziele und Methoden pädagogischen Handelns müssen kommuniziert werden. Die wichtigste Voraussetzung, dass dieses passiert, ist: Der Träger muss ein Qualitätsbewusstsein entwickeln und dieses zu seinem unternehmenspolitischen Grundsatz machen. Der Träger muss qualitätsfördernde und evaluative Prozesse in Gang setzen.

Konzeption weiterentwickeln und transparent machen

- Wenn pädagogische Fachkräfte Qualitätsverantwortung übertragen bekommen und umsetzen können, fällt es ihnen auch leichter, *Öffentlichkeitsarbeit* zu betreiben und die „pädagogischen Schätze" der Kindertageseinrichtungen nach außen bekannt machen. Sie entsprächen damit dem Wunsch der Eltern nach mehr Transparenz, und nach Entscheidungsgrundlagen für die Wahl einer Einrichtung.

Öffentlichkeitsarbeit schafft Entscheidungsvoraussetzungen.

- Nicht nur Eltern haben etwas zu bewältigen, wenn es um die gemeinsame Erziehung von Kindern mit und Kindern ohne Behinderung geht. Auch die pädagogischen Fachkräfte sind gehalten, bei sich nach versteckten Abwehrmechanismen und Bewältigungsstrategien von „Unvollkommenheit" zu suchen. Wenn sie mit gemeinsamer Erziehung konfrontiert werden, müssen sie nicht nur für sich selber, sondern auch in der Kooperation mit Eltern Ahnung haben vom Umgang mit Stigmatisierungsprozessen und von Trauerbegleitung. Wenn ErzieherInnen durch die vielfältigen Fragen, die Kinder und ihre Angehörigen stellen, gefordert werden,

Praxisberatung und Supervision

brauchen sie regelmäßig *Begleitung, Praxisberatung und/oder Supervision,* die der Träger nicht nur zu sichern, sondern notfalls zu verordnen hat (vgl. Mitarbeiterzufriedenheit, Zielvereinbarungen über integrative Maßnahmen).

- Es genügt nicht, wenn nur eine Person in der Einrichtung sich mit Integration auseinander setzt. Wenn Integrationskräfte oder Stützpädagogen, oder wie sie auch immer heißen mögen, mit den Kindern wieder verschwinden, stehen Einrichtungen immer wieder am Anfang der integrativen Arbeit, wenn nicht dafür gesorgt wird, dass das Know-how in der Einrichtung bleibt. Es liegt in der Trägerverantwortung, Kompetenzen nicht nur in einer Person zu kumulieren – schon gar nicht in eine Integrationskraft zu investieren, die nur befristet angestellt ist – sondern zunehmend auf gesamtfortgebildete, im idealen Falle *multidisziplinäre Teams* zu achten!

Auf gesamtfortgebildete multidisziplinäre Teams achten

7.5. Qualifizierung von Einrichtungen für Integrationsmaßnahmen – Aufgabe von Aus-, Fort- und Weiterbildung

Die Anforderungen an Qualifikationen von Einzelnen, Teams und Trägern haben deutlich gemacht, dass Aus-, Fort- und Weiterbildung besondere Bedeutung erhalten, wenn wir den Kindern in Kindertageseinrichtungen mit behinderten und nichtbehinderten Kindern gerecht werden wollen.

Ein Problem ist dabei sicher die Ausbildung von ErzieherInnen, die in Deutschland auf der Ebene von Fachschulen erfolgt. In den umliegenden Ländern werden Fachkräfte in Kindertageseinrichtungen mindestens auf der Ebene von Fachhochschulen ausgebildet. Das hat einen Einfluss auf das Berufseinstiegsalter und damit auf die professionelle Motivation von pädagogischen Fachkräften.

Keineswegs sind wir der Ansicht, dass eine pädagogische Fachkraft zum Allrounder werden soll und über alles pädagogische Fachwissen Kenntnisse besitzen muss. Um blinde Bildungswut und Weiterbildungsshopping zu vermeiden, ist es wichtig, dass die Bildungsarbeit sich in Zukunft in enger Kooperation mit der Praxis weiterentwickelt.

Einige Fortbildungsinstitutionen, wie zum Beispiel das afw – Arbeitszentrum Fort- und Weiterbildung Elisabethenstift Darmstadt, versuchen derzeit eine praxisorientierte Weiterbildung zur Facherzieherin Integrationspädagogik, die sich ausschließlich an den Bedürfnissen von ErzieherInnen in Kindertageseinrichtungen orientiert und nicht gleich die gesamte Heilpädagogik oder interkulturelle Pädagogik aufsatteln will. Ein Schwerpunkt liegt dabei auf der Entwicklung professioneller personaler Kompetenzen, Grundlage für individuelles Weiterlernen.

Grenzen und Möglichkeiten einer hoch qualifizierten gemeinsamen Erziehung in der Bundesrepublik Deutschland hängen aber eng zusammen mit politischen – nicht nur schulpolitischen – Entscheidungen. Wo die Länder und Kommunen nicht willig sind, da ist guter Rat teuer. Und das gilt besonders in der Integrationspolitik, die immer wieder Anlass zu heftigen Diskussionen gibt.

Daniela Kobelt Neuhaus

8. Zusammenleben als Normalität – Differenzierung als Anspruch

Wesentliches Merkmal für das „Gelingen" von Integration ist die soziale Teilhabe und die Selbstbestimmung von Kindern und Eltern. Alle Eltern erwarten, dass ihr Kind mit seinen speziellen Bedürfnissen wahrgenommen und entsprechend gefördert und unterstützt wird.

Strukturelle oder prozessuale Möglichkeiten in Einrichtungen mit Einzelintegrationsmaßnahmen sind verbesserungswürdig, was die angemessene therapeutische oder heilpädagogische Begleitung von Kindern mit Behinderung anbelangt. In der Verknüpfung heil- und regelpädagogischer Kompetenzen ist noch viel Nachholbedarf. Eltern von Kindern mit Behinderung verzichten in Einrichtungen mit Einzelintegrationsmaßnahmen auf viele Vergünstigungen, die ihnen in Sondereinrichtungen oder heilpädagogischen Gruppen angeboten worden wären, etwa ein Schwimmbad, ein Snoozelenraum, die Therapeutin oder der Therapeut im Haus etc.

Sie nehmen (noch) in Kauf, dass sie sich außerhalb der Betreuungszeit im Kindergarten um einen Therapieplatz für ihr Kind kümmern müssen oder dass in der Einrichtung manchmal improvisiert wird, um den Bedürfnissen des Kindes gerecht zu werden.

Wenn Eltern von „Normalität" sprechen, verstehen sie darunter nicht „das Gleiche für alle", sondern *das Bestmögliche für mein Kind, ohne dass es aus der Gemeinschaft fällt*. Zugespitzt formuliert wollen Eltern die Anerkennung der Unterschiede und das Recht auf Ungleichheit bei gleichzeitigen Bemühungen um höchstmögliche Gemeinsamkeit für alle. Sie wollen ein gleichermaßen entwicklungs- als auch prozessorientiertes Verständnis von Zusammenleben bei allen am Prozess beteiligten Akteuren.

Normalität in Kindertageseinrichtungen ist das Zusammenleben Verschiedener. Die Verschiedenheit, nicht die Gemeinsamkeit, ist der Anlass, die Autonomie des Kindes zu stärken und seine Beziehung mit der Umwelt, den Dialog, zu stabilisieren. Ziel von Normalität ist ein kommunizierbares Bild vom Kind, von jedem Kind. Dabei kommt dem Verarbeitungsprozess von Behinderung eine zentrale Bedeutung zu. Er ist nicht nur Sache der Eltern, sondern muss auch Inhalt persönlicher Auseinandersetzung von pädagogischen Fachkräften und Kindern sein, die mit „dem Fremden" innerhalb der Einrichtung konfrontiert sind. Die Einschätzung darüber, ob Integration gelungen oder nicht gelungen sei, hängt wesentlich davon ab, ob dieser Bewältigungsprozess gelungen ist oder nicht.

Integrative Qualität ist *Zusammenleben mit Unterschieden* (nicht „trotz" Unterschieden!). Indikatoren für solche Qualität sind in den Augen der Eltern die fachliche Kompetenz pädagogischer Fachkräfte, stabile Rahmenbedingungen und eine angemessen wertschätzende und Differenzen achtende Pädagogik, die den Dialog mit anderen unterstützt und die Autonomie des/der Einzelnen stärkt. Wenn die notwendigen und förderlichen Maßnahmen für einzelne Kinder (und ihre Eltern) in Kooperation mit anderen Fachleuten getroffen (und bezahlt!) werden und wenn ein interdisziplinärer Austausch viele Kompetenzen vereint, sind dies weitere wichtige Schritte in Richtung „echter" Integration, d. h. in Richtung Abschaffung des Begriffes.

Insgesamt sind die Ergebnisse des Projektes ermutigend. Die Benennung der Schwachstellen und Probleme waren ein wichtiger Schritt. Nun liegen für die wohnortnahe Integration auch Erkenntnisse in Richtung Verbesserung vor. Qualität gibt es leider nicht geschenkt – man muss sie herstellen.

9. Literatur

Antor, Georg/Bleidick, Ulrich (1995): Recht auf Leben – Recht auf Bildung. Heidelberg 1995.

Atteslander, Peter/Kneubühler, Hans-Ulrich (1975): Verzerrungen im Interview. Band 32. Opladen.

Bittner, Günther (1998): Metaphern des Unbewussten. Stuttgart, Berlin, Köln.

Breuer, Franz (Hrsg.) (1996): Qualitative Psychologie. Grundlagen, Methoden und Anwendungen eines Forschungsstils. Opladen.

Brinkmann to Broxten, Eva/Riemann, Ilka (1999): Zwischen allen Stühlen? Wissenschaftliche Begleitung in Frauenprojekten. Frankfurter Institut für Frauenforschung e. V. (Hrsg.). Frankfurt am Main.

Buchholz, Michael/Streeck, Ulrich (1994) : Psychotherapeutische Interaktion: Aspekte qualitativer Psychotherapieforschung. In: Buchholz, Michael; Streeck, Ulrich (Hrsg.): Heilen, Forschen, Interaktion. Opladen.

Buchholz, Michael (1993): Dreiecksgeschichten. Göttingen.

Datler, Wilfried/Steinhardt, Kornelia (1999): Schulische Integration und Interaktionsforschung: Ein Plädoyer für differenzierte Einzelfalldarstellungen und Einzelfallanalysen. In: VHN 68/4, 365–376.

Deppe-Wolfinger, Helga u. a. (1990): Interaktive Pädagogik der Grundschule. München (DJI).

Eberwein, Hans (1995): Behinderte und Nichtbehinderte lernen gemeinsam – Handbuch der Integrationspädagogik, Weinheim.

Ev. Französisch-reformierte Gemeinde Frankfurt (Hrsg.) (1984): Wissenschaftliche Begleitung des Geschehens in einem integrativen Kindergarten, Endbericht Schriftenreihe Lernziel Integration. Heft Nr. 3. Bonn.

Feuser, Georg (1995): Behinderte Kinder und Jugendliche – zwischen Integration und Aussonderung.

Flick, Uwe (1995): Qualitative Forschung, Reinbek.

Friebertshäuser, Barbara (1977): Interviewtechniken – ein Überblick. In: Friebertshäuser, Barbara/ Prengel, Annedore (Hrsg.): Handbuch Qualitative Forschungsmethoden in der Erziehungswissenschaft. Weinheim, München.

Gerspach, Manfred (1999): Elternsicht – welche Qualität hat die integrative Förderung in Tageseinrichtungen? In: Landschaftsverband Westfalen-Lippe (Hrsg.): Besser gemeinsam – wohnortnahe Integration behinderter Kinder in Tageseinrichtungen. Münster.

Gerspach, Manfred (1996): Arbeit mit behinderten Menschen – Textbuch zum Film.

Gidoni, E. Anna (1986): Die Familie und das behinderte Kind. In: DPWV (Hrsg.): Von der Behandlung der Krankheit zur Sorge um Gesundheit. Konzept einer am Kind orientierten Gesundheitsförderung. Dokumentation einer Fachtagung des Paritätischen Bildungswerks Bundesverband e. V. Frankfurt a. M. S. 19–34.

Girtler, Roland (1992): Methoden der qualitativen Sozialforschung. Wien.

Goffman, Erving (1967): Stigma – Von der Bewältigung der beschädigten Identität. Frankfurt a. M.

Hackenberg, Waltraud (1992): Abwehr und Bewältigung in der Auseinandersetzung mit Behinderung. In: Frühförderung interdisziplinär 11.

Heeg, Paul (1996): Informative Forschungsinteraktionen. In: Breuer, F. (Hrsg.): Qualitative Psychologie. Opladen.

Heinze-Nießner, Ursula (1996): Brauchen wir eine neue Pädagogik? – Pädagogische Konzepte für integrative Einrichtungen, in: Gemeinsam Leben, Heft 1.

Hessisches Ministerium für Umwelt, Energie, Jugend, Familie und Gesundheit (HMUEJFG) (1998): Zweiter Hessischer Familienbericht. Vereinbarkeit von Familie und Beruf. Wiesbaden.

Hessisches Ministerium für Umwelt, Energie, Jugend, Familie und Gesundheit (HMUEJFG) (1996): Orte für Kinder. Erfahrungen und Impulse aus Hessen (Kindergarten 8). Wiesbaden.

Heymann-Marschall, Ilona (1983): Wissenschaftliche Begleitung des Geschehens in einem integrativen Kindergarten. In: Ev. Französisch-reformierte Gemeinde Frankfurt a. M. (Hrsg.): Schriftenreihe Lernziel Integration. Heft Nr. 5. Bonn.

Hinz, Andreas (1990): „Integrationsfähigkeit" – Grenzen der Integration? In: Behindertenpädagogik 29. 131–142.

Hinz, Andreas (1999): Erfahrungen im Gemeinsamen Unterricht als Ansatzpunkte zur Weiterentwicklung der Pädagogik bei schwerster Behinderung. In: VHN 68. Heft 4, 377–395.

Hinze, Dieter (1988): Mütter und Väter behinderter Kinder. In: Frühförderung interdisziplinär, 7. Jg., S. 97–105.

Hössl, Alfred/Lipski, J. (1988): Integrative Erziehung von behinderten und nichtbehinderten Kindern – Bestandsaufnahme und Perspektiven für den Elementarbereich. In: Erhardt-Kramer, Angelika/Gerspach, Manfred/Hoppe, Jörg Reiner: Integrative Erziehung behinderter und nichtbehinderter Kinder, Materialien für die Sozialpädagogische Praxis (MPS) 16. Frankfurt.

Hofmann, Christiane (1998): Förderdiagnostik und Versagen – situationsdiagnostische Anmerkungen. In: Zeitschrift für Heilpädagogik 1.

Holm, Kurt (Hrsg.) (1975): Die Befragung 1. Uni-Taschenbücher Nr. 372. München.

Horkheimer, Max/Adorno, Theodor W. (1969, 1944): Dialektik der Aufklärung. Frankfurt.

Jantzen, Wolfgang (1974): Sozialisation und Behinderung – Studien zu sozialwissenschaftlichen Grundfragen der Behindertenpädagogik. Gießen.

Jantzen, Wolfgang (1987): Allgemeine Behindertenpädagogik – sozialwissenschaftliche und psychologische Grundlagen, Band 1. Weinheim und Basel.

LITERATUR

Jonas, Monika (1990): Behinderte Kinder – Behinderte Mütter? Frankfurt a. M.

Jonas, Monika (1994): Trauer und Autonomie bei Müttern schwerstbehinderter Kinder. Mainz.

Kaplan, Karlheinz/Rückert, E./Garde, D. u. a. (1993): Gemeinsame Förderung behinderter und nichtbehinderter Kinder. Handbuch für den Kindergarten. Weinheim, Basel.

Klein, Gabriele/Kreie, Gisela/Kron, Maria/Reiser, Helmut (1987): Integrative Prozesse in Kindergartengruppen. Über die gemeinsame Erziehung von behinderten und nichtbehinderten Kindern. Weinheim u. München.

Kobelt Neuhaus, Daniela (1998): Die Reibung am Fremden. Entwicklungsmotor für handlungsorientierte Konzepte in Kindertagesstätten? In: TPS extra 29. S. 11–14.

Kobelt Neuhaus, Daniela (2000): Kontinuierliche Beobachtung als Planungsgrundlage im pädagogischen Alltag. In: Kinder in Kindertageseinrichtungen. Ein Handbuch für Erzieherinnen.

Kobelt Neuhaus, Daniela; Spiess, Walter (1998): Integration und Separation sind Kopfsache. Positive und negative Denkmuster im Umgang mit schwierigen Kindern. In: TPS extra 29. S. 15–19.

Kronberger Kreis für Qualitätsentwicklung in Kindertageseinrichtungen (1998): Qualität im Dialog entwickeln. Wie Kindertageseinrichtungen besser werden. Seelze/Velber.

Kron, Maria (1988): Kindliche Entwicklung und die Erfahrung von Behinderung. Frankfurt a. M.

Kron, Maria et al. (1999): Ökonomisierung und Qualitätsentwicklung. Herausforderungen für Kindertageseinrichtungen zur Betreuung und Erziehung von Kindern mit und ohne Behinderung. E–S Schriftenreihe Nr. 3. Siegen.

Laatz, Wilfried (1993): Empirische Methoden. Ein Lehrbuch für Sozialwissenschaftler. Frankfurt a. M.

Leuzinger-Bohleber, Marianne/Garlichs, Ariane (1977): Theoriegeleitete Fallstudien im Dialog zwischen Psychoanalyse und Erziehungswissenschaft. In: Friebertshäuser, Barbara; Prengel, Annedore (Hrsg.): Handbuch Qualitative Forschungsmethoden in der Erziehungswissenschaft. Weinheim, München.

Lorenzer, Alfred (1974): Die Wahrheit der psychoanalytischen Erkenntnis. Frankfurt.

Mattner, Dieter/Gerspach, Manfred (1997): Heilpädagogische Anthropologie. Stuttgart, Berlin, Köln.

Mayring, Philipp (1995): Qualitative Inhaltsanalyse. Grundlagen und Techniken. 5. Aufl., Weinheim.

Milani Comparetti, Adriano (1986): Von der „Medizin der Krankheit zu einer „Medizin der Gesundheit". In: DPWV (Hrsg.): Von der Behandlung der Krankheit zur Sorge um Gesundheit. Konzept einer am Kind orientierten Gesundheitsförderung. Dokumentation einer Fachtagung des Paritätischen Bildungswerks Bundesverband e. V. Frankfurt a. M.

Muckel, Petra (1996): Selbstreflexivität und Subjektivität im Forschungsprozeß. In: Breuer, F. (Hrsg.): Qualitative Psychologie. Opladen.

Mühlum, Albert/Oppl, Hubert (Hrsg.) (1992): Handbuch der Rehabilitation.

Nitzschke, Bernd (1994): Die besondere Wissensform der Psychoanalyse: Wissenschaftshistorische Anmerkungen zum Junktim zwischen Heilen und Forschen in der Freudschen Psychoanalyse. In: Buchholz, M./Streeck, U. (Hrsg.): Heilen, Forschen, Interaktion. Opladen.

Prengel, Annedore (1995): Pädagogik der Vielfalt. 2. Auflage. Opladen.

Preuss-Lausitz, Ulf (1993): Die Kinder des Jahrhunderts – Zur Pädagogik der Vielfalt im Jahr 2000.

Reinke, Ellen (1996): Wiederanknüpfung an die HORNsche Position einer ‚Kritischen Theorie des Subjekts' als Erkenntnisfrage im interdisziplinären Raum zwischen Gesellschaftstheorie und Psychoanalyse. In: Bruns, G. (Hrsg.): Psychoanalyse im Kontext. Opladen.

Reuther-Dommer, Christa/Dommer, Eckhard (1997): „Ich will Dir erzählen" – Geistig behinderte Menschen zwischen Selbst- und Fremdbestimmung. Gießen.

Rothmayr, Angelika (1989): Schwerstmehrfachbehinderte Kinder im integrativen Kindergarten. Schriftenreihe: Lernziel Integration, Heft Nr. 2. Bonn.

Schmitz, Anja (1997): Improvisationstheater – was ist das eigentlich? In: Reuter, Werner/Theis, Gebhard (Hrsg.): Spielräume, Spaßräume, Lernräume. Sommertheater Pusteblume: Theaterpädagogische Anregungen – nicht nur für SonderpädagogInnen. Dortmund. 174–185.

Schuchardt, Erika (1985): Warum gerade ich …? – Behinderung und Glaube. 3. erweiterte Auflage. Offenbach.

Schuchardt, Erika (1996): Integration: Zauberformel oder Konzeption eines pädagogischen Weges wechselseitiger Interaktion? In: Zwierlein, E. (Hrsg.): Handbuch Integration und Ausgrenzung. Neuwied.

Speck, Otto (1995): Unbedingte Zugehörigkeit für Menschen mit schweren Behinderungen. Die gegenwärtige Situation und ihr veränderter gesellschaftlicher Kontext. In: Jugendwohl Jg. 76; Heft 8/9, S. 350–364.

Sturzbecher, Dietmar (2000): Betreuungsqualität aus kindlicher Perspektive: wie erleben Kinder ihre Erzieherinnen? Vortrag gehalten in Potsdam am 24. Feb. 2000.

Tietze, Wolfgang (Hrsg.) (1998): Wie gut sind unsere Kindergärten? Neuwied, Berlin.

Tietze-Fritz, Paula (1997): Integrative Erziehung in der Früherziehung – Handbuch nicht nur für den Kindergarten. Dortmund.

Ulrich, Dieter/Mayring, Philipp (1992): Grundriss der Psychologie – Psychologie der Emotionen. Band 5. Stuttgart, Berlin, Köln.

Watzlawick, Paul (1994): Vom Unsinn des Sinns oder vom Sinn des Unsinns. Wien.

Weiss, Hans (1986): Kind sein dürfen – trotz und mit Erschwernissen. In: Thalhammer, Manfred. (Hrsg.): Gefährdungen des behinderten Menschen im Zugriff von Wissenschaft und Praxis. München, Basel.

Weiss, Hans (1992): Annäherungen an den Empowerment-Ansatz als handlungsorientierendes Modell in der Frühförderung. In: Frühförderung interdisziplinär. S. 157–169.

Wenzel, P. (1996): Einrichtung mit Gütesiegel? Qualitätsmanagement – Wie eine Norm zum Leitbild werden kann. In: Welt des Kindes Jg. 74, Heft 1, S. 21–24.

Winnicott, Donald W. (1984): Familie und individuelle Entwicklung. Frankfurt a. M.

Wöhrlin, Ursula (1997): Bewältigungsprozesse von Eltern behinderter Kinder. In: Leyendecker, Christoph / Horstmann, Tordis (Hrsg.): Frühförderung und Frühbehandlung. Heidelberg.

Wolff, Stephan (1994): Innovative Strategien qualitativer Sozialforschung im Bereich der Psychotherapie. In: Buchholz, M. / Streeck, U. (Hrsg.): Heilen, Forschen, Interaktion. Opladen.

10. Glossar

Agglomeration Zusammenballung von ähnlichen Merkmalen: zum Beispiel ist eine ländliche Agglomeration eine Umgebung, die Merkmale für „ländlich" zusammenbindet: eine geringe Bevölkerungsdichte, Bauernhäuser …

Design Skizze oder Modell. Ein Untersuchungs-Design skizziert die Form des Vorhabens. Es enthält zum Beispiel die geplanten Abläufe, Zeitstrukturen und Methoden, die zu einem bestimmten Ergebnis führen sollen.

Halo-Effekt Fehler, der bei der Persönlichkeitsbeurteilung entsteht, wenn aus Einzelbeobachtungen Rückschlüsse gezogen werden auf andere Persönlichkeitsmerkmale: Wer schmutzige Hände hat, ist sicher kein Intellektueller. Oder: Wenn Schüler in einem Fach besonders schlechte Noten haben, sind Lehrer eher geneigt, in den anderen Fächern auch abzurunden (Wer einmal sich den Ruf verdorben …).

Hermeneutisch Eine Methode des Verstehens, Nacherlebens und Deutens von Sinnganzheiten. So setzt sich der Sinn eines ganzen Satzes aus den Bedeutungen der einzelnen Wörter zusammen. Die Bedeutung der einzelnen Wörter ist aber wiederum nur im Lichte des Gesamtsinnes dieses Satzes zu verstehen. Tiefenhermeneutik beinhaltet die Suche nach der heimlichen Bedeutung bestimmter Äußerungen oder Verhaltensweisen. Sie fragt danach, was uns ein anderer von sich und seiner Befindlichkeit mitteilt, wie er sich in soziale Situationen einbringt und diese unbewusst mitgestaltet. Um verborgene Bewusstseinsinhalte zu verstehen, die beispielsweise durch Fragen an die Oberfläche geholt werden, muss „zwischen den Zeilen" gelesen werden. Wird eine solche Deutung den Befragten angeboten, „verstehen" sie selber oft erst jetzt, was sie eigentlich gemeint haben.

Kategoriensystem oder Kategorialsystem	Begriffsklassen bzw. Gruppen von Aussagen, die zusammen gehören
Konnotation	Zusätzliche assoziative Bedeutung eines Wortes / Nebenbedeutung / mitschwingende Bedeutung
Operationalisieren	Ein Begriff der empirischen Sozialwissenschaften zur Überführung einer theoretischen Fragestellung in eine systematisierte Messoperation. In der Pädagogik erfuhr er eine Ausweitung im Sinne der Präzisierung von Lernzielen, wobei nicht zuletzt auf Grund von Umsetzungsproblemen im praktischen Alltag große Zweifel aufkamen, ob sich tatsächlich ein angestrebtes, klar definiertes Lernziel mit operationalisierten Mitteln erreichen lässt.
Projektive Zuschreibung	Sich ein Bild von jemandem machen, bestimmte Eigenschaften auf jemanden projizieren, die er gar nicht unbedingt haben muss.
Sample	Auswahl von Personen oder Beispielen, auch Probe oder Muster
Setting	Äußere Umgebung oder Atmosphäre. Untersuchungen finden meist in kontrollierten Settings statt, d. h. im Vorfeld werden schon die Bedingungen und Strukturen „gesetzt".
standardisieren	Vereinheitlichen oder normieren. Fragebogen mit Antwortvorschlägen, die nur noch ange-

kreuzt werden müssen, sind standardisiert, denn alle Antwortmöglichkeiten sind vorgegeben. Halbstandardisierte Instrumente ermöglichen individuelle Formulierungen. Sie ergeben oft ein wahrheitsgetreueres Ergebnis. Tiefenhermeneutische Vorgehensweisen benutzen gar keine Standardisierung, sondern beziehen sich nur auf die individuellen Aussagen.

Sweet little nothings Die bedeutsamen Unwichtigkeiten: Aussagen, die so nebenbei getroffen werden, aber oft eine große Bedeutung haben.

Validation Gültigkeitserklärung. In der empirischen Untersuchung werden Werte für allgemeingültig erklärt, wenn sie bestimmte Kriterien erfüllen (validieren).

Die AutorInnen

Corina Frank, geboren am 22. 04. 1965 in Bad Hersfeld, Krankenschwester in Teilzeitarbeit, verheiratet, 2 Kinder. Sohn Sebastian, geb. 1992, hat Wahrnehmungsstörungen und Entwicklungsverzögerungen, ist jetzt Schüler der 2. Klasse einer Regelgrundschule. Tochter Vanessa besucht einen Kindergarten.

Manfred Gerspach, Prof. Dr. phil., Dipl.-Päd., Jahrgang 1951, Dekan des Fachbereichs Sozialpädagogik der Fachhochschule Darmstadt. Schwerpunkte in Lehre und Forschung sind vor allem die Arbeit mit so genannten verhaltensauffälligen Kindern sowie die psychoanalytische, die heilpädagogische und die integrative Pädagogik. Prof. Gerspach verfügt über langjährige praktische Erfahrung im Umgang mit gestörten und behinderten Kindern und Jugendlichen sowie in Supervision und Fortbildung für Fachkräfte in unterschiedlichen sozialen und pädagogischen Feldern. Veröffentlichungen u. a.: Kritische Heilpädagogik (1981), Einführung in die Heilpädagogik (1989), Supervision für soziale Dienste (1991), Heilpädagogische Anthropologie (zus. mit Dieter Mattner, 1997), Wohin mit den Störern? Zur Sozialpädagogik der Verhaltensauffälligen (1998), Einführung in pädagogisches Denken und Handeln (2000).

Kerstin Haber, Gerichtsvollzieherin, Sohn, 8 Jahre, hat Halbseitenlähmung links durch akuten Sauerstoffmangel bei der Geburt, geht in die 2. Klasse einer Regelschule. Zweiter Sohn geboren im Juli 2000.

AutorInnen

Ingrid Hinterthür, geboren 1954, verheiratet, 2 Kinder, Hausfrau und Mutter seit der Geburt der Kinder. Tochter Andrea (15 Jahre) nicht behindert, Sohn Felix (8 Jahre) hat Wahrnehmungsstörungen, Störungen der Feinmotorik und Entwicklungsverzögerungen, besuchte einen Kindergarten mit Integrationsplatz und ist jetzt Schüler der 1. Klasse einer Schule für Körperbehinderte.

Daniela Kobelt Neuhaus, geb. 1955 in der Schweiz, lic. phil., dipl. heilpäd., Fortbildungsreferentin im afw – Arbeitszentrum Fort- und Weiterbildung Elisabethenstift Darmstadt. Zahlreiche Veröffentlichungen zu diversen Themenbereichen aus der Pädagogik in Kindertageseinrichtungen. Aktuelle Schwerpunkte sind Integrationspädagogik und Qualitätsmanagement. Anschrift: afw, Stiftstr. 14, 64287 Darmstadt.

Judith Jungmann, geboren 1962 in Rüsselsheim, verheiratet, 2 Kinder, MTA im Bereich Hämatologie. Seit der Geburt der Kinder Hausfrau und Mutter. Sohn Adrian (1989), nicht behindert, besuchte den Kindergarten in einer Gruppe mit Integrationsplatz, ist jetzt Schüler einer 4. Klasse in der Grundschule. Sohn Björn (1991), nicht behindert, besuchte den Kindergarten in einer Gruppe mit Integrationsplatz, jetzt Schüler einer 2. Klasse in der Grundschule.

Ilka Riemann, Dr. phil., Erzieherin, Diplompädagogin, Sozialwissenschaftlerin; Mitarbeit in Forschung und Weiterbildung im Bereich Kindertagesstätten und soziale Arbeit.
Freiberuflich tätig in der pädagogischen Forschung und Frauenforschung; Beratung und Fortbildung. Expertin für Selbstevaluation im weiterbildenden Studium „Personenzentrierte Beratung und Krisenin-

tervention" an der Fachhochschule Frankfurt a. M. Zahlreiche Veröffentlichungen u. a. zur außerhäuslichen Erziehung, zu sozialen Berufen und Frauenthemen.
Anschrift: Brombacher Weg 5, 61267 Neu-Anspach, Tel. 06081/8322, Fax: 06081/43303

Elise Weiss, Dipl.-Supervisorin (DGSv) und Sozialpädagogin, seit 1966 im Bereich Kindertagesstätten als Erzieherin, Fachberaterin und in der Aus- und Fortbildung sowie als Supervisorin tätig. 1982–1986 wissenschaftliche Mitarbeiterin im Projekt Kindergarten und Soziale Dienste gemeinsam mit Hans-Georg Trescher und unter Leitung von Prof. Aloys Leber. Veröffentlichung: Leber, A./Trescher, H.-G. und Weiss-Zimmer, E., (1989) Krisen im Kindergarten, Frankfurt a. M. Ab 1988 Mitarbeit in der wissenschaftlichen Begleitung der Frühförderung in Hessen und beim Aufbau einer regionalen Frühberatung. Seit 1999 freiberufliche Tätigkeit in der Supervision, Forschung und Lehre.

Annette Wenner, geb. 1963, Familienpause nach Abitur und kaufmännischer Ausbildung. 1996 Aufnahme des Studiums an der Fachhochschule Darmstadt, Fachbereich Sozialpädagogik. Honorarkraft für die Aids-Hilfe Frankfurt a. M. in einem kunstpädagogischen Projekt mit an Aids erkrankten Kindern. Betreuung des Elternforums und Anleitung der Kinderbeobachtung in den beiden Untersuchungseinrichtungen. Studienabschluss 2000.

Liebe Leserin, lieber Leser,

Sie finden unter www.kallmeyer.de
folgende Untersuchungsergebnisse des Projekts „Qualität aus Elternsicht"

Anhang 3
Statistischer Überblick zur schriftlichen Befragung und Grundauszählung

Anhang 4
Der Kommentarbogen zum Fragebogen und die Kommentare

Anhang 7
Statistischer Überblick zur mündlichen Befragung

Anhang 1:
Überblick über den Verlauf des Projekts

Qualitätsstandards von Einzelintgrationsmaßnahmen aus der Sicht der Nutzer

Überblick über den Verlauf des Projektes

Projektziele:
- ❖ Erfassung der subjektiven Erwartungen von Nutzern bzw. Kunden (Erziehungsberechtigte und Kinder im Alter von 3–6 Jahren) an wohnortnahe Integrationsmaßnahmen in Tageseinrichtungen für Kinder (Regeleinrichtungen) in unterschiedlichen Einzugsgebieten und

- ❖ Erfassung ihrer subjektiven Einschätzung über notwendige Merkmale (Qualitätsstandards) von „gelungenen" Integrationsmaßnahmen

- ❖ Entwicklung von Richtlinien und Empfehlungen zu Händen von Gesetzgebern und Trägern zur Weiterentwicklung von wohnortnahen Integrationsmaßnahmen.

- ❖ Entwicklung von curricularen Empfehlungen und Handreichungen für die Aus-, Fort- und Weiterbildung von Fachkräften für Integrationspädagogik

Projektauftrag: Hessisches Ministerium für Umwelt, Energie, Jugend, Familie und Gesundheit, Referat VII 6, Wiesbaden
Heute: Hessisches Sozialministerium

Durchführung: afw – Arbeitszentrum Fort- und Weiterbildung Elisabethenstift Darmstadt.

- Die interdisziplinäre Auseinandersetzung mit unterschiedlichsten Facetten des Themas Integration hat eine langjährige Tradition im afw, was sich sowohl in interdisziplinären Fachdiskussionen und Kooperationen als auch in der Lehre im Bereich Integrationspädagogik niederschlägt.

- Das Elisabethenstift ist ein Zentrum verschiedenster Einrichtungen, die alle zum Thema Integration interdisziplinär beitragen.

- Es bestehen darüber hinaus gewachsene Strukturen der Kooperation mit der Fachhochschule Darmstadt und der Gesamthochschule Kassel, beide mit einem Schwerpunkt Integration.

- Im afw und den Institutionen zur wissenschaftlichen Begleitung versammeln sich nicht nur theoretisches Wissen, sondern viel – auch praktische – Felderfahrung und viele Kontakte zu überörtlichen Trägern von Integrationsmaßnahmen und ihren Einrichtungen.

Wissenschaftliche Beratung und Begleitung: Fachhochschule Darmstadt, Fachbereich für Sozialpädagogik
Gesamthochschule Kassel, Fachbereich Gesellschaftswissenschaften

Projektdaten und Inhalte:

Gesamtlaufzeit: 01. 05. 1997–31. 12. 1999

❖ Quantitative Erfassung (Fragebogen)   Mai – Juni 1997
    Entwicklung des Instrumentes   Juni – August 1997
    Probelauf   Oktober – Januar
    Datenerhebung in Nord- und Südhessen   1999

❖ Seminar zum Projekt   März 1998 – Januar
    FHD   1999
    GHK   Mai 1998 – August 1998

❖ Elternforum: Gruppe von Eltern (Müttern)   März 1998 – Dezember 1999
von Kindern mit Behinderung und von Eltern nichtbehinderter Kinder,
- begleitet die Entwicklung eines Interviewleitfadens
- erstellt eine Ideal-Konzeption für eine Kindertageseinrichtung mit gemeinsamer Erziehung (Konkretisierung der Qualitätsstandards)
- unterstützt und berät bei der Kinderbefragung

❖ Qualitative Erfassung (Interviews) der subjektiven Einschätzungen von Erziehungsberechtigten von Kindern mit und Kindern ohne Behinderung   Juni – Dezember 1998

❖ Qualitative Befragung von exemplarischen pädagogischen Fachkräften   Juni – Dezember 1998

❖ Kontrollbefragung von Erziehungsberechtigten und ErzieherInnen, die Einzelintegrationsmaßnahmen rückblickend beurteilen, in Frankfurt am Main   August – Dezember 1998

- ❖ Kinderbefragung: Einschätzung von gelungener gemeinsamer Erziehung – exemplarische Erfassung über theaterpädagogische Methoden und über Kinderkonferenzen mit Kindern aus zwei Einrichtungen   September – Dezember 1998

- ❖ Öffentliche Diskussion und Dokumentation
  - 1. Workshop   Februar 1998
  - 2. Workshop   Januar 1999
  - Abschlussveranstaltung   Dezember 1999
  - Publikation   März 2001

Anhang 2: Der Fragebogen

Fragebogen zur Überprüfung der Qualitätsstandards von Einzelintegrationsmaßnahmen

Alle Angaben sind selbstverständlich freiwillig. Was Sie nicht beantworten wollen, lassen Sie weg!

I. Fragen zum Personenkreis
(Eltern und Kinder in ihren Lebensbedingungen)

A. Fragen an die Personen, die den Fragebogen beantworten

1. Wer beantwortet federführend diesen Fragebogen?

❑ Mutter
❑ Vater
❑ wir besprechen es gemeinsam
❑ Großmutter oder -vater
❑ Pflegeeltern
❑ Sonstiges

Die folgenden Fragen finden Sie zweimal, einmal für weibliche und einmal für männliche Befragte. Wenn Sie den Fragebogen gemeinsam ausfüllen möchten, bitten wir Sie, dass weibliche (nachstehend) und männliche (S. 2) Personen jeweils die an sie gerichteten Fragen beantworten.

a. Fragen für weibliche Personen

2. Alter: ....

3. Staatsangehörigkeit: ....

4. Zivilstand:
❑ ledig
❑ verheiratet

❏ geschieden
❏ verwitwet
❏ nichteheliche Lebensgemeinschaft
❏ getrennt lebend
❏ allein erziehend
❏ Sonstiges

5. höchste erreichte Stufe der Berufsausbildung:
❏ keine Berufsausbildung
❏ in Ausbildung
❏ Anlernausbildung
❏ abgeschlossene Lehre
❏ Berufsfachschulabschluss
❏ Fachschulabschluß
❏ Fachhochschulabschluss
❏ Hochschulabschluss
❏ Sonstiges

6. Stellung im Beruf:
❏ Arbeiterin
❏ Angestellte
❏ Beamtin
❏ Landwirtin
❏ mithelfende Familienangehörige im eigenen Betrieb
❏ selbstständig
❏ Hausfrau
❏ Rentnerin
❏ derzeit arbeitslos
❏ Sonstiges

7. Sie arbeiten zur Zeit   ❏ nicht   ❏ Teilzeit   ❏ Vollzeit.

8. Welches Einkommen steht Ihnen, abzüglich aller Fixkosten wie Miete, Versicherungen usf., insgesamt für Ihren Haushalt durchschnittlich pro Monat zur Verfügung? (freiwillige Angabe!)

❏ unter 2000 DM   ❏ bis 4000 DM   ❏ bis 6000 DM
❏ bis 8000 DM   ❏ bis 10000 DM   ❏ über 10000 DM
❏ kann/möchte ich nicht angeben

b. Fragen für männliche Personen

9. Alter: ....

10. Staatsangehörigkeit: ....

11. Zivilstand:
❏ nichteheliche Lebensgemeinschaft
❏ getrennt lebend
❏ allein erziehend
❏ Sonstiges
❏ ohne Angaben
❏ ledig
❏ verheiratet
❏ geschieden
❏ verwitwet

12. höchste erreichte Stufe der Berufsausbildung:
❏ keine Berufsausbildung
❏ in Ausbildung
❏ Anlernausbildung
❏ abgeschlossene Lehre
❏ Berufsfachschulabschluss
❏ Fachschulabschluss
❏ Fachhochschulabschluss
❏ Hochschulabschluss
❏ Sonstiges
❏ ohne Angaben

13. Stellung im Beruf:
❏ Arbeiter
❏ Angestellter
❏ Beamter
❏ Landwirt
❏ mithelfender Familienangehörige im eigenen Betrieb
❏ selbstständig
❏ Hausmann
❏ Rentner
❏ derzeit arbeitslos
❏ Sonstiges

14. Sie arbeiten zur Zeit ❑ nicht   ❑ Teilzeit   ❑ Vollzeit.

15. Welches Einkommen steht Ihnen, abzüglich aller Fixkosten wie Miete, Versicherungen usf., insgesamt für Ihren Haushalt durchschnittlich pro Monat zur Verfügung? (freiwillige Angabe!)
❑ unter 2000 DM   ❑ bis 4000 DM   ❑ bis 6000 DM
❑ bis 8000 DM   ❑ bis 10000 DM ❑ über 10000 DM
❑ kann/möchte ich nicht angeben

B. Fragen bezüglich der Kinder

Im Folgenden beziehen sich die Fragen auf Ihre Lebenssituation und auch die Ihres Kindes/Ihrer Kinder. Es liegt in unserer Absicht, vor allem die Situation von Kindern, die eine Tageseinrichtung für Kinder besuchen, genauer kennen zu lernen. Zunächst sollen aber auch die Geschwisterkinder aufgeführt werden.

16. Wie viele Kinder haben Sie? .... (Anzahl)

17. Angaben zu Ihrem Kind/Ihren Kindern

Kind	Alter	Geschlecht	nicht behindert	behindert oder von Behinderung bedroht (§ 39)	besucht noch keinen Kindergarten	besucht einen Kindergarten	geht in die Schule	ist in Ausbildung/ berufstätig	Sonstiges
Nr. 1									
Nr. 2									
Nr. 3									
Nr. 4									
Nr. 5									

Falls Ihr Kind behindert oder von Behinderung bedroht im Sinne des BSHG § 39 ist und eine Tageseinrichtung für Kinder besucht, bitten wir Sie, die Fragen 18 bis 21 (auf dieser Seite) zu beantworten. Falls es sich um mehrere Kinder handelt, die behindert oder von Behinderung bedroht sind, beantworten Sie bitte alle weiteren Fragen nur für das älteste behinderte Kind, welches eine Kindertagesstätte besucht.

18. Ihr Kind Nr. .... kann folgenden Behinderungsgruppen zugeordnet werden (Mehrfachnennungen möglich):

❏ Entwicklungsverzögerung
❏ körperliche Behinderung
❏ geistige Behinderung
❏ Sinnesbehinderung
❏ Verhaltensauffälligkeit
❏ Lernbehinderung
❏ Schwerst-Mehrfachbehinderung
❏ Von Behinderung bedroht
❏ Sonstiges
❏ kann ich nicht einschätzen

19. Ihrer Einschätzung nach ist die Behinderung Ihres Kindes
❏ leicht ❏ mittel ❏ schwer ❏ ohne Angaben

20. Welchen Äußerungen zur derzeitigen Lebenssituation Ihres behinderten oder von Behinderung bedrohten Kindes stimmen Sie zu?

	Ja	nein	weiß nicht/ keine Meinung
Das Kind kommt trotz seiner augenblicklichen Lebenssituation gut zurecht			
Seine Kontakte zu anderen Kindern und Erwachsenen sind gut			
Trotz der bestehenden Einschränkungen verläuft seine Entwicklung insgesamt zufriedenstellend			

21. Wo liegt Ihrer Meinung nach der Schwerpunkt benötigter Hilfen (Mehrfachnennungen möglich)?

	Ja	nein	weiß nicht/ keine Meinung
Das Kind braucht familiäre Hilfen			
Das Kind braucht pädagogische Hilfen (es benötigt z. B. viele Erklärungen)			
Das Kind braucht therapeutische Hilfen (z. B. Krankengymnastik, Ergotherapie)			

22. Sie leben mit dem Kind / den Kindern
❏ in einem Dorf (bis 3 000 Einwohner)
❏ in einer Kleinstadt (bis 15 000 Einwohner)
❏ in einer Stadt (bis 50 000 Einwohner)
❏ in einer Großstadt
❏ Sonstiges

II. Fragen zu den praktischen Erfahrungen und Wünschen bezüglich Integration

Alle folgenden Fragen beziehen sich ausschließlich auf Ihre Kinder, die eine Tageseinrichtung für Kinder besuchen. Bitte behalten Sie die oben gewählte Nummerierung bei (besucht zum Beispiel Ihr behindertes Kind Nr. 1 eine Kindertagesstätte, dann antworten Sie für Nr. 1. Sie schreiben die 1 hin und kreuzen die Einrichtung an, die Ihr Kind besucht). Falls es sich um mehrere Kinder handelt, die behindert oder von Behinderung bedroht sind, antworten Sie bitte weiterhin für das älteste behinderte Kind, welches eine Kindertagesstätte besucht.

23 Mein/unser Kind besucht:

Krabbel-gruppe	städti-sche oder Gemein-dekin-dertages-stätte	evangeli-sche Kin-dertages-stätte	katholi-sche Kin-dertages-stätte	Kinder-tages-stätte eines freien Trägers	Betriebs-kinderta-gesstätte	privat or-ganisier-te Treffs (z. B. Mi-niclubs)	Vorklas-se oder Schul-kinder-garten

Nr.

Platz für eventuell weitere Kinder, die eine Kindertagesstätte besuchen.

Nr.
Nr.

24. Es handelt sich Ihres Wissens nach um
❏ eine Tageseinrichtung für Kinder mit Einzelintegration
❏ eine Tageseinrichtung für Kinder mit integrativer(n) Gruppe(n)
❏ eine Tageseinrichtung für Kinder mit Sondergruppe(n)
❏ eine Tageseinrichtung für Kinder ohne integratives Angebot
❏ eine andere Form

25. Hatten Sie eine Wahl, als Ihr Kind, das jetzt die Kindertagesstätte besucht, in den Kindergarten kam?
Kind Nr. ...   ❏ ja   ❏ nein
Kind Nr. ...   ❏ ja   ❏ nein
Kind Nr. ...   ❏ ja   ❏ nein

26. Hat Ihnen bei der Entscheidung jemand geholfen?
❏ Freunde   ❏ Verwandte
❏ Gesundheitsamt   ❏ Ärzte/Therapeuten
❏ andere Eltern   ❏ Frühförderstelle
❏ Mütter-, Elternkreis   ❏ Sozialpäd. Zentr./Klinik
❏ Sonstige   ❏ Pfarrer/Gemeinde
❏ Ich habe mehrere Einrichtungen vorher angesehen

27. Wenn Sie die Kindertagesstätte frei wählen konnten, wie wichtig waren für Sie folgende Gesichtspunkte?

	wichtig	nicht so wichtig	nicht wichtig
die Einrichtung liegt sehr nah zum Wohnort			
es gab keine andere Einrichtung in der Nähe			
die Öffnungszeiten kommen unseren Wünschen entgegen			
wir hatten/haben dort Erfahrungen mit Geschwisterkindern			
mein/unser Kind soll sich im Kindergarten wohlfühlen			
der Kindergarten hat einen guten Ruf			
die Erzieherinnen sind freundlich und gehen liebevoll mit den Kindern um			
die individuelle Förderung meines/unseres Kindes soll gewährleistet sein			
die Einrichtung ist mir/uns empfohlen worden			
die deutliche konfessionelle Ausrichtung der Tagesstätte			
das pädagogische Konzept hat mich/uns überzeugt			
die personellen, räumlichen und sächlichen Bedingungen der Einrichtung sind gut			
die gemeinsame Erziehung von Kindern mit und ohne Behinderung sollte selbstverständlich sein			

28. Seit wann nimmt die Kindertagesstätte Ihres Wissens Kinder mit Behinderungen auf?
❏ erst seit diesem Jahr   ❏ schon länger   ❏ gar nicht   ❏ ist mir unbekannt

29. Welche Kinder nimmt die Kindertagesstätte Ihres Wissens auf?
❏ Kinder mit allen Behinderungen
❏ Kinder mit bestimmten Behinderungen
❏ ist mir unbekannt

30. Wieviele Kinder mit Behinderungen sind Ihres Wissens insgesamt in der Gruppe?
.... (Anzahl)

31. Wieviele Kinder mit Behinderungen sollten Ihrer Meinung nach in der Gruppe sein?
❏ mehr als jetzt   ❏ weniger als jetzt   ❏ genau soviel wie jetzt

32. Wieviele Kinder mit Behinderungen sollten Ihrer Meinung nach maximal in der Gruppe sein?
.... (Anzahl)

33. Wie weit liegt die Kindertagesstätte von Ihrer Wohnung entfernt?
❏ bis zu 1 km   ❏ bis zu 5 km   ❏ über 5 km

34. Ist es die nächste Kindertagesstätte von Ihrer Wohnung aus?
❏ ja   ❏ nein   ❏ ist mir unbekannt

35. Haben Sie vorher schon vergeblich in anderen Kindertagesstätten um Aufnahme Ihres Kindes nachgesucht?
❏ ja   wenn ja, wie oft? ...... (Anzahl)   ❏ nein

36. Wenn Ihr Kind eine Kindertagesstätte besucht, die nicht in Ihrer Nähe liegt, welche Gründe können Sie dafür angeben (Mehrfachnennungen sind möglich)? Bitte geben Sie eine Rangfolge Ihrer Gründe an, indem Sie die Ziffer der jeweils möglichen Antwort in das vorgesehene Kästchen schreiben.
Am wichtigsten war mir/uns: Grund Nr. ❏
Am zweitwichtigsten war mir/uns: Grund Nr. ❏
Am drittwichtigsten war mir/uns: Grund Nr. ❏
Gründe:
1. mein/unser Kind kann mit seiner Freundin oder seinem Freund eine Einrichtung besuchen
2. mir/uns wurde die Einrichtung empfohlen
3. mein/unser Kind wurde wegen seiner Behinderung woanders nicht aufgenommen
4. mir/uns ist die pädagogische Qualität wichtiger als die Wohnortnähe
5. ich kenne/wir kennen die Einrichtung in der Nähe nicht gut genug

6. ich bevorzuge / wir bevorzugen eine Einrichtung mit Integrationserfahrung
7. mein / unser Kind wurde woanders aus Platzgründen nicht aufgenommen
8. die gewählte Einrichtung liegt näher an meinem / unserem Arbeitsplatz
9. ich / wir kennen die Kinder mit Behinderung, die dort betreut werden.

37. Wie wird Ihres Wissens in der Kindertagesstätte Ihres Kindes gearbeitet?

	ja	nein	ist mir unbekannt
1. die Gruppe hat einen festen Tagesrhythmus			
2. die Gruppenarbeit lässt Platz, um auf sich ergebende Anlässe einzugehen			
3. die Kinder gehen ihren individuellen Bedürfnissen nach			
4. die Kinder passen ihre individuellen Bedürfnisse dem Gruppengeschehen an			
5. der Gruppenalltag orientiert sich an einem ausgewogenen Verhältnis von individuellen und Gruppenbedürfnissen			

38. Sind Sie damit zufrieden?
❏ ja   ❏ nein   ❏ ist mir nicht so wichtig

39. Wenn nein, geben Sie bitte ein Stichwort Ihrer Unzufriedenheit an:

....

40. Wie sieht nach Ihrer Auffassung die Rangfolge der Erziehungsziele in der Kindertagesstätte Ihres Kindes aus?
1. Die Kinder sollen bestehende Normen und Werte kennen lernen und ihr Verhalten daran ausrichten

2. Die Kinder sollen in erster Linie zu Selbstständigkeit und Individualität befähigt werden
3. Die Kinder sollen möglichst altersgemäße Leistungen erbringen
4. Die Kinder sollen in erster Linie lernen, sich sozial zu verhalten
5. Die Kinder sollen lernen, sich durchzusetzen und zu behaupten
6. Die Kinder sollen lernen, Rücksicht zu nehmen

Schreiben Sie jetzt bitte die Ziffer des Vorschlages in die vorgesehenen Kästchen:

Rangfolge der Wertvorstellungen: 1. ❏ 2. ❏ 3. ❏ 4. ❏ 5. ❏
                                     ❏ ist mir nicht bekannt

41. Sind Sie damit einverstanden? ❏ ja ❏ nein ❏ ist mir nicht so wichtig

42. Wenn nein, geben Sie bitte ein Stichwort an:
....

43. Wenn Sie einmal von Ihrer Situation ausgehen, was müsste Ihrer Meinung nach bei den Fachkräften verbessert werden?

	ja	nein	kann ich nicht beurteilen
Kenntnisse über Entwicklung und Entfaltung von Kindern			
Wissen über Heilpädagogik und Behinderungen			
Zusammenarbeit mit anderen Fachkräften (Therapeuten, Ärzten, Lehrern etc.)			
Kontakt zu den Eltern der behinderten Kinder			
Interesse vertiefen für integratives Arbeiten			
Kontakt zu den Eltern der nichtbehinderten Kinder			
Bemühungen, Kindern mit und ohne Behinderung gleichermaßen gerecht zu werden			

44. Sind Sie aus folgenden Gründen zufrieden, bzw. unzufrieden mit der Einrichtung?

	ja	nein	kann ich nicht beurteilen
mein/unser Kind erhält genügend Beachtung			
die Kindergruppe ist durch verhaltensauffällige Kinder sehr belastet			
mein/unser Kind ist gut integriert in die Gruppe			
den sozialen Kontakt der Kinder untereinander finde ich/finden wir gut			
meinem/unserem Kind könnte eigentlich mehr Leistung und Disziplin abverlangt werden			
die Einrichtung nimmt nicht genügend Rücksicht auf die Bedürfnisse meines/unseres Kindes			
die Mischung der Gruppe finde ich/finden wir ausgewogen			
die Erziehung zur Disziplin lässt in der Gruppe zu wünschen übrig			
mein/unser Kind ist Außenseiter in der Gruppe			
mein/unser Kind macht große Fortschritte, seit es in der Einrichtung ist			
in der Gruppe wird zuviel Rücksicht auf die schwächeren Kinder genommen			
in der Gruppe bestimmen immer nur die starken Kinder			

45. Wie sind Ihre Eindrücke von der Befindlichkeit Ihres Kindes?

	stimmt	stimmt überwiegend	stimmt nicht	kann ich nicht beurteilen
mein/unser Kind geht gerne in den Kindergarten				
mein/unser Kind hat Freunde in der Gruppe				
mein/unser Kind fühlt sich überfordert				
mein/unser Kind hat Vertrauen zu den Erzieherinnen				
mein/unser Kind hat mal Schwierigkeiten mit dem Kind/den Kindern mit Behinderung				
mein/unser Kind leistet weniger als es könnte				
mein/unser Kind hat mal Schwierigkeiten mit den Erzieherinnen				
mein/unser Kind hat guten Kontakt zu den Kindern ohne Behinderung				
mein/unser Kind fühlt sich unterfordert				
insgesamt war die Entscheidung für mein/unser Kind gut, es in diese Einrichtung zu geben				
mein/unser Kind hat guten Kontakt zu dem/n Kind(ern) mit Behinderung				
mein/unser Kind hat mal Schwierigkeiten mit den Kindern ohne Behinderung				

46. Wie beurteilen Sie Ihren Kontakt zu den anderen Eltern?
❏ gut ❏ ausreichend ❏ nicht so gut
❏ schlecht ❏ ist für mich nicht von Bedeutung

47. Kennen Sie viele Eltern?
❏ ja ❏ es geht ❏ nein ❏ ist für mich nicht von Bedeutung

48. Wünschen Sie sich mehr Kontakt?
❏ ja   ❏ nein   ❏ ist für mich nicht von Bedeutung

49. Wie lernen Sie andere Eltern kennen?
❏ bei Elternabenden oder anderen Elterntreffen
❏ über zufällige Kontakte (z. B. beim Bringen und Abholen der Kinder)
❏ über direkte Ansprache auf ein bestimmtes Problem
❏ eher außerhalb der Kindertagesstätte

50. Was ist Ihnen beim Kontakt zu den anderen Eltern wichtig?

	wichtig	nicht so wichtig	nicht wichtig
Die anderen Eltern sollten nachfragen bezüglich der Besonderheiten meines / unseres Kindes			
Sie sollten bei ihren nichtbehinderten Kindern das Verständnis für Kinder mit Behinderungen fördern			
ich möchte / wir möchten gerne in Ruhe gelassen werden			
Die anderen Eltern sollten Verständnis dafür haben, dass Eltern von Kindern mit Behinderungen mehr Privilegien haben (z. B. Parkplätze …)			
Die anderen Eltern sollten meinem / unserem Kind wie jedem anderen begegnen			
Sie sollten Anteilnahme am Schicksal meines / unseres Kindes nehmen			

Fragebogen

51. Wenn Sie sich die Erfahrungen Ihres Kindes betrachten, wie würden Sie Ihre Meinung bezüglich der Integration zusammenfassen?

	stimmt	stimmt teilweise	stimmt nicht	weiß nicht/ keine Meinung
Kinder mit und ohne Behinderung hemmen sich gegenseitig in ihrer Entwicklung				
Kinder mit Behinderung kommen zu kurz und erleben immer wieder, dass andere vieles besser können				
Wenn ich feststelle/wir feststellen, dass die Integration in der Gruppe nicht funktioniert, werde ich/werden wir mein/unser Kind herausnehmen				
Kinder mit und ohne Behinderung beeinflussen sich negativ in ihrem Verhalten Es wird zuviel Rücksicht auf die behinderten Kinder genommen				
Wir leben in einer Leistungsgesellschaft, auf die schon der Kindergarten optimal vorbereiten soll. Da stören die behinderten Kinder				
In einem Sonderkindergarten werden behinderte Kinder besser gefördert				

52. Wann ist Ihrer Meinung nach Integration gelungen (Mehrfachnennungen sind möglich)?

	ja	nein	kann ich nicht beurteilen
wenn über Behinderung offen geredet werden kann			
wenn selbstverständlich ist, dass in dieser Einrichtung manchmal Dinge nicht gehen, weil behinderte Kinder da sind			
wenn die Zusammenarbeit zwischen Eltern und PädagogInnen eine sich ergänzende Zusammenarbeit bedeutet und keiner dem anderen etwas beweisen muss			
wenn den behinderten Kindern auch Hilfestellung gegeben wird, zu akzeptieren, nicht immer an allen Aktivitäten teilnehmen zu können			
wenn die Räume und Materialien so den Kindern angepasst sind, daß alle sie möglichst selbstständig erreichen und nutzen können			
wenn Leistung und Fortschritt im Rahmen der Möglichkeiten des einzelnen Kindes Anerkennung findet			
wenn im Sinne der Gerechtigkeit alle Kinder lernen, auch einmal auf etwas zu verzichten			
wenn Kinder auch das Recht haben, sich einmal voneinander abgrenzen zu wollen			
wenn die Kinder gar nicht merken, dass es ein behindertes Kind in der Einrichtung gibt, sondern es selbstverständlich ist, dass Kinder verschieden sind			
wenn Kinder sich entsprechend ihrer individuellen Möglichkeiten entwickeln können			
wenn Kinder lernen, sich selbst so zu nehmen, wie sie sind			

53. Sie als Eltern haben Ihre Erfahrungen mit der Integration. Geben Sie bitte an, wie Sie zu den folgenden Aussagen stehen.

	Finde ich gut	finde ich teilweise gut	finde ich nicht gut	kann ich nicht beurteilen
Behinderte dürfen nicht diskriminiert werden, deshalb sollte ausnahmslos jede Einrichtung verpflichtet werden, behinderte Kinder aufzunehmen				
Integrieren kann jeder, wenn er nur will. Das kann man lernen				
Integration wird nur gelingen, wenn sich die Fachkräfte genügend auf die Aufnahme behinderter Kinder vorbereiten können und ausreichende begleitende Unterstützung erfahren				
bei der Integration ist darauf zu achten, dass den Kindern ohne Behinderung kein Nachteil erwächst				

Wir danken Ihnen für Ihre Geduld und Mühe, die Sie zur Beantwortung der vielen Fragen aufgewandt haben.

Den Befragten wurde ein Kommentarbogen zum Fragebogen mit der Bitte an die Hand gegeben, Anmerkungen zur Befragung zu machen. Die LeserInnen finden diesen Fragebogen unter *www.kallmeyer.de*. Der Kommentarbogen war für die Projektträger wichtig, weil wir nur über dieses Blatt eine Rückmeldung von den Befragten bekommen konnten, wenn Sie ihre Anonymität bewahren wollen und nicht zum Telefon greifen mochten.

Qualitätsstandards von Einzelintegrationsmaßnahmen aus der Sicht der Nutzer
Projektleitung:
afw – Arbeitszentrum Fort- und Weiterbildung Elisabethenstift Darmstadt
(Daniela Kobelt Neuhaus, lic. phil., dipl. heilpäd.)
Auftraggeber und Teilfinanzierung:
Hessisches Ministerium für Umwelt, Energie, Jugend, Familie und Gesundheit
Kooperationspartner / Wissenschaftliche Begleitung:
Fachhochschule Darmstadt (Prof. Dr. M. Gerspach), Gesamthochschule Kassel (Prof. Dr. A. Kniel)

Anhang 6: Die Interviewleitfaden

Südhessen, Zusatzstudie Nordhessen

Cluster zum Memorieren des Interviewleitfadens

Kind

Person	Einbettung in	Befindlichkeit	Zukunfts-
Fähigkeiten	• Familie	emotional	planung
Fertigkeiten	• Peer-group	sozial	
	• Einrichtung	entwicklungsbezogen	

Einrichtung

Auswahl-	Wissen über	Kontakte mit	Integration
kriterien	päd. Arbeit	Erzieherinnen	Erfahrungen und
Wohnortnähe	Kindergruppe	anderen Eltern	Einschätzungen
Hören-Sagen			eigene und frem-
etc.			de Sicht darauf
			Verbesserungs-
			vorschläge
			Bedeutung für
			die eigene
			Zukunft

Subjektive Einschätzung

Veränderung?	Gelungenheit	Emotionale	Zukunfts-
in der	von	Befindlichkeit?	vision
Einrichtung	gemeinsamer	Dankbarkeit	
in der Eigen-	Erziehung	Enttäuschung	
wahrnehmung			
in den eigenen			
Erwartungen			

Interviewleitfaden

Die eingerückten Fragen waren speziell für Eltern behinderter Kinder gedacht.

1. Kind
- Wie geht es Ihrem Kind in der Einrichtung? Gefällt es ihm, und woran erkennen Sie das?
- Ist es ein Junge oder Mädchen, wie alt ist es, gibt es Geschwister usf.? Seit wann geht Ihr Kind in den Kindergarten? Was war vorher?
- Was gibt es über Ihr Kind zu erzählen?
    - Ist Ihr Kind behindert? Wie kam es zu der Behinderung? Wer hat sie bemerkt? Wie würden Sie selbst diese Behinderung einschätzen?
- Was sind Ihrer Meinung nach besondere Fähigkeiten Ihres Kindes? Welche Interessen hat es, was macht es gerne, was kann es gut? Werden seine Fähigkeiten Ihrer Ansicht nach im Kindergarten genügend gefördert?
- Braucht es Ihrer Meinung nach eine besondere Unterstützung? Wie geht es Ihnen selbst damit? Fühlen Sie sich manchmal überfordert? Stellt der Kindergarten für Sie selbst eine Entlastung dar? Was müsste geschehen, damit das noch besser wird?
- Wie hat Ihr Kind am Anfang reagiert, als es in die integrative Gruppe kam? Was ist inzwischen passiert? Was müsste geschehen, dass sich Ihr Kind dort noch wohler fühlt?
- Haben Sie mit Ihrem Kind darüber gesprochen, wie es ist, wenn behinderte und nichtbehinderte Kinder gemeinsam erzogen werden? Wird das in der Einrichtung gemacht?
- Hat es dort Freunde? Treffen sich die Kinder außerhalb der Einrichtung? Wird Ihr Kind auch zum Kindergeburtstag eingeladen? Haben Sie eine Idee, wie sich der Kontakt zwischen den Kindern noch verbessern ließe?
- Gibt es Tage, wo Ihr Kind nicht gerne in den Kindergarten geht? Was glauben Sie, was dann los ist?
- Fühlt sich Ihr Kind Ihrer Meinung nach manchmal vielleicht unter- oder überfordert?

- Was denken Sie, ist wichtig für Ihr Kind? Wie möchten Sie, dass Ihr Kind erzogen wird?
- Was soll Ihr Kind im Kindergarten für sein späteres Leben lernen? Haben Sie Angst vor der Zukunft Ihres Kindes?
- Wie lang ist es noch bis zum Schuleintritt Ihres Kindes? Was gedenken Sie dann zu tun? Können Sie sich vorstellen, dass die gemeinsame Erziehung in der Schule fortgesetzt wird?

2. Einrichtung
- Warum haben Sie gerade diese Einrichtung gewählt für Ihr Kind? Konnten Sie die Einrichtung überhaupt frei wählen? Wie weit ist sie von Ihrem Zuhause entfernt? Wie kommt Ihr Kind in die Einrichtung?
- Gab es einen Wechsel der Einrichtung (z. B. von der/in die Sondereinrichtung) <womöglich schon beantwortet>?
- Wie ist Ihres Wissens die Einrichtung ausgestattet, über welche Räume und Materialien verfügt sie? Wieviele Gruppen gibt es? Wie sieht es mit dem Personal aus?
- Sind Sie mit der Einrichtung zufrieden?
- Was wissen Sie überhaupt über die Arbeit dort? Wir wird z. B. in der Gruppe gearbeitet? Ist Ihnen das Konzept wichtig? Oder wollen Sie vor allem, dass sich Ihr Kind in der Einrichtung wohl fühlt?
- Gibt es therapeutische Angebote? Kommen die Ihrem Kind zugute <kann auch für sog. nichtbehinderte Kinder gelten>?
- Was wissen Sie über die behinderten Kinder in der Einrichtung oder der Gruppe Ihres Kindes?
- Ist Ihr Kind gut integriert in die Gruppe?
- Gibt es vielleicht zuviele verhaltensauffällige Kinder? Wer bestimmt in der Gruppe: die starken oder die schwachen Kinder?
- Sind Sie mit den Erzieherinnen zufrieden? Kümmern sie sich genug um Ihr Kind? Reicht Ihnen selbst der Kontakt zu den Erzieherinnen aus? Gibt es z. B. Angebote zu Einzelgesprächen?
- Wissen sie genug über Erziehung, über Behinderung? Haben sie Ihrer Meinung nach genug Kontakt zu anderen Fachdiensten?
- Wie ist der Austausch mit den anderen Eltern? Sind Sie zufrieden mit dem Kontakt zu den anderen Eltern? Wird er von den Erzieherinnen unterstützt? Was könnte anders gemacht werden?

- Haben Sie Kontakt zu verschiedenen Eltern oder besonders zu den anderen Eltern behinderter Kinder?
- Gegenfrage an die Eltern der nichtbehinderten Kinder: Haben Sie auch Kontakt zu den Eltern behinderter Kinder? Ist der ähnlich intensiv wie der zu den anderen Eltern?
- Was sind Ihre Erfahrungen mit Integration? Hemmen sich Kinder mit und ohne Behinderung gegenseitig oder beeinflussen sie sich negativ? Kommt jemand Ihrer Meinung nach zu kurz? Ist das alles Quatsch?
- Was muss erfüllt sein, damit Sie mit der Arbeit im Kindergarten zufrieden sind? Was fehlt Ihnen? Was könnte besser sein? Wie könnte man das erreichen?
- Wann ist Ihrer Meinung nach Integration gelungen? Wenn vielleicht offen über Behinderung geredet werden kann, wenn die Zusammenarbeit von Eltern und Erzieherinnen klappt? Wenn den behinderten Kindern genug Hilfestellung gegeben wird? Wenn Kinder sich auch einmal voneinander abgrenzen dürfen? Wenn Kinder sich so nehmen dürfen, wie sie sind?
- Was denken Sie, halten die Erzieherinnen für gelungene Integration?
- Hat integrative Erziehung überhaupt eine Bedeutung fürs spätere Leben?

3. Subjektive Einschätzung

- Zum Schluss interessiert uns Ihre ganz persönliche Einschätzung: Sie haben als Eltern Erfahrungen mit der gemeinsamen Erziehung gemacht und sind die Experten, um den Stand der Entwicklung beurteilen zu können. Wir wollen jetzt wissen, ob Sie mehr zufrieden oder mehr unzufrieden sind und wo Ihrer Meinung nach Veränderungs- oder Verbesserungsmöglichkeiten liegen.
- Gibt oder gab es in der Einrichtung Veränderungen zum guten oder schlechten, und wenn ja, warum und wie äußern sie sich?
  - Sind Sie noch immer dankbar, dass Ihr Kind aufgenommen wurde? Oder gibt es z. B. auch enttäuschte Hoffnungen?
- Erleben Sie alles heute anders als noch am Anfang, als Ihr Kind neu in die Einrichtung aufgenommen wurde?
  - Frage für Eltern behinderter Kinder: Hilft Ihnen die Einrichtung beim Umgang mit dem Thema Behinderung?

- Gegenfrage für Eltern nichtbehinderter Kinder: Gibt es einen bestimmten Grund, warum Sie Ihr Kind gerade in diese Gruppe schicken?
- Denken Sie, dass Ihr Kind profitiert von der gemeinsamen Erziehung? Oder spielt das gar keine so große Rolle?
  - Zusatzfrage für Eltern behinderter Kinder: Haben Sie es vielleicht bereut, Ihr Kind nicht in eine Sondereinrichtung gegeben zu haben?
- Gegenfrage für Eltern nichtbehinderter Kinder: Wäre es Ihrer Meinung nach nicht besser, wenn die behinderten Kinder in eine Sondereinrichtung gehen würden?
- Fühlen Sie sich selbst von der Einrichtung unterstützt?
- Haben Sie wieder Zeit für sich und die Wiederentdeckung Ihrer Interessen gefunden, seit Ihr Kind die Einrichtung besucht?
- Können oder wollen Sie sich pädagogisch engagieren, auch wenn es Hindernisse gibt? Würden Sie sich aktiv für die gemeinsame Erziehung einsetzen, wenn es nötig wäre?
- Stimmen Ihre Erwartungen und Wünsche mit der Praxis in der Einrichtung überein?
- Was ist die Perspektive für Ihre Familie bzw. Sie als Eltern? Haben Sie Angst vor der Zukunft?
- Hat die gemeinsame Erziehung Ihrer Meinung nach irgend eine Auswirkung? Wo sind Ihrer Meinung nach die Grenzen der Integration?
- Was würden Sie sich für die weitere Zeit Ihres Kindes in der Einrichtung wünschen?

Anhang 8: Thesen aus den Workshops zum Weiterarbeiten

Thesen Arbeitsgruppe I

Was Eltern sich unter Integration vorstellen – Integration und „Ideologie"

Verantwortlich:
Manfred Gerspach
Ute Schlösser
Ingrid Hinterthür

1. Eltern wie Erzieherinnen werden von Alltagstheorien über Behinderung und Abweichung getragen, die einen unabsehbaren Einfluss auf die Gestaltung des Gruppengeschehens nehmen, wenn sie nicht genügend reflektiert werden.

2. Das Nicht-Ertragen-Können von Unvollkommenheit des eigenen Kindes kann sich als Wunsch nach Förderaktivismus in der Kindertagesstätte äußern. Dies ist kein Privileg der Eltern behinderter Kinder.

3. Der integrative Leitgedanke: „Es ist normal, verschieden zu sein" bricht sich an der Tatsache, dass wir ganz eigennützig entweder auf der Vormachtstellung der nichtbehinderten Kinder bestehen oder den Unterschied der behinderten Kinder leugnen.

4. Wir benötigen einen gemeinsamen Raum, in dem die geheimen Sehnsüchte von Eltern bezüglich der Normalität bzw. Normalisierung ihrer (behinderten wie nichtbehinderten) Kinder kommuniziert werden dürfen.

5. Das oberste Kriterium für Integration darf nicht eine altersnormierte Entwicklungsvorstellung, sondern muss das Ausmaß an Lebensqualität für jedes einzelne Kind sein.

Thesen Arbeitsgruppe II

Eltern und Kinder zwischen Besonderung und Anpassung

1. Eltern wählen Einzelintegration, um für sich und ihr Kind statt Ausgrenzung Normalität im gemeinsamen Leben und Lernen zu erfahren. Diese Normalität ermöglicht Eltern behinderter Kinder eine Atempause in der Auseinandersetzung mit der Behinderung. Einzelintegration fördert eine akzeptierende, die Individualität des Kindes achtende Aufnahme in die Gemeinschaft der Kinder. Die Teilnahme an den gleichberechtigten Beziehungen unter Eltern wirkt aktivierend und unterstützt die personale Entfaltung aller Eltern.

2. Eltern erwarten von ErzieherInnen einfühlsamen Umgang und Unterstützung für das Kind sowie Anteilnahme für sich selbst. Über eine annehmende und wertschätzende Haltung entsteht im Dialog ein kommunizierbares Bild vom Kind. Sich selbst erfahren Eltern darüber als kompetent.

3. Anpassung und Bescheidenheit von Eltern geben Hinweise auf eingeschränkten Austausch unter Eltern und mit den ErzieherInnen. Einsetzende kritische Auseinandersetzungen werden erst möglich auf der Basis der Erfahrungen von Resonanz und Akzeptanz.

4. Erfahrungen mit subtiler Ausgrenzung und Stigmatisierung im Kindergarten können durch Eltern behinderter Kinder in der Regel alleine nicht aufgebrochen werden. Insbesondere Eltern mit zusätzlich belastenden sozialen bzw. ausgrenzenden Vorerfahrungen benötigen solidarische Unterstützung von ErzieherInnen und Elternschaft beim Eintreten für ihre Rechte.

Verantwortlich:
Elise Weiss
Helga Burgwinkel
Gabi Paries
Corinna Frank

THESEN

Thesen für die Arbeitsgruppe III

Interaktive Prozesse der Integration: Beteiligte Erwachsene und Institutionen

Verantwortlich:
Ilka Riemann
Ursula Hotz
Judith Jungmann

1. Institutionen, d. h. die darin arbeitenden Menschen, folgen im Umgang mit Behinderung bewussten und unbewussten Handlungsmustern. Dabei prägen auch Formen unbewusster Abwehr die Interaktionen mit den von Behinderung Betroffenen.

2. Erzieherinnen stützen sich in der Auseinandersetzung mit Behinderung auf professionelle Handlungsansätze. Neben der bewussten Akzeptanz behinderter Kinder gibt es auch bei ErzieherInnen – oft unbewusste – Gefühle der Abwehr. Wie die Eltern durchlaufen auch sie einen Prozess der Verarbeitung und Annahme der Behinderung des Kindes.

3. Wenn sich Eltern und Erzieherinnen in verschiedenen Phasen der Auseinandersetzung mit der Behinderung des Kindes befinden, wird die Verständigung zwischen Eltern und Erzieherin schwierig. Wenn „Ungleichzeitigkeiten" der Verarbeitungsprozesse erkannt werden, wird eine unbefangene Kommunikation erleichtert.

4. Der Tendenz, dass Teams die Auseinandersetzung mit Behinderung einseitig an eine Erzieherin delegieren, muss gegengesteuert werden. Stellt sich das gesamte Team der Integrationsaufgabe, werden integrative Prozesse unter Erzieherinnen, Kindern und Eltern möglich und die Kompetenzen aller Teammitglieder erweitert.

5. Wünschenswert für die Sicherung gelingender Integrationsmaßnahmen wären Kooperationen mit beispielsweise Frühförderstellen und eine Fortsetzung in der Schule. Die notwendige Kooperation mit anderen Stellen gelingt um so besser, je sicherer die Erzieherinnen sich ihrer eigenen Kompetenzen und Aufgaben sind.

Thesen Arbeitsgruppe IV:

Erfahrung von Behinderung als subjektiver und intersubjektiver Prozess bei Kindern

1. Kinder im Kindergartenalter von drei bis sechs Jahren betrachten es als selbstverständlich, dass sie selber Dinge nicht können oder besonders gut können bzw. dass andere anders sind als sie selber.

2. Kinder suchen sich als Spielpartner andere Kinder, die ähnlich erscheinen bzw. ähnliche Interessen haben. Die Kriterien zur Feststellung von Ähnlichkeit differenzieren sich mit zunehmendem Alter der Kinder parallel zur immer vielfältigeren Entwicklung von Fähigkeiten und Fertigkeiten.

3. Kinder, die als „sehr anders" wahrgenommen werden, sind nur begrenzt interessante Spielpartner. Motor der Annäherung sind entweder kindliche Neugierde oder eine zeitweilige entwicklungsbedingte innerpsychische Nähe, hervorgerufen durch gleichzeitige ähnliche Bedürfnisse oder Entwicklungsthemen von unterschiedlichen Kindern.

4. Verschiedenheit empfinden Kinder solange als Erweiterung ihrer Realitätserfahrung, wie sie „völlig andere" Kinder nicht als vernachlässigt oder durch Erwachsene ausgeschlossen erleben. Behinderung wird für Kinder bedrohlich, wenn sie das Gefühl bekommen, dass „Nicht- oder Noch-nicht-Können" zu unangenehmen Konsequenzen in der Beziehung zu sichernden Erwachsenen führt.

5. Gelungene Integration definiert sich für Kinder nicht über die Häufigkeit der Kontakte, sondern über die selbstverständlich „gleiche Kindheit". „Zusammenleben von vielen Verschiedenen" in Institutionen definiert sich für Kinder durch gleiche Bezugspersonen, durch die Benutzung gleicher Räume und gleicher Spielmaterialien, durch einen gemeinsamen Tagesablauf und speziell durch die gesicherte Befriedigung je individueller Bedürfnisse für alle Kinder.

Verantwortlich:
Daniela Kobelt Neuhaus
Maria Kron
Annette Wenner
Martina Wiechens

Thesen Zukunftswerkstatt I

Qualität – Ethik und neue Wertorientierung

Verantwortlich:
Manfred Gerspach
Ute Schlösser
Martina Wiechens

1. Die Zukunft der gemeinsamen Erziehung in Hessen hängt davon ab, dass wir zu einem dynamischen Gleichgewicht kommen, in dem Annäherung und Abgrenzung, Gleichheit und Differenz in einem ausgewogenen Verhältnis zueinander stehen.

2. Es gibt keine richtige oder falsche Ideologie der Integration: missionarischer Eifer pro und neoliberale Selektionspraxis contra führen jeweils zur Dehumanisierung pädagogischer Verhältnisse.

3. Wir neigen dazu, Menschen mit Behinderung kategorisch misszuverstehen. Um diesem Dilemma abzuhelfen, bedürfen wir eines wohlüberlegten, offenen Menschenbildes ohne feststehende Wertzuweisungen an den Einzelnen. Ich kann niemals sicher wissen, was für den Anderen gut ist.

4. Ein Begreifen des Anderen ist nur möglich, wenn wir unserer emotionalen Verunsicherung durch das Fremde gewahr werden dürfen. Nur auf diesem Wege der Selbstreflexion lässt sich Humanität als globales Ziel verwirklichen. Den Grundstein dazu legt die gemeinsame Erziehung in der Kindertagesstätte.

5. Integration wird als Begriff nur dort plausibel, wo Segregation herrscht. Insofern ist das integrative Erziehungspostulat zur Disposition zu stellen. Was aber an seine Stelle setzen?

Thesen Zukunftswerkstatt II

Qualität aus Sicht der Nutzer

1. Das Bild vom Kind, und deshalb auch vom behinderten Kind, ist ein sozial vermitteltes, das zwischen Menschen entsteht und dort auch veränderbar ist. Das Bild vom Kind im Bewusstsein seiner Eltern bietet ihm seinen anfänglichen Spielraum für die Entwicklung. Wie können hinzutretende Anforderungen aus der äußeren Realität verträglich und unter Respekt vor dem Bild der Eltern ‚anvermittelt' werden?

   Verantwortlich:
   Elise Weiss
   Helga Burgwinkel

2. Förderliche Kommunikation zwischen Eltern und ErzieherInnen benötigt Empathie, Akzeptanz sowie behutsame Unterstützung. Eine solche Haltung lässt Vertrauen in die Förderung der Entwicklung des Kindes durch Einzelintegration entstehen und wirkt modellhaft auch auf den Umgang der Eltern untereinander. Was kennzeichnet innere Anteilnahme und wie entsteht sie? Wie werden Kenntnisse über Lebenslagen von Familien durch die ErzieherInnen erworben und einbezogen?

3. Kritische Auseinandersetzungen der Eltern mit dem Kindergarten sind Anzeichen von wachsendem Vertrauen und von elterlicher Selbstermächtigung. Sie fördern autonome Entscheidungsfähigkeit und sind ein Beitrag zur Entwicklung und Integration aller Personen in der Kindertagesstätte. Wie kann Kritik in offener, wertschätzender Atmosphäre konstruktiv aufgegriffen und kooperativ einbezogen werden?

Thesen Zukunftswerkstatt III

Qualität aus Sicht der Institution

Verantwortlich:
Ilka Riemann
Gabi Paries
Magdalene Lagemann

1. Erzieherinnen begleiten integrative Prozesse und kommunizieren mit Eltern von einer fachlich fundierten Basis aus. Eine gelingende innerpsychische und interaktionelle Auseinandersetzung mit Behinderung verlangt institutionalisierte Formen der Unterstützung.

2. Im Team werden akzeptierende und wertschätzende Kommunikationsformen entwickelt, welche die Auseinandersetzungsprozesse mit Behinderung und das heißt mit Gleichheit und Differenz fördern und nicht zu Ausgrenzungen führen. Die Qualität der Differenzierungen sowie der Teamkultur ist Ergebnis der Personal- und Organisationsentwicklung als Aufgabe des Trägers.

3. – Im Leitbild der Einrichtung ist die Aufgabe der Integration von Kindern und Familien aus unterschiedlichen Lebenswelten und mit verschiedenen Lebensentwürfen der Wohnumgebung aufgehoben.
   – Die Umsetzung der daraus entwickelten pädagogischen Konzepte integrativer Erziehung wird sichergestellt. Qualität ist ein Konzept, das Formen des Arbeitsbündnisses unter den Beteiligten sichert, und damit eine ungestörte, kollegiale Kooperation ermöglicht.
   – Selbstevaluation dient der Überprüfung der Arbeit und der Zielsetzungen, der Selbstvergewisserung der beteiligten MitarbeiterInnen sowie der Darstellung integrativer Arbeit nach außen.

4. Akzeptanz integrativer Prozesse zeigt sich auf der institutionellen und gesellschaftlichen Ebene in der Bereitstellung von inneren und äußeren Rahmenbedingungen von Seiten des Gesetzgebers, der Kostenträger und Träger. Qualitätsmerkmale sind Stabilität, Kontinuität, Kooperationsbereitschaft sowie Zuverlässigkeit in Bezug auf innere und äußere Rahmenbedingungen.